अपभ्रंश भाषा और साहित्य

(अध्ययन)

अपभ्रंश भाषा और साहित्य

प्रो. राजमणि शर्मा

भारतीय ज्ञानपीठ

लोकोदय ग्रन्थमाला : ग्रन्थांक 989

ISBN 978-93-263-5428-8

प्रकाशक : **भारतीय ज्ञानपीठ**
18, इन्स्टीट्यूशनल एरिया, लोदी रोड, नयी दिल्ली-110 003

मुद्रक : चार दिशाएँ प्रिंटर्स, नोएडा

आवरण : महेश्वर

APABHRANSH BHASHA AUR SAHITYA
(A critical study)
by Rajmani Sharma

Published by
Bharatiya Jnanpith
18, Institutional Area, Lodi Road, New Delhi-110 003
Ph. : 011 24698417, 24626467; 23241619 (Daryaganj)
Mob. : 9350536020; e-mail : bjnanpith@gmail.com
sales@jnanpith.net, website : www.jnanpith.net

Second Edition : 2018
Price : Rs. 160

प्रातःस्मरणीय
आचार्य हजारीप्रसाद द्विवेदी
की
स्मृति में

अपनी बात

स्नातकोत्तर प्रथम वर्ष में मैंने अभी प्रवेश ही लिया था कि समस्या आ खड़ी हुई—विशेष प्रश्न-पत्र में 'भाषा-चयन' की। संस्कृत, पालि, अपभ्रंश में से एक विकल्प चुनना था। अधिकांश छात्र संस्कृत और पालि की ओर उन्मुख हुए। मैं चुप था। चाहता था—अपभ्रंश पढ़ूँ। पर गुरुजनों ने ऐसा आतंक उपस्थित किया कि मन भयभीत हो उठा। उनकी घोषणा थी—अपभ्रंश में अच्छे अंक नहीं मिलते। पाठ्यक्रम भी विशद है; भाषा भी कठिन। इस 'कठिन' की घोषणा ने मन को उद्वेलित किया। वैसे भी यह जीवन हमेशा 'कठिन' को ही तो साधता रहा है। खतरा मोल लेना भी मेरी प्रकृति का अंग रहा है। आचार्य हजारीप्रसाद द्विवेदी का यह उपेदश भी मन को बार-बार कचोटता था कि यदि हिन्दी भाषा और साहित्य को अच्छी तरह समझना हो तो अपभ्रंश का अध्ययन आवश्यक है। अतः मैंने इस भाषा का चयन किया। बड़ों से डाँट मिली, पर मन डिगा नहीं। हाँ, मात्र आचार्य हजारीप्रसाद द्विवेदी ने साहस बँधाया।

तब से मैं अपभ्रंश के अध्ययन-अध्यापन और शोध से जुड़ा हुआ हूँ। परिश्रम से बचने अथवा समझ न पाने के कारण मेरे कतिपय सहयोगी अध्यापक तथा समीक्षक अपभ्रंश को अछूत मानते हैं। इनका चले तो वे केवल प्रेमचन्द को पढ़ाएँ, क्योंकि प्रेमचन्द को जब एम. ए. में पढ़ा, तब के नोट आज भी सुरक्षित हैं—उनके पास। शायद प्रेमचन्द उन्हें गिरगिट की तरह रंग बदलने, अवसरवादिता और जुगाड़ की भी सीख देते हैं, न भी दें तो भी उनका रक्त तो उनमें प्रवहमान है, और रक्त का तो तकाजा ही है कि रक्त/दूध को न लजाना भाई। तुलसीदास ने भी ऐसे लोगों को मानस में स्मरण किया है, तो मैं ही कैसे इन्हें भूलूँ?

गाहे-बेगाहे भारत के अधिकांश विश्वविद्यालयों के अपने सहकर्मियों की भावनाओं से मेरा साक्षात हुआ। दक्षिण, पश्चिम, पूर्व और पूर्वोत्तर भारत में अपभ्रंश के प्रति अगाध प्रेम और आकर्षण देख मैं स्तब्ध

रह गया। फिर तो इस भाषा और साहित्य के अध्ययन में मैं गहरे डूबता गया। कठिनाइयाँ आईं, साथियों से उपेक्षा मिली, जैन ग्रन्थागारों के संरक्षकों की हठधर्मिता का भी सामना हुआ—पाण्डुलिपियों की अनुपलब्धता के रूप में। किन्तु मैंने हार नहीं मानी। सतत प्रयत्नशील रहा। इस खोज में जो मोती मिले हैं, वे पाठकों को सीधे समर्पित है।

—राजमणि शर्मा

वाराणसी
दशहरा, सं. 2062

अनुक्रम

अपभ्रंश भाषा : क्रमिक विकास

(क) 'अपभ्रंश' शब्द : अर्थ के धरातल पर

यह भारत का दुर्भाग्य रहा है कि काल विशेष की भाषा का नाम अलग-अलग पड़ा। यथा—छान्दस, संस्कृत, पालि, प्राकृत, अपभ्रंश और हिन्दी। जबकि इन भाषाओं का क्रमिक विकास उसी क्षेत्र में होता रहा है जहाँ कभी छान्दस संस्कृत प्रयुक्त होती रही है। हिन्दी संस्कृत और अपभ्रंश की ऋणी रही है। यदि हम अर्थ की दृष्टि से विचार करें तो जैसा विचित्र और आश्चर्यजनक नाम 'अपभ्रंश' का मिलता है वैसा किसी दूसरी भाषा का नहीं। सबसे प्राचीन भाषा का नाम 'छान्दस्' प्राप्त होता है, जिसका तात्पर्य है—वेद की भाषा, प्राचीन संस्कृत, आर्यभाषा आदि। इसके उतरार्द्ध की भाषा को 'संस्कृत' नाम दिया गया, जिसका तात्पर्य है—कृत को लोक-संसार से जोड़ने वाली भाषा। इसे लौकिक संस्कृत भी कहा गया अथवा कृत को संस्कार देने वाली भाषा, शिष्ट, परिमार्जित, परिनिष्ठित, व्याकरण सम्मत और विद्वानों-पण्डितों तथा विशिष्ट कवियों की भाषा भी। मध्यकालीन भारतीय आर्य भाषाओं—पालि और प्राकृत—के नाम विशेष अर्थ में प्रयुक्त हैं। परन्तु इनके ठीक विपरीत 'अपभ्रंश' नाम एक दूसरी ही मनःस्थिति का बोध कराता है। यह नाम संस्कृत पण्डितों ने दिया। संस्कृत कोश ग्रन्थों—अमरकोश, विश्वप्रकाश मेदिनी, अनेकार्थ संग्रह, विश्वलोचन, शब्द-रत्न समन्वय तथा शब्द कल्पद्रुम आदि सभी में 'अपभ्रंश' शब्द का अर्थ 'बिगड़ा हुआ शब्द' अथवा 'बिगड़े हुए शब्दों वाली भाषा' ही प्राप्त होता है—'अपभ्रंशोऽपशब्दः स्यात्'। अर्थात् संस्कृत के विशिष्ट मानदण्ड से जो शब्द स्खलित—च्युत हो जाएँ वे अपभ्रंश हैं।

प्राचीन स्रोतों के उल्लेखों से यह संकेत मिलता है कि प्रारम्भ में अपभ्रंश का प्रयोग ऐसे शब्दों के लिए हुआ जो लोकव्यवहार में था। परन्तु बाद में वह भाषा के अर्थ में अपना लिया गया। और उसमें श्रेष्ठतम कृतियों की रचना होने लगी। संस्कृत के पण्डित तथा आचार्य भी उसका अध्ययन एवं मनन करने लगे और यह व्यापक प्रयोग की भाषा बन गयी, इसका स्वरूप राष्ट्रव्यापी हो गया। वस्तुतः प्राचीनतम भारतीय भाषा रूप और राजसत्ता की भाषा बन गयी तो उसके समानान्तर लोक में प्रचलित संस्कृत रूप में उसे अपदस्थ कर साहित्य की भाषा

बन बैठी। पर लोक ने बहुत दिनों तक इसे भी साहित्य की भाषा नहीं बने रहने दिया। सच यह है कि लोक-मन-वाणी में निरन्तर मानक भाषा के समानान्तर प्रतिक्रिया होती रहती है। और लोक एक नयी भाषा को स्वरूप देता रहता है। लोक-मानस में पुरानी भाषाओं के शब्द भी अपने अर्थ के साथ जीवन्त रूप में सुरक्षित रहते हैं। यहाँ तक कि यही लोक उनके ध्वन्यात्मक रूप भी परिवर्तित करता है। शब्दों के अर्थ बदलता है। प्रयोग के नये संदर्भ निर्धारित करता है।

अपभ्रंश के लिए देशीभाषा, अवहट्ट (ट्ठ), के अतिरिक्त अवहंस, अवब्भंस शब्दों का प्रयोग भी प्राचीन पुस्तकों में प्राप्त होता है। उद्योतन सूरि की 'कुवलयमाला कहा' में 'अवहंस' के विषय में प्रश्न किया गया है कि वह क्या है—"ता किं अवहंस होइ?" फिर उत्तर देते हुए कहा गया है कि वह शुद्ध हो या अशुद्ध अप्रतिहत धारा में प्रवाहित होती हुई प्रणयकुपित प्रियमानिनी के संलाप की तरह मनोहर हो। महापुराण में भी अवहंस शब्द आ चुका है। 'अवब्भंस' शब्द का प्रयोग अल्फ्रेड मास्टर ने ढूँढ़ निकाला था। प्राकृत व्याकरण के अनुसार अपभ्रष्ट>अवहट्ट (ट्ठ) में और अपभ्रंश>अवब्भंस>अवहंस में परिणत हो सकता है। श्री शिवप्रसाद सिंह 'कीर्तिलता और अवहट्ट भाषा' नामक ग्रन्थ में सर्वज्ञ कवि स्वयंभू का 'अवहत्थ' प्रयोग भी ढूँढ़ निकालते हैं। पर 'अवहट्ट' अपभ्रंश का ही परवर्ती रूप है। न कि अलग भाषा रूप।

(ख) अपभ्रंश शब्द : विकास

ईसा पूर्व 150 में विद्यमान पतंजलि ने अपने 'महाभाष्य' में कहा है—"भूयांसोऽय शब्दाः अल्पीयांसः शब्दा इति। एकैकस्य हि शब्दस्य बहवोऽपभ्रंशाः। तद्यथा गोरित्यस्य शब्दस्य गावी, गोणी, गोता, गोपोतलिकेत्यादयो वहवोऽपभ्रंशाः।" अर्थात् अप शब्द बहुत हैं, शब्द कम हैं। एक ही शब्द के बहुत से अपभ्रंश हैं, जैसे 'गो' शब्द के गावी, गोणी, गोता, गोपोतलिका आदि रूप। शब्द का अभिप्राय यहाँ पाणिनीय व्याकरण से सिद्ध शब्दों से है जबकि 'अप' उस शब्द रूप के लिए है जो छांदस से ध्वन्यात्मक परिवर्तन के साथ लोक-व्यवहार में उपस्थिति है। तात्पर्य यह कि सीधे प्रकृत रूप में प्रयुक्त शब्दों की संख्या पाणिनि काल में अधिक थी। यह लोक-शक्ति का परिचायक है। अर्थात् 'अपभ्रंश' शब्द यहाँ शब्दों के भेद या परिचय के लिए प्रयुक्त है न कि भाषा विशेष के लिए। श्वेताम्बर जैन ग्रन्थों की अर्द्धमागधी में भी असंख्य अपाणिनीय शब्दों का व्यवहार लोक-सापेक्षता का परिचायक है। इनमें से कुछ शब्दों को प्राकृत वैयाकरण चण्ड एवं हेमचन्द्र महाराष्ट्री प्राकृत का स्वीकार करते हैं।

यों तो भर्तृहरि के वाक्यपदीय में शब्द प्रकृति अपभ्रंश है। "शब्द प्रकृतिः

अपभ्रंश''। वाक्यपदीय, काण्ड 1, कारिका 148 का वार्तिक (ला.सं.पृ. 134)। ऐसा कथन संग्रहकार ब्याडि के नाम से दिया गया है और ब्याडि का उल्लेख महाभाष्य में मिलता है। अतः अपभ्रंश शब्द का सर्वप्रथम उपयोग उन्हीं का माना जा सकता है, परन्तु ब्याडि का मूल ग्रंथ अभी तक उपलब्ध नहीं। इसलिए पतंजलि का ही कथन अपभ्रंश विषयक प्रामाणिक समझा जाता है। भर्तृहरि (5वीं शती) कृत वाक्यपदीय के अनुसार संस्कारहीन शब्द ही 'अपभ्रंश' है। ''शब्दः संस्कारहीनो यो गौरिति प्रयुयुक्षिते। तमपभ्रंशमिच्छन्ति विशिष्टार्थ-निवेशिनम् ॥'' वा.प.1/149। यहाँ संस्कारहीनता का तात्पर्य पाणिनि व्याकरण की अवमानना है। ऐसे शब्द संस्कृत शब्द का स्मरण कराकर अर्थ की प्रतीति करा देते हैं– ''एवं साधौ प्रयोक्तव्ये योऽपभ्रंशः प्रयुज्यते। तेन साधुव्यवहितः कश्चिददर्थोऽभिधीयते।'' वा.प.1/153। परन्तु भर्तृहरि को यह बात अच्छी तरह ज्ञात थी कि अनेक शब्द लोक में इतने प्रसिद्ध हो गये हैं कि वे स्वयंवाचक हैं और उसके अर्थ के लिए संस्कृत शब्द को भी स्मरण करने की आवश्यकता नहीं। ''पारम्पर्यादपभ्रंशा विगुणेष्वभिधातृषु। प्रसिद्धिमागता येषु तेषां साधुरवाचकः।'' वा.प.1/154।

तीसरी शती में भरतकृत नाट्यशास्त्र में नाटकों में वाचिक अभिनयार्थ पाठ्य का निरूपण संस्कृत और प्राकृत द्विविध रूप में निर्धारित हुआ है। (ना.शा. 14/5)। संस्कृत का विपर्यस्त संस्कार शून्य (असंस्कृत) और नानावस्थान्तरात्मक पाठ प्राकृत कहा गया है–''एतदेव विपर्यस्त-संस्कारगुणवर्जितम्। विज्ञेयं प्राकृतं पाठ्यं नानावस्थान्तरात्मकम् ॥'' (ना.शा. 17/2)। इस प्राकृत के तीन भेद हैं–1. समान शब्द, 2. विभ्रष्ट और 3. देशगत। विभ्रष्ट के स्थान पर प्रभ्रष्ट पाठ भी प्राप्त होता है। इसका लक्षण है–

ये वर्णाः संयोग-स्वरवर्णान्यत्वमूनतां चापि।
यान्त्यपदादौ प्रायो विभ्रष्टांस्तान् विदुर्विप्राः।।
गच्छन्ति पदन्यन्यासास्ते प्रभ्रष्टा इति ज्ञेयाः। ना.शा.17/5-6

भरत ने 'अपभ्रंश' को आभीरोक्ति कहा है। यह उकार बहुला थी। भरत द्वारा ऊपर प्रदत्त विभ्रष्ट या प्रभ्रष्ट का यह लक्षण पतंजलि के 'अपशब्द' का ही प्रसार है।

अभिनवगुप्त ने अपनी विवृत्ति में लिखा है–''संस्कृतमेव संस्कारगुणेन यत्नेन परिरक्षारूपेण वर्जितं प्राकृतं, प्रकृतेरसंस्काररूपायाः आगतम। तत्त्वपभ्रंशानां को नियम इत्याह नानावस्थान्तरात्मकम्...देशीविशेषेषु प्रसिद्धया नियमितमित्येव।'' इसके अनुसार प्राकृत को ही 'अपभ्रंश' कहा गया है। परन्तु यह अपभ्रंश देश-विशेषों में नियमित हो चला था।

चण्ड ने अपने ग्रन्थ 'प्राकृत लक्षणम्' में अपभ्रंश शब्द का प्रयोग भाषा

के अर्थ में किया। इसी शती में वलभी के राजा द्वितीय धरसेन ने अपने पिता गुहसेन की प्रशस्ति में लिखा है कि—"वे संस्कृत, प्राकृत तथा अपभ्रंश की काव्य रचना में निपुण थे।" 'वसुदेव हिंडी' (589 ई.) में भी अपभ्रंश का पुराना रूप प्राप्त होता है। भामह अपभ्रंश को संस्कृत और प्राकृत के साथ रखते हैं। 'संस्कृतं प्राकृतं चान्यदपभ्रंशः इति त्रिधा' (काव्यालंकार 1-26) से प्रमाणित होता है कि छठी से सातवीं शती तक संस्कृत और प्राकृत से अलग अपभ्रंश ने अपनी सत्ता और महत्ता साहित्यिक भाषा के रूप में स्थापित कर ली थी। दण्डी (सातवीं शती) ने भरत द्वारा निर्देशित आभीर विभाषा की काव्यात्मक प्रतिष्ठा को स्पष्ट करते हुए कहा—"आभीरादिगिरः काव्येष्वपभ्रंशाः इति स्मृताः।" 'कुवलयमाला' के रचयिता उद्योतन सूरि ने भी संस्कृत के साथ-ही-साथ अपभ्रंश को भी साहित्यिक भाषा स्वीकार किया। आचार्य रुद्रट नवीं शताब्दी ने भी संस्कृत एवं प्राकृत के साथ ही अपभ्रंश का उल्लेख करते हुए देशभेद से इसके अनेक भेद कहे हैं जिससे अपभ्रंश के विस्तार का पता चलता है। इन्होंने अपभ्रंश को साहित्यिक भाषा के रूप में भी प्रतिष्ठा दी। दसवीं शती के आसपास ही पुष्पदन्त ने संस्कृत, प्राकृत के साथ अपभ्रंश के ज्ञान को राजकुमारियों के लिए अपरिहार्य माना। दसवीं शती के काव्य-मीमांसाकार राजशेखर के अनुसार अपभ्रंश राज्यसभाओं और विद्वत्परिषदों में समादृत होने लगी थी। इन्होंने इसे 'सुभव्य भाषा' कहा, इनके अनुसार यह सकल, मरु, टक्क और भादानक वासियों द्वारा बोली जाती थी। भाषा के सन्दर्भ में राजशेखर ने काव्यपुरुष का रूपक विधान किया है।

अपभ्रंश के प्रचार-प्रसार का उल्लेख कई प्रमुख कवियों ने साहित्यिक भाषा के रूप में किया है, जिससे अपभ्रंश की महत्ता, प्रचार-प्रसार तथा उसकी मान्यता प्राप्ति की पुष्टि होती है। इनमें मुख्य रूप से काव्यालंकार के टीकाकार नमिसाधु (1069 ई.), मम्मट (11वीं शती), वाग्भट्ट (12वीं शती), रामचन्द्र, गुणचन्द्र, अमरचन्द (13वीं शती), भोज, आनन्दवर्धन आते हैं।

अपभ्रंश की महत्ता और लालित्य से आकर्षित होकर संस्कृत, प्राकृत और अपभ्रंश के महान् विद्वान हेमचन्द्राचार्य ने अपने ग्रन्थ 'सिद्ध-हेम शब्दानुशासन' के आठवें अध्याय में अपभ्रंश सूत्रों की व्याख्या दोहों के रूप में की है। उन्होंने परिनिष्ठित अपभ्रंश एवं ग्राम्य अपभ्रंश का भी स्पष्ट उल्लेख किया। इससे यह सिद्ध होता है कि हेमचन्द्र के समय में अपभ्रंश अपनी चरमोत्कर्ष सीमा पर पहुँचकर अग्रसरीभूत विकास की अवस्था को ग्रहण करने लगी थी और वैयाकरण उसे भी व्याकरण के अनुरूप बनाकर परिनिष्ठित स्वरूप प्रदान करने में प्रयासरत थे; और उस समय तक अपभ्रंश को साहित्यिक भाषा के रूप में पूर्ण मान्यता प्राप्त हो चुकी थी।

हेमचन्द्र के पश्चात् मैथिल कोकिल विद्यापति ने भी 'देशी वचन' का प्रयोग

अपने समय की देशीभाषा या लोकभाषा के लिए किया है। विद्यापति ने कीर्तिलता की रचना देशभाषा-मिश्रित अपभ्रंश में की। आचार्य रामचन्द्र शुक्ल ने अपने इतिहास में लिखा है—एक ही कवि विद्यापति ने दो प्रकार की भाषा का व्यवहार किया है—पुरानी अपभ्रंश भाषा का और बोलचाल की देशीभाषा का। इन दोनों भाषाओं का भेद विद्यापति ने स्पष्ट रूप से किया है। यथा—

देसिल बअना सब जन मिट्ठा। तं तैसन जंपओ अवहट्ठा।।

अर्थात् देशीभाषा (बोलचाल की भाषा) सबको मीठी लगती है, इससे वैसा ही अपभ्रंश (देशी शब्द मिला हुआ) मैं कहता हूँ। विद्यापति ने अपभ्रंश से भिन्न प्रचलित बोलचाल की भाषा को 'देशी-भाषा' कहा। आचार्य शुक्ल भी इसी अर्थ में देशीभाषा का प्रयोग इतिहास में आवश्यकतानुसार करते रहे हैं। उपर्युक्त विवेचन को दृष्टि में रखकर हम यह कह सकते हैं कि अपभ्रंश काल में देशी भाषा का अर्थ अपभ्रंश है क्योंकि वही लोकभाषा थी। कलान्तर में देशीभाषा अपभ्रंश से पृथक् है। जहाँ ग्यारहवीं शती में प्राकृत वैयाकरण 'पुरुषोत्तम' ने अपभ्रंश को शिष्ट वर्ग की भाषा स्वीकार किया वहीं बारहवीं शती में आचार्य हेमचन्द्र ने अपभ्रंश का व्याकरण लिखा।

इस प्रकार ईसा पूर्व दूसरी शती से लेकर बारहवीं शती तक अपभ्रंश का प्रयोग भिन्न-भिन्न कालों में 'अपशब्द', 'विभाषा', 'लोकभाषा', 'शिष्ट' और 'साहित्यिक भाषा' के अर्थ में हुआ। ये प्रयोग जहाँ अपभ्रंश की एक भाषा के रूप में विकास की गाथा प्रस्तुत करते हैं, वहीं वे जनसाधारण के प्रयोग की शक्ति एवं सामर्थ्य को सिद्ध करते हैं। किसी भी भाषा के साहित्यिक भाषा बनने तक विकास की यही प्रक्रिया होती है। सबसे पहले लोक में प्रचलित शब्द उस युग की साहित्यिक भाषा में घुसपैठ करते हैं। जैसे-जैसे इनकी संख्या बढ़ती जाती है ये विभाषा एवं लोकभाषा के रूप में परिवर्तित हो जाते हैं तथा आगे चलकर एक अलग भाषा के रूप में अपना स्वतन्त्र अस्तित्व बना लेते हैं। लोकवादी और कालान्तर में प्रयोग की बहुलता के चलते यही विभाषा लोकभाषा के रास्ते से होते हुए शिष्ट भाषा या साहित्यिक भाषा का स्थान ग्रहण कर लेती हैं। प्राचीन और मध्यकालीन भाषाओं में अपभ्रंश ही एक ऐसी भाषा रही जिसे न तो छान्दस, न पाणिनि का संस्कार मिला न ही गौतमबुद्ध जैसे महान तपस्वी का वरद-हस्त। फिर भी यह जन-साधारण की शक्ति से संबलित होकर संस्कृत के पश्चात् सबसे लम्बे काल तक साहित्य की भाषा ही नहीं बनी अपितु आधुनिक भारतीय आर्य भाषाओं की जन्मदात्री भी बनी। यह इसके अपने शक्ति सामर्थ्य का परिचायक है।

अपभ्रंश : काल निर्णय

भाषा के रूप में अपभ्रंश का सबसे प्राचीनतम उदाहरण भरत द्वारा रचित

नाट्यशास्त्र (300 ई.) में मिलता है। इसे उकार बहुला बताते हुए भरत ने इसके कुछ उदाहरण भी प्रस्तुत किये हैं– 'मोरुल्लउ', 'नच्चन्तउ' आदि। दण्डी भी आभीरादि की भाषा को अपभ्रंश मानते हैं। भरत के उपर्युक्त उदाहरणों में प्राकृत प्रभाव बहुत अधिक है। प्राकृत प्रभाव के कारण इन्हें विशुद्ध अपभ्रंश का उदाहरण मानना कठिन है। हाँ, इनमें अपभ्रंश को जन्म देनेवाली प्रवृत्तियों के बीज अवश्य दिखाई देते हैं। महाकवि कालिदास कृत 'विक्रमोर्वशीय' नाटक के चतुर्थ अंक में प्राप्त अपभ्रंश के दोहे अपभ्रंश का काल और पीछे खींच ले जाते हैं। यद्यपि कुछ विद्वान इस अंश की प्रामाणिकता के प्रति सन्देह व्यक्त करते हैं। जहाँ 'यकोबी' और 'पण्डित' इन्हें प्रक्षिप्त मानते हैं वहीं ए.एन. उपाध्याये एवं डॉ. तगारे तथा आचार्य हजारीप्रसाद द्विवेदी इसे प्रामाणिक सिद्ध करते हैं।

बलभी नरेश धरसेन (छठी शती) के समय के उपलब्ध ताम्रपत्तों और संस्कृत के अलंकारविदों के अनुसार इस काल तक अपभ्रंश भाषा के रूप में प्रतिष्ठित हो चुकी थी। इस समय तक विद्वान उसमें साहित्यिक रचना भी करने लगे थे। तात्पर्य यह है कि छठी शती से अपभ्रंश में काव्य-रचनाएँ होने लगीं और पन्द्रहवीं-सोलहवीं शती तक यह क्रम चलता रहा।

बारहवीं शती में एक बार पुनः भाषा प्रक्रिया में बदलाव आया। छठी शती से चली आ रही काव्य भाषा–'अपभ्रंश', 'लोकभाषा' न रहकर 'साहित्य की रूढ़ भाषा' बन गई। इस पर सबसे पहले ध्यान गया आचार्य हेमचन्द्र का। वे पहले वैयाकरण हैं जिन्होंने इस काल में सिर उठा रही 'ग्राम्य-भाषा' और 'साहित्य-रूढ़' अपभ्रंश का भेद किया। इससे यह स्पष्ट होता है कि उस समय अपभ्रंश सामान्य जन के बोलचाल की भाषा नहीं रह गयी थी। हेमचन्द्र द्वारा अपभ्रंश व्याकरण लिखना भी बोलचाल की भाषा के विकास को पुष्ट करता है। ईसा की तेरहवीं शती से आधुनिक भारतीय आर्य भाषाओं के ग्रन्थ प्राप्त होने लगते हैं। अतः छठी से बारहवीं शती तक अपभ्रंश का काल मानना चाहिए।

परवर्ती अपभ्रंश

छठी शताब्दी में साहित्यिक भाषा का स्थान प्राप्त करनेवाली अपभ्रंश हेमचन्द्र के अपभ्रंश व्याकरण के साथ रूढ़ बन-बनकर केवल साहित्यिक भाषा रह गयी थी, इसने जनाधार खो दिया था। अपभ्रंश के समानान्तर दसवीं शती से अस्तित्व में आनेवाली भाषा ने जन-साधारण में लोकप्रिय और सक्रिय होकर बारहवीं शताब्दी तक अपनी गरिमा प्राप्त कर अपभ्रंश को साहित्यिक भाषा पद से अपदस्थ कर दिया। कुछ विद्वानों के अनुसार अपभ्रंश और जन-साधारण की बोली का एक मिश्रित रूप नयी भाषा निर्मिति का कारण बना, यह नयी भाषा परवर्ती अपभ्रंश 'अवहट्ट' कहलायी। इसीलिए विद्वान इस भाषा को अपभ्रंश का ही ध्वन्यात्मक

परिवर्तित रूप स्वीकार करते हैं। 'वर्णरत्नाकर' के रचनाकार ज्योतिरीश्वर ठाकुर भी अवहट्ट को छः भाषाओं में एक भाषा मानते हैं। 'प्राकृत पैंगलम्' के टीकाकार बंशीधर ने इस रचना-भाषा को अवहट्ट की संज्ञा दी है। यथा—''यया भाषया अयं ग्रन्थो रचितः सा अवहट्ठ भाषा। अवहट्ठय सक्क्य पाइयमि, पेसाइयमि भाषाए लक्खण छन्दाहरणे सुक इत्तं भूसियं जेहिके'' इस कथन द्वारा सन्देश-रासककार ने चार प्रमुख भाषाओं की चर्चा की है। विद्यापति भी—'तं तैसन जम्पओ अवहट्ठा' कहकर इसके महत्त्व तथा प्रकृति को रेखांकित कर जाते हैं। इन विद्वानों ने अवहट्ट का प्रयोग अपभ्रंश के स्थान पर अथवा अपभ्रंश के लिए किया। त्रिभाषा के रूप में—संस्कृत, प्राकृत, शौरसेनी, अपभ्रंश का उल्लेख कई पुराने विद्वानों तथा टीकाकारों ने किया है। ज्योतिरीश्वर ठाकुर द्वारा संस्कृत प्राकृत के पश्चात् अवहट्ट का तृतीय स्थानिक प्रयोग अपभ्रंश के तृतीय स्थानिक उल्लेख की रूढ़ परम्परा का पालन है। अर्थात् अपभ्रंश ही अवहट्ट है। विद्यापति भी अवहट्ट का तीसरा स्थान मानते हैं। किन्तु अपभ्रंश से अलग भाषा-रूप में। भामह, दण्डी ने भाषात्रयी में अपभ्रंश को तीसरा स्थान दिया है। वलभीनरेश धरसेन के ताम्रपत्र में भी अपभ्रंश को तीसरा स्थान ही प्राप्त है। अपभ्रंश के परवर्ती रचनाकार अवहट्ट शब्द का ही प्रयोग करते थे। इस कारण हरेक विद्वान इसी निष्कर्ष पर पहुँचते हैं कि 'अवहट्ट' शब्द बाद का है। यह प्रवृत्ति में अपभ्रंश से थोड़ा भिन्न है। डॉ. वीरेन्द्र श्रीवास्तव 'अवहट्ट' को 'कीर्तिलता' के सन्दर्भ में विशेष रमणीय भाषा की संज्ञा देते हैं। डॉ. शिवप्रसाद सिंह भी मानते हैं कि—''इसका प्रयोग परवर्ती अपभ्रंश के कवियों ने पूर्ववर्ती अपभ्रंश की तुलना में थोड़ी परिवर्तित भाषा के लिए किया।. ..कहना चाहें तो कह सकते हैं कि यह प्रयोग जान-बूझकर हुआ और अपभ्रष्ट की भी भ्रष्टता (भाषाशास्त्र की शब्दावली में विकास) दिखाने के लिए किया गया। यानि इस शब्द के मूल में परिनिष्ठित अपभ्रंश के और भी अधिक विकसित होने की भावना थी।'' (कीर्तिलता और अवहट्ट भाषा, पृष्ठ 6)। पुनः इसके नामकरण पर और अपभ्रंश से इसके अलगाव पर विचार करते हुए वे कहते हैं—''इस काल की भाषा के लिए 'अपभ्रंश' से भिन्न किसी नाम की तलाश हो तो वह नाम बिना आपत्ति के 'अवहट्ट' हो सकता है।...भाषा की विशेषताओं को देखते हुए यह नाम कोई बहुत अनुचित नहीं कहा जा सकता।'' डॉ. सिंह की यह धारणा इस सन्दर्भ में अधिक सुविचारित है कि अपभ्रंश भाषा और साहित्य के अध्येता 'अवहंस', 'अपभ्रंश' और 'अवहट्ट' को अलग-अलग कर अध्ययन के पक्षपाती नहीं अपितु वे अपभ्रंश के पूर्ववर्ती और परवर्ती भेद कर एक ही भाषा के क्रमशः विकसित वैशिष्ट्य निरूपण के पक्षपाती हैं।

शब्द ग्रहण, शब्द से अर्थ प्रतीति कराने की प्रक्रिया और व्याकरण इन सभी दृष्टियों से 'अपभ्रंश' उदार मानी जाती है। अपनी इन्हीं विशेषताओं के कारण

वह लोक परम्पराओं की ओर मुड़ चली। बारहवीं शती का प्रारम्भिक काल इस भाषा की दृष्टि से अत्यन्त महत्त्वपूर्ण है। यहाँ तक पहुँचते-पहुँचते परिनिष्ठित अपभ्रंश ग्राम्य अपभ्रंश से अलग-थलग हो गयी। परिनिष्ठित साहित्यिक अपभ्रंश में लोक तत्त्वों को ग्रहण करने की शक्ति समाप्त नहीं हुई थी परन्तु गृहीत लोक तत्वों की सहज एवं स्वच्छन्द विकास गति व्याकरणबद्ध भाषा में मिल पाना भी सम्भव नहीं रह गया था। लोक तत्त्वों को ग्रहण कर भाषा को सहज स्वच्छन्द गति देने का प्रयास बारहवीं शती तक अपभ्रंश के समानान्तर या उससे अलग 'अवहट्ट' को खड़ा कर देता है। यह वह भाषा मानी जाती थी जिसमें लोकभाषा के विकसित रूपों का सर्वाधिक प्रयोग था। यद्यपि इसके मूल में परिनिष्ठित अपभ्रंश यानि–शौरसेनी–है। पर "इस मिश्रित भाषा में रचे हुए ग्रन्थ काव्य की दृष्टि से उत्कृष्ट होने के साथ ही आधुनिक देशी भाषाओं के आधुनिक रूप के अध्ययन की दृष्टि से भी बहुत महत्त्वपूर्ण हैं। परिनिष्ठित अपभ्रंश में लोकभाषा या क्षेत्रीय भाषा की परिवर्तित ध्वनियों एवं शब्दों तथा व्याकरणिक रूपों के समावेश से जो काव्य-भाषा निर्मित हुई उसे परवर्ती अपभ्रंश या अवहट्ट कहा गया है।" (डॉ. नामवर सिंह–'हिन्दी के विकास में अपभ्रंश का योग')। अपभ्रंश और आधुनिक आर्य भाषाओं के बीच की कड़ी 'अवहट्ट' मानी जाती है। इसी को चन्द्रधर शर्मा गुलेरी ने 'पुरानी हिन्दी' नाम दिया है। यह कुछ प्रयोगों के कारण अपभ्रंश है तथा कुछ देश-भाषा रूपों–हिन्दी, मैथिली या बांग्ला शब्द-रूपों को ग्रहण करने के कारण 'पुरानी हिन्दी'। कुछ विद्वानों ने अवहट्ट के दो रूपों की कल्पना की है। पहली है–सिद्धों नाथों की भाषा जो प्राचीन हिन्दी के अधिक निकट है उसे 'सन्ध्या भाषा' की संज्ञा दी गयी। और दूसरी है–सन्ध्या भाषा के अतिरिक्त बची 'अवहट्ट'। परन्तु सिद्धों तथा नाथों की बानियाँ 'अवहट्ट' से ज्यादा दूर नहीं, हाँ उसमें केवल स्थानिक प्रयोग बहुलता और सरलीकरण की प्रवृत्ति कुछ ज्यादा दिखाई पडती है।

इस भाषा की प्रमुख रचनाओं में–संदेश रासक, प्राकृत पैंगलम्, पुरातन प्रबन्ध संग्रह, उक्ति व्यक्ति प्रकरण, वर्णरत्नाकर, कीर्तिलता, चर्यापद तथा ज्ञानेश्वरी टीकाएँ आती हैं।

डॉ. चटर्जी 'अवहट्ट' का काल 9वीं से 12वीं शती के बीच मानते हैं। डॉ. शिवप्रसाद सिंह 12वीं से 14वीं शती तक। प्रो. राजमणि शर्मा की दृष्टि में "ग्यारहवीं शती के उत्तरार्द्ध से चौदहवीं शती तक का काल परवर्त्ती अपभ्रंश (अवहट्ट) का काल ठहरता है जिसमें एक तरफ आधुनिक भारतीय आर्य भाषाओं के अलग होने की प्रक्रिया दिखाई देती है, तो दूसरी तरफ हिन्दी तथा अन्य भारतीय आर्य भाषाएँ अपना नवरूप ग्रहण करती हैं।"

अपभ्रंश साहित्य

आलंकारिकों और वैयाकरणों ने छठी शताब्दी में निश्चित रूप में अपभ्रंश को भाषा के रूप में मान्यता दे दी थी। भामह और दण्डी के सामने अपभ्रंश की कुछ काव्य कृतियाँ अवश्य ही रही होंगी तभी उन्होंने अपभ्रंश काव्य की चर्चा की। अलंकारशास्त्री अपभ्रंश के कुछ उदाहरण भी देते रहे हैं। भरत से अर्थात् ईसा की तीसरी शताब्दी से अपभ्रंश भाषा का काव्यार्थ प्रयोग माना जाता है। उकार बहुला अपभ्रंश भाषा का प्रयोग उसी के छन्द दोहे में कालिदास ने 'विक्रमोर्वशीय' में किया है—

मइँ जाणिअँ मिअ-लोअणी णिसिअरु कोइ हरेइ।
जाव णु णवतडिसामलो धाराहरु बरिसेइ।। (4/8)

उपर्युक्त अंश तथा चतुर्थ अंक के अन्य अपभ्रंश पद्य कालिदास के हैं कि नहीं, इस पर बहुत विवाद रहा है।

'मृच्छकटिक' के टीकाकार पृथ्वीधर ने विभाषा को अपभ्रंश के अन्तर्गत स्वीकार किया है। इस तरह शाकारी, चाण्डाली, शावरी और टक्की (ढक्की) अपभ्रंश ही हैं। राजा शाकारी और उसके दामाद का संवाद टीकाकार पृथ्वीधर के अनुसार अपभ्रंश का है।

जर्मन भाषा में 'प्राकृत भाषाओं के व्याकरण' के लेखक पिशेल के समय तक अपभ्रंश के बहुत कम काव्य प्रकाश में आये थे। इसके बाद राजस्थान, सौराष्ट्र, गुजरात आदि के जैन पुस्तक भण्डारों और राजकीय पुस्तकालयों के अन्वेषण से अनेक सुन्दर कृतियाँ उपलब्ध हुई हैं और निरन्तर प्रकाशित हो रही हैं। आठवीं सदी में स्वयम्भू का महाकाव्य 'पउमचरिउ' रामचरित को जैन दृष्टिकोण से प्रस्तुत करता है। संस्कृत में रविषेणाचार्य का 'पद्मपुराण' और प्राकृत में विमल सूरि का 'पउमचरियँ' पहले लिखा जा चुका था। लोकभाषा अपभ्रंश में रचनाओं की पूर्ति स्वयंभू ने की। स्वयंभू का दूसरा महाकाव्य 'रिट्ठणेमि चरिउ' है जिसका आधार 'महाभारत' और 'हरिवंशपुराण' है। इस ग्रन्थ को जैनियों का 'हरिवंशपुराण' कहा जाता है जिसमें कृष्णचरित है। स्वयम्भू ने छन्दों पर 'स्वयम्भू छन्दस्' नाम का एक ग्रन्थ भी लिखा है इसमें प्राकृत और अपभ्रंश के 60 कवियों के उद्धरण दिए गये हैं।

दसवीं सदी के अपभ्रंश महाकाव्यकार पुष्पदन्त का 'तिरसट्ठि महापुरिस गुणालंकार' या 'महापुराण' बहुत विशालकाय ग्रन्थ है। इन्हें राष्ट्रकूट वंश प्रसूत राजा कृष्णराय तृतीय के मन्त्री भरत का आश्रय प्राप्त था। इन्होंने इसी राजा के दूसरे मन्त्री नन्न के आश्रय में रहकर 'णायकुमार चरिउ' और 'जसहर चरिउ' की भी रचना की। 'महापुराण' में 24 तीर्थंकर, 12 चक्रवर्ती, 9 वासुदेव, 9 प्रतिवासुदेव और 9 बलदेव कुल 63 महापुरुषों की चरित्र-गाथा अंकित है।

स्वयंभू भी अपनी भाषा को देशीभाषा ही कहते हैं–

णउ हउं होमि वियक्खणु व मुणमि लक्खणु छंदु देसिण वियाणमि (म.पु.1/8)

परन्तु "सक्कय, पायउ पुणु अवहंसउ वित्तउ उप्पाहउ स पसंसउ।" (म.पु. 5/18/61) में संस्कृत और प्राकृत के साथ अवहंस अर्थात् अपभ्रंश का भी कथन कह ही दिया है।

भारतीय विद्वान श्री सी.डी. दलाल ने पंचम गुजराती साहित्य परिषद में अपने व्याख्यान में अपभ्रंश महाकाव्य 'भविष्यत कहा' की ओर ध्यान आकृष्ट किया। उन्होंने उसके कुछ अंशों का सम्पादन भी किया। पर उसे पूरा कर और गायकवाड ओरियण्टल सीरीज से प्रकाशित कराने का कार्य किया 1923 में श्री पांडुरंग दामोदर गुणे ने। इसी बीच 1914 में जर्मन विद्वान हरमन याकोबी ने जैन भण्डार से इस ग्रन्थ को ढूँढ़कर 1918 में ही प्रकाशित करा दिया था। यह अपभ्रंश का पहला सुसम्बद्ध महाकाव्य था जिसके आधार पर यह दृढ़तापूर्वक कहा जा सकता है कि अपभ्रंश भाषा काव्य के क्षेत्र में वस्तुतः प्रयुक्त हुई केवल आलंकारिकों की कल्पना ही न थी। 'पउमचरिउ' आदि काव्यों का प्रकाशन परवर्ती घटना है।

8वीं से 10वीं शताब्दी तक के परिनिष्ठित अपभ्रंश का सम्यक परिचय उपर्युक्त तीनों महाकाव्यों के अध्ययन से प्राप्त हो जाता है। अनेक खण्डकाव्य या चरितकाव्यों की रचना में इस भाषा का प्रयोग किया गया है। यथा–पुष्पदन्त के 'णायकुमार चरिउ', 'जसहर चरिउ', कनकामर का 'करकंडु चरिउ' (1065 ई. बुन्देलखण्ड में रचित) दिव्यदृष्टि माघ कवि वंशज धाहिल का 'पउमसिरी चरिउ' (ग्याहवीं शताब्दी), हरिभद्र रचित 'नेमिनाथ चरित' का अंश 'सनत्कुमार चरिउ' (अणहिल पाटन में 1216 में प्रणीत) आदि सभी रचनाकारों ने अपने ग्रन्थों में भाषा के विषय में लिखने की आवश्यकता नहीं समझी, क्योंकि प्रत्येक पाठक उनकी अपभ्रंश भाषा से पूर्णरूपेण परिचित था।

मुक्तक काव्यों–जिनमें जैनधर्म के सदाचार और नीतिपक्ष का प्रतिपादन है, योगीन्द्राचार्य का 'परमप्पयासु' (परमात्म प्रकाश) तथा मुनि रामसिंह का 'पाहुड दोहा' जैन साधुओं की अपभ्रंश भाषा को समझने के लिए महत्त्वपूर्ण ग्रन्थ हैं।

'संदेशरासक' उपर्युक्त ग्रन्थों की तरह धार्मिक प्रवृत्ति का न होकर वस्तुतः लौकिक प्रेम से सम्बद्ध खण्डकाव्य है। इसके रचयिता अब्दुल रहमान हैं। हेमचन्द्र का समकालीन यह कवि बारहवीं शताब्दी के अन्तिम चरण या तेरहवीं शताब्दी के पूर्वार्द्ध में विद्यमान था। अपने पूर्ववर्ती कवियों को नमस्कार करते वह लिखते हैं–

अवहट्ट-सक्कय-पाइयंमि पेसाइयंमि भासाए।
लक्खण छंदाहरणे सुकवितं भूसियं जेहिं।।1/6।।

संस्कृत, प्राकृत और पैशाची से भी पूर्व अवहट्ट (अपभ्रष्ट-अपभ्रंश) की गणना करके कवि इस भाषा को महत्त्व देता है। अपने परिचय में कवि ने स्वयं को

'प्राकृत काव्य और गीत विषय में प्रसिद्ध' बताया है। यहाँ प्राकृत शब्द व्याकरण-शास्त्रियों के समान व्यापक अर्थ में है जो अपने अन्दर अपभ्रंश को भी समाविष्ट कर लेता है। संस्कृत टीकाकार पं. लक्ष्मीधर मिश्र ने भी 'संदेशरासक' को अपभ्रंश ग्रन्थ बताया है। यथा–"तेन संदेशानामरासकः नामापभ्रंशग्रन्थः कृतः।" किन्तु प्रो. राजमणि शर्मा की दृष्टि में यह अपभ्रंश की आगे बढ़ी प्रवृत्ति 'अवहट्ट' की रचना है।

ज्योतिरीश्वर ठाकुर के 'वर्ण रत्नाकर' में भी अपभ्रंश के लिए इसी अवहट्ट शब्द का प्रयोग मिलता है। विद्यापति भी कीर्तिलता की भाषा के विषय में लिखते हैं–

सक्कअ वाणी बुहजण भावइ पाइअ रस को मम्म न पावइ।
देसिल बअना सब जन मिट्ठा तं तैसन जंपओ अवहट्ठा।।1/19-22।।

विद्यापति अपनी कविता को देशीवचन के साथ अवहट्ट कहते हैं। उनका 'कीर्तिपताका' नामक ग्रंथ भी अपभ्रंश भाषा में ही है। 'प्राकृत पैंलम्' के टीकाकार बंशीधर भी इस ग्रन्थ की भाषा को 'अवहट्ट' मानते हैं।

अपभ्रंश भाषा तथा साहित्य के विकास में बौद्ध साहित्य का अपना विशेष स्थान रहा है। ये रचनाकार सिद्ध कहलाए। इनकी संख्या चौरासी मानी जाती है। सरहपाद इनके आदि सिद्ध हैं। सरहपा, कण्हपा, लुइपा आदि के दोहाकोश अपभ्रंश के प्राच्य क्षेत्र में विस्तार और विकास को प्रदर्शित करते हैं। महामहोपाध्याय हरप्रसाद शास्त्री ने इनके दोहों का सम्पादन किया। महापंडित राहुल सांकृत्यायन ने कालान्तर में प्राप्त सामग्री के आधार पर 'सरह-दोहाकोश' का सम्यक सम्पादन करते हुए उपलब्ध प्रमाणों से उनका समय आठवीं शताब्दी का मध्यकाल निर्धारित किया है।

पश्चिमोत्तर भारत की बोली : अपभ्रंश

यह सच है कि पश्चिमोत्तर भारत में रहने वाले विशाल जन-समुदाय की भाषा के रूप में अपभ्रंश का विकास हुआ। यह जन-समुदाय विभिन्न नामों से अभिव्यंजित होता था। कहीं आभीर तो कहीं गुर्जर। और इनके साथ भाषा का अर्थ देनेवाले शब्द 'गिरा' को जोड़कर (यथा–'आभीरादिगिरः', 'गुर्जरादिगिरः') इनकी भाषा को व्यंजित किया जाता था। आगे चलकर जातिवाचक नामों का स्थान 'देशी' शब्द ने ले लिया। फिर यह भाषा 'देशी भाषा' कहलायी।

आभीरादिगिरः

भरत ने अपने 'नाट्यसूत्र' में शकार, आभीर, चाण्डाल, शबर, द्रमिल और आन्ध्र देशोत्पन्न तथा बनेचरों की हीनभाषा को नाटक में विभाषा के नाम से स्मरण किया है। इन लोगों की उक्ति (भाषा) की गणना उन्होंने सप्त भाषाओं में नहीं

की और इनका भाषाश्रित सम्भाषण नाट्य में निषिद्ध किया। अभिनवगुप्त ने प्राकृत भाषा का अपभ्रंश 'विभाषा' को स्वीकार करते हुए इसके वक्ताओं को गह्वरवासी माना है। भरत ने गौ, घोड़े, बकरी, भेड़, ऊँट इत्यादि के झुण्ड के साथ पड़ाव में रहने वाले व्यक्तियों की भाषा को 'आभीरोक्ति' की संज्ञा दी है। उपर्युक्त कथनों से यह स्पष्ट है कि भरत के समय आभीरों की उक्ति को 'विभाषा' के तौर पर नाटक में स्वीकृति प्राप्त हो चुकी थी।

विद्वानों ने प्रारम्भिक अपभ्रंश की बोली का क्षेत्र भरत मुनि द्वारा निर्देशित हिमवत्-सिन्धु-सौबीर आदि भारत के पश्चिमोत्तर प्रदेश को बताया है जिसमें उकार बहुला भाषा प्रचलित थी, जो अपभ्रंश की प्रमुख विशेषता मानी जाती है। आचार्य राजशेखर के कथनानुसार यह सकल मरुभूमि टक्क और भादानक प्रदेशों में प्रयुक्त होती थी, जो पश्चिमी भारत के भू-भाग हैं (सापभ्रंश प्रयोगाः सकल मरुभुवष्टक्क भादानकाश्च)। तीसरी शताब्दी के आस-पास पश्चिमोत्तर प्रदेश की बोली भी यही थी। यही आगे विकसित तथा प्रसारित होकर पश्चिमी, मध्य और पूर्वी प्रदेशों अर्थात् समस्त उत्तर भारत की साहित्यिक भाषा बनी। इसके साहित्यिक भाषा बनने में आभीर गुर्जरों का बड़ा हाथ रहा होगा, क्योंकि आचार्य दण्डी ने अपभ्रंश को आभीरों की भाषा बताकर उनके साथ इसके गहरे सम्बन्ध का संकेत किया था।

महाभारत में (ईसा-पूर्व दूसरी शताब्दी तक) पश्चिमोत्तर भारत में आभीरों का स्पष्ट वर्णन मिलता है। युधिष्ठिर के राजसूय यज्ञ में आभीरों द्वारा भी भेंट चढ़ाने का वर्णन प्राप्त होता है। ये स्वभाव से वीर, पराक्रमी, दुर्धर्ष और घुमक्कड़ माने जाते थे। अर्जुन के वृष्णि वंशज तथा अन्धकुलोत्पन्न स्त्रियों के साथ द्वारका से पंचनद में प्रवेश करने पर आभीरों ने उन पर चढ़ाई कर दी एवं अनेक स्त्रियों का अपहरण कर ले गये। इनका मुख्य व्यवसाय गो-पालन-गोचारण एवं खेती था। ये आन्ध्र, शक, पुलिन्द, यवन, कम्बोज तथा बाह्लीक से सम्बन्धित थे। इससे स्पष्ट होता है कि ये आर्यों की भाँति पश्चिमोत्तर क्षेत्र से भारत में आये तथा पश्चिम, दक्षिण एवं पूर्व तक बढ़ते चले गये। अपनी वीरता के कारण ये कहीं सेनापति बने, कहीं राजा। काठियावाड़ के सुन्द में प्राप्त महाक्षत्रप रुद्रदमन के अभिलेख में उनके आभीर सेनापति रुद्रभूति के दान का वर्णन है। नासिक अभिलेख में भी आभीर राजा ईश्वरसेन की चर्चा है। उत्तर प्रदेश का मिर्जापुर क्षेत्र इनसे भरा पड़ा है। इस क्षेत्र में इनके दुर्गों के अवशेष अभी तक मिलते हैं। 'अहिरौरा' स्थान विशेष का नाम इन्हीं की देन है। मिर्जापुर और राबर्ट्सगंज जिले के अनेक भागों में सेना के साथ आयी पराजय के उपरान्त अनेक गुर्जर यहीं के निवासी बन गए।

इस जाति ने पश्चिमोत्तर प्रदेश की भाषा को आत्मसात् कर उसके प्रचार-प्रसार एवं विकास में इस कदर हाथ बटाया मानो वह उनकी अपनी सम्पत्ति

हो। उनके इस प्रकार जन-जीवन में घुलमिल जाने को देखकर ही डॉ. रामसिंह तोमर ने यह अनुमान किया कि—"आभीर और गुर्जर शब्दों का प्रयोग लाक्षणिक अर्थों में किया गया प्रतीत होता है, आभीर और गुर्जर से सामान्य जन-समुदाय का अर्थ लिया जाना उचित से सामान्य लगता है, जो लौकिक कविता को अधिक प्रेम से पढ़ते रहे होंगे।" (हिन्दी साहित्य, सं. धीरेन्द्र वर्मा, पृ. 384)।

अपभ्रंश भाषा पर विचार करते हुए डॉ. वीरेन्द्र श्रीवास्तव ने लिखा है कि "उत्तर-पश्चिमी क्षेत्र में रहते हुए आभीर जाति ने वहाँ भी भारतीय भाषा को कामचलाऊ तरीके से सीखा होगा और उसमें अपने देशी शब्दों का—विशेषतः क्रियापदों का—समावेश किया होगा। हेमचन्द्र के 'देशीनाममाला' में आभीर पल्ली और पशुपालन से सम्बद्ध शामिल अनेक देशी शब्द इसकी पुष्टि करते हैं। पहले वह आभीरोक्ति या विभाषा रही बाद में भाषा पद पर राजनीतिक कारणों से प्रतिष्ठित हुई। आभीर राजाओं ने अपनी आभीरोक्ति को राज्यप्रश्रय दिया होगा जिसका परिणाम है कि छठी शताब्दी में आभीरोक्ति साहित्यिक भाषा का गौरव प्राप्त कर लेती है और आभीरों की यह भाषा व्यापक होकर अपभ्रंश नाम से सम्पूर्ण उत्तरी भू-भाग में फैल गयी।" (अपभ्रंश भाषा का अध्ययन, पृ. 29)।

गुर्जर जाति के साथ भी अपभ्रंश का सम्बन्ध जोड़ा जाता है। भोज ने गुर्जरों के विषय में लिखा है—"अपभ्रंशेन नान्येन स्वेन तुष्यन्ति गुर्जराः" अर्थात् गुर्जरों को अपनी अपभ्रंश भाषा ही अच्छी लगती है। गुर्जरों एवं अपभ्रंश भाषा पर विचार करते हुए श्रीराम शर्मा तर्क वागीश ने पच्चीस अपभ्रंश भेदों में 'गौर्जरी' को स्थान देते हुए उसकी विशेषता संस्कृत शब्द-बहुलता बतायी है। मार्कण्डेय ने भी अपनी भूमिका में सत्ताईस अपभ्रंशोक्तियों में 'गौर्जर' का नाम भी गिनाया है। गुर्जरों का अपभ्रंश भाषा के साथ घनिष्ठ सम्बन्ध रहा है, इस सम्बन्ध के चलते ही गुजरात की प्राचीन भाषा को नागर अपभ्रंश या परिनिष्ठित अपभ्रंश समझा गया है। 'आभीरी' और 'गौर्जरी' का शिष्ट वर्ग द्वारा परिष्कार नागर अपभ्रंश समझना चाहिए। इतिहासवेत्ता गुर्जरों को आभीर जाति की एक शाखा मानते हैं। जिस प्रकार आभीर पश्चिमोत्तर सीमान्त से भारत में आये उसी प्रकार गुर्जर भी। पश्चिमी पंजाब (अब पाकिस्तान) में झेलम नदी के किनारे गुजरात का जिला गुजरानवाला और गूजरखान शहर उन गूजरों, गुर्जरों के प्रसार की दिशा प्रदर्शित करते हैं। आधुनिक गुजरात प्रान्त का यह नाम ज्यादा प्राचीन नहीं। गुर्जरों ने गुप्तवंश के पतन के उपरान्त छठी शताब्दी के उत्तरार्द्ध में राजस्थान में जोधपुर के समीपवर्ती क्षेत्र को अपने अधिकार में लेकर गुर्जरत्रा या गुजरात नाम दिया था। अठारहवीं सदी में सहारनपुर को भी गुजरात कहा जाता था। ग्वालियर का एक जिला अब भी गूजरगढ़ कहा जाता है। इस पूरे क्षेत्र में अर्थात् पंजाब, उत्तर प्रदेश का पश्चिमी भाग विशेषकर हिमालय की तराई, पश्चिमी राजस्थान और गुजरात प्रान्त में अब

भी गूजर लोग बसे हुए हैं। पहाड़ की तराई के गूजरों का पेशा अभी तक गाय-भैंस पालना है। राजस्थान और कन्नौज में छठी शताब्दी में इन्होंने अधिकार जमाया और प्रतिहार वंश के प्रसार के साथ शासनसूत्र अपने हाथ में ले लिया। गुजरात में ये फैले और उनकी भाषा शिष्ट नागर रूप लेकर समादृत होती चली गयी। भरत और उत्तरवर्त्ती वैयाकरणों ने आभीरों तथा गुर्जरों की भाँति अन्य जातियों का भी उल्लेख किया है जो अपभ्रंश के विकास में योगदान देती रही हैं।

अपभ्रंश और देशीभाषा

अपभ्रंश के स्वयंभू और पुष्पदन्त जैसे कवियों ने अपनी भाषा को देशी भाषा की संज्ञा दी है। इनके ही समान विद्यापति भी देशीवचन के साथ अवहट्ट को नियोजित करते हैं। अब हमारे समक्ष एक प्रश्न उठता है कि क्या देशी भाषा और अपभ्रंश को हम एक मान सकते हैं। डॉ. हीरालाल जैन ने 'पाहुड दोहा' की भूमिका में डॉ. जूल ब्लाख के सन्देह का निवारण करने के लिए इस विषय पर विस्तर से युक्तियुक्त विवेचन करते हुए यह निष्कर्ष दिया कि–"उपर्युक्त समस्त उल्लेखों का सार यही है कि अपभ्रंश को ही देशीभाषा और देशभाषा को अपभ्रंश नाम से साहित्याचार्य समझते और कहते आये हैं।" या पूर्वोक्त अवतरण इस बात को सिद्ध करने के लिए पर्याप्त हैं कि व्याकरणाचार्य जिस भाषा को अपभ्रंश कहते हैं उसी भाषा को उसमें रचना करनेवाले देशी भाषा कहते हैं। अपभ्रंश के ही समान प्राकृत, पालि, संस्कृत को भी देशी कहने की प्रथा थी। तुलसीदास भी कहते हैं–"भाखा बद्ध करब मैं सोई" अपभ्रंश को वस्तुतः देशी भाषा की संज्ञा दो कारणों से मिलती है–1. विभिन्न प्रदेशों में बोलचाल की विभिन्नता के कारण तथा 2. देशी पदों के अधिकाधिक समावेश के कारण। इसीलिए प्रदेश-विशेष की बोलियों के लिए ही प्रायः 'देशी भाषा' शब्द का प्रयोग हुआ है। इसी को लक्ष्य कर डॉ. तगारे लिखते हैं–"देशी भाषा का तात्पर्य सामान्यतः प्रादेशिक भाषा से है जो समय-समय पर बदलती रहती है; वह कभी प्राकृत है, कभी अपभ्रंश और कभी आधुनिक आर्यभाषा।" इसी बात को दूसरे ढंग से व्यक्त करते हुए डॉ. नामवर सिंह कहते हैं–"प्रत्येक युग की साहित्यरूढ़ भाषा के समानान्तर कोई-न-कोई देशी भाषा अवश्य रही है और यही देशी भाषा उस साहित्य भाषा को नया जीवन प्रदान कर सदैव विकसित करती चलती है। छान्दस् की भाषा ने तत्कालीन देशी भाषा से शक्ति अर्जित करके भाषा का एक लौकिक स्वरूप प्रदान किया जो पाणिनि प्रयोग के कारण संस्कृत कहलायी। किन्तु लोक जगा हुआ था। उसने समान्तर, एक स्वाभाविक भाषा रूप, जो सीधे छान्दस से प्रसूत है, अपने समय की देशी भाषा के सहयोग से प्राकृत के रूप में ढाला। अवसर आने पर प्राकृत को भी अपनी आन्तरिक रूढ़ि दूर करने

के लिए लोक भाषा की सहायता लेनी पड़ी, फलस्वरूप भारतीय आर्यभाषा की अपभ्रंश अवस्था उत्पन्न हुई, जिसने आगे चलकर सिन्धी, गुजराती, राजस्थानी, पंजाबी, ब्रज, अवधी आदि आधुनिक देशी भाषाओं को जन्म दिया।'' अतः 'देशी भाषा' और 'अपभ्रंश' को एक ही अर्थ में प्रयुक्त होने पर भी हम अभिन्न नहीं मान सकते। 'देशी भाषा', 'अपभ्रंश' से अलग भाषा है। हेमचन्द्र का ग्राम्य अपभ्रंश भेद इस बात का स्पष्ट सूचक है।

अपभ्रंश के भेद

स्थान एवं परिस्थिति विशेष के कारण भाषा में थोड़ा-बहुत परिवर्तन हो जाना स्वाभाविक है। लोक की एक प्रसिद्ध उक्ति रही है—'चार कोस पर पानी बदले दस कोस पर बानी।' शायद इसी को लक्ष्य कर विष्णु धर्मोत्तर में देश-विशेष के अनुसार अपभ्रंश के अनेक भेद होने की चर्चा है—'देशभाषा विशेषेण तस्यान्तौ नैव विद्यते।' भामह के काव्यालंकार में भी यही बात दुहराई गयी है—'भूरिभेदो देशविशेषादपभ्रंशः।' रुद्रट, उद्योतन सूरि ने इनके अनेक भेद गिनाये हैं। मार्कण्डेय (17वीं शती) के आधार पर कुछ विद्वान इसके सत्ताईस भेद मानते थे परन्तु कुछ विद्वान इतने प्रभेदों को अपने तर्कों से व्यर्थ भी सिद्ध करते रहे हैं।

अपभ्रंश के भेदों की चर्चा करते हुए नमिसाधु ने इसके तीन भेद माने हैं—उपनागर, आभीर और ग्राम्य। नमिसाधु के ही समान मार्कण्डेय भी इसके तीन भेद मानते हैं—नागर, उपनागर और ब्राचड़। वह यह भी स्वीकार करते हैं कि—'ब्राचड़' सिन्धु प्रदेश की अपभ्रंश है, 'नागर' गुजरात की और 'उपनागर' इन दोनों के बीच की मिश्रित अपभ्रंश। मार्कण्डेय द्वारा प्रस्तुत 'नागर' और नमिसाधु की 'उपनागर' एक ही है।

अपभ्रंश का अध्ययन करनेवाले कुछ आधुनिक विद्वान इसके वर्गीकरण में क्षेत्रीयता का सहारा लेते हैं। डॉ. हरमन याकोबी ने 'सनत्कुमार चरिउ' की भूमिका में इसके पूर्वी, पश्चिमी, दक्षिणी और उत्तरी चार भेद किये हैं। डॉ. गजानन वासुदेव तगारे ने अपने शोधप्रबन्ध 'हिस्टोरिकल ग्रामर ऑफ अपभ्रंश' में याकोबी के उत्तरी भेद का कोई ठोस आधार न होने के कारण उसे व्यर्थ मानते हुए केवल तीन भेद स्वीकार किये हैं। याकोबी की ही भाँति तगारे के वर्गीकरण का आधार भी कृतियों का रचना-स्थान है। डॉ. तगारे के अनुसार अपभ्रंश के निम्नलिखित भेद हैं—

1. पूर्वी अपभ्रंश : सरहपाद तथा कण्हपा के दोहाकोश और चर्यापदों की भाषा।

2. दक्षिणी अपभ्रंश : पुष्पदन्त कृत महापुराण, णायकुमार चरिउ, जसहर चरिउ तथा मुनि कनकामर के करकंडु चरिउ की भाषा।

3. पश्चिमी अपभ्रंश : यह शौरसेनी प्राकृत का वह परवर्ती रूप है जो गुजरात, राजस्थान की बोलियों से मिश्रित हो गया। कालिदास, जोइंदु, रामसिंह, धनपाल, हेमचन्द आदि की भाषा में इसका रूप मिलता है। विक्रमोर्वशीय के चौथे अंक के कुछ पद्यों, सावयधम्म दोहा, पाहुड दोहा, भविसयत्त कहा और हेम व्याकरण में उद्धृत अपभ्रंश दोहों आदि में इस भाषा का रूप प्राप्त होता है।

डॉ. तगारे द्वारा प्रस्तुत अपभ्रंश के उपर्युक्त भेदों में दक्षिणी भेद को डॉ. नामवर सिंह ने केवल कल्पना की संज्ञा दी है। उनकी दृष्टि में अपभ्रंश के केवल दो भेद–पश्चिमी और पूर्वी हैं। पश्चिमी अपभ्रंश परिनिष्ठित थी तथा पूर्वी अपभ्रंश उसकी विभाषा मात्र थी। (हिन्दी के विकास में अपभ्रंश का योग, पृष्ठ-42)। उन्होंने डॉ. तगारे द्वारा दक्षिणी भेद स्वीकार करने के कारण-रूप में पुष्पदन्त की भाषा को मराठी की जननी सिद्ध करने का व्यामोह बताया। जबकि पश्चिमी अपभ्रंश के भविसयत्त कहा और दक्षिणी अपभ्रंश के महापुराण की भाषा में कोई मौलिक भेद नहीं। दोनों की भाषा परिनिष्ठित अपभ्रंश है। थोड़ा-बहुत जो अन्तर है वह शैली सम्बन्धी है जो रचयिता-भेद का पर्याय है।

डॉ. नामवर सिंह से भी पूर्व डॉ. हजारीप्रसाद द्विवेदी ने पश्चिमी और पूर्वी अपभ्रंशों का भेद स्वीकार कर, हिन्दी में इनसे दो प्रकार की काव्य-कृतियों का प्रादुर्भाव माना। इसे लक्षित करते हुए वे यह भी कहते हैं–"हिन्दी में दो प्रकार की अलग-अलग जातियों की दो चीजें अपभ्रंश से विकसित हुई हैं–1. पश्चिमी अपभ्रंश से राजस्तुति, ऐहिकतामूलक शृंगारी काव्य, नीति विषयक फुटकल रचनाएँ और लोकप्रिय कथानक। तथा 2. पूर्वी अपभ्रंश से निर्गुणियाँ सन्तों की शास्त्र निरपेक्ष उग्र विचारधारा, झाड़ फटकार, अक्खड़पना, सहज शून्य की साधना, योगपद्धति और भक्तिमूलक रचनाएँ" (हिन्दी साहित्य की भूमिका, पृष्ठ संख्या-29) इस प्रकार के दो भेद–पूर्वी और पश्चिमी मान्य हैं।

अपभ्रंश : प्रकृति

प्रारम्भ में 'अपभ्रंश' शब्द का प्रयोग एक ऐसी भाषा के लिए किया गया जो पारम्परिक समस्त भाषिक विधानों को तोड़कर नया रूप प्राप्त कर रही थी। वैसे सबसे पहले बिगड़े हुए शब्द रूपों के लिए यह शब्द प्रयुक्त किया गया। यह बिगड़े हुए रूप या नया भाषा रूप लोक-व्यवहृत रूप था। और यह स्थिति अपभ्रंश के साथ ही नहीं हुई अपितु हर भाषा के साथ होती रही है और होती रहेगी। कहने का तात्पर्य यह है कि मानक या संस्कृतनिष्ठ भाषा के समानान्तर लोक में हमेशा कोई-न-कोई नया भाषिक रूप अपना स्वरूप पाता रहता है। लोक-मुख अपनी सुविधानुसार शब्दों को तोड़-मरोड़कर उच्चरित करता है। फलस्वरूप औच्चारणिक और अर्थ के धरातल पर इनमें निरन्तर परिवर्तन होता रहता है।

तभी अक्षि>अखिख>आँख, अग्नि>अग्गि>आग, कर्म>कम्म>काम बना। सभ्य>सभा का विकास अर्थ परिवर्तन का संकेतक है। और यह स्थिति संस्कृत में भी थी। एक ही शब्द के विभिन्न रूपों को देखकर ही तो पाणिनि ने संस्कृत का संस्कार किया, और विभिन्न रूपों में से एक को स्वीकृति दी।

यदि इन परिवर्तनों पर दृष्टि डाली जाए तो एक बात बहुत साफ तौर पर सामने आती है कि भाषा का प्रयोक्ता मनुष्य सरल मार्ग का कामी है। जो कुछ उसे कठिन दिखाई दिया उसे उसने छोड़कर सरल रूप अंगीकृत किया है। अर्थात् भाषा परिवर्तन में सरलीकरण की प्रक्रिया सर्वाधिक महत्त्वपूर्ण भूमिका निभाती है। अपभ्रंश की प्रमुख प्रवृत्तियाँ निम्नलिखित हैं—

सरलीकरण की प्रवृत्ति

अपभ्रंश जन-संवेदना और लोक-मन की भाषा है। और उसका साहित्य लोक-चेतना, युग-बोध और पीड़ा का संवाहक है। ऐसी स्थिति में अपभ्रंश भाषा की प्रमुख प्रवृत्ति जो सामने आती है वह है—सरलीकरण की प्रक्रिया। सरलीकरण की प्रक्रिया अपभ्रंश में भाषा और भाव के धरातल पर सक्रिय है।

ध्वनिगत धरातल पर अपभ्रंश में स्वरों की संख्या सीमित हो गयी। वैदिक और पाणिनीय भाषा में विद्यमान अनेक स्वर लुप्त हो गये। ॠ, लृ, लॄ आदि ऐसे ही स्वर हैं। ह्रस्व ए, ओ अपभ्रंश में इ, उ बन गए। 'अ' के संवृत्त और विवृत्त स्वरूपों में केवल एक लिपि चिह्न रह गया। अ का उच्चारण भी संस्कृत प्राकृत की अपेक्षा सरल हो गया। मध्यम व्यंजन लुप्त हुए। उनके स्थान पर कहीं अ और कहीं य श्रुति मिलती है। दो व्यंजनों के बीच स्वर रखकर उच्चारण को सुगम बनाया गया। यथा—आर्य>आरिय, वर्ष>वरिस, क्रिया>किरिया। कई स्वर ध्वनियाँ औच्चारणिक सुविधा हेतु लुप्त हुईं। यथा—उपविष्ट>वइठ बना। अनेक स्वर दीर्घ हुए कस्स>कासु, विस्वास>वीसास, जिह्वा>जीह, जीभ, पतिगृह>पीहर।

कहीं दीर्घीकरण के स्थान पर ह्रस्वीकरण की प्रकृति दिखाई देती है। यथा—प्रिया>पिअ, संध्या>संझ>साँझ, गम्भीर>गहिर। कहीं आनुनासिकता का समावेश हुआ—वक्र>वंक और कहीं आनुनासिकता गायब हुई—विंशति>बीस, सिंह>सीह। कहीं केवल महाप्राणत्व बचा—जघन>जहण। आदि स्वर में मात्रिक परिवर्तन हुए—कस्य>कासु, तस्य>तासु। आदि स्वर लुप्त भी हुए—अरण्य>रण्य। ऋ अ, इ, उ, ए, अर, रि बन गया—कृष्ण>कण्ह, मृदु>मउ, मृत>मुअ, भ्रातृ>भायर।

स्वर की भाँति व्यंजन भी अपभ्रंश में कम हुए। ङ तथा ञ के लिए (ं) का प्रयोग किया जाने लगा। कतिपय विद्वान तो अपभ्रंश में 'न' का अस्तित्व ही नहीं मानते। संयुक्त व्यंजन ध्वनियाँ प्रायः लुप्त हो गयीं। कई विदेशी ध्वनियाँ जो लोक-प्रयुक्त थीं, अपभ्रंश में स्थान पायीं संयुक्त व्यंजनों के लोप के उदाहरण

देखें—क्रंदति>कंदइ, क्रिय>किअ, पक्व>पक्क। अपभ्रंश काल में व्यंजन ध्वनियों का उच्चारण स्थान भी बदला। न, य क्रमशः ण, ज और श्, ष का स् रूपान्तर हो गया। यथा—नागर>णायर, यदि>जइ, शाखा>साहा। अन्त्य व्यंजन लुप्त हुए। यथा—कृत>किय, गज>गत>गय। मध्यग महाप्राण व्यंजन—क, ग,च, ज, त, द, प का लोप हुआ। इसके स्थान पर य, व श्रुति का प्रयोग होने लगा। यथा—स्तोक>थोवा। युगल>जुअल, लोचन>लोयण। मध्यग महाप्राण व्यंजन ख्, घ्, थ्, ध्, फ्, भ् के स्थान पर 'ह्' हो गया। यथा—सखि>सहि, दीर्घ>दीह, कथा>कहा, मुक्ताफल>मुक्ताहल, शोभा>सोह। मध्यग व्यंजन लोप की प्रकृति अपभ्रंश की विशिष्टता है। लोप के कारण स्तन>थण, श्मसान>मसाण बना। उच्चारण सुविधा हेतु ध्वनियों का आगम भी हुआ। यथा—तत्क्षण>ततक्खण। वर्ण विपर्यय भी हुए—ब्राह्मण>बाम्हन। द्वित्वीकरण अपभ्रंश की विशिष्टता है—कर्म>कम्म, चक्र>चक्क, पक्व>पक्क। क्ष का क्ख, ज्ञ का ण्ण, ज हुआ। यथा—द्राक्षा>द्राक्खा, दाख, लक्षी>लक्खी, अज्ञानिन>अण्णणिय, मनोज्ञ>मनोज। क>ग, ख>घ, त>द, थ>ध, प>ब, फ>भ बने। यथा—आकर>आगर(क>ग)।

रूप रचना की दृष्टि से अपभ्रंश भाषा और सरलीकृत हुई। कहा तो यह जाता है कि रूप रचना की दृष्टि से अन्य मध्यकालीन भारतीय आर्यभाषाओं की अपेक्षा अपभ्रंश का स्वतन्त्र वैशिष्ट्य है। इसमें जहाँ म.भा.आ. भाषा की सरलीकरण एवं एकीकरण की प्रवृत्ति विद्यमान है वहीं इसमें आ.भा.आ. भाषा के विकास की प्रवृत्तियाँ भी हैं। अपभ्रंश की सरलीकरण की यह प्रवृत्ति योगात्मक भाषा संस्कृत के विपरीत अयोग्यात्मकता की ओर उन्मुख है।

संज्ञारूप—व्यंजनान्त प्रातिपदिक पालि काल से ही लुप्त होने लगे थे। अन्तिम व्यंजन का या तो लोप हुआ। (आत्मन>अप्प, जगत>जग) या अकारयुक्त कर (आत्मन>अप्पण) सभी प्रातिपदकों को स्वरान्त बना दिया। ऋकान्त प्रातिपदिक 'अर', इ में बदले—पितृ>पियर, भ्रातृ>भायर। स्वरान्त प्रातिपदिक भी विविधता से एकरूपता में ढले। वस्तुतः प्रातिपदिकों की विविधता से मुक्त होकर अपभ्रंश एक सरलतम भाषा बन गयी।

लिंग—संस्कृत में जहाँ तीन लिंग थे, वही अपभ्रंश में दो ही लिंग रह गये। पुल्लिग और स्त्रीलिंग—नपुंसक लिंग गायब हुआ। इससे लिंग व्यवस्था अनियन्त्रित तो हुई किन्तु सरलीकरण की प्रक्रिया में यह तो होना ही था। हिन्दी भी इससे प्रभावित हुई। अपभ्रंश में स्त्रीलिंग के रूप भी कम हुए।

लिंग की भाँति वचन भी अपभ्रंश में दो ही रह गये। एकवचन और बहुवचन। संस्कृत के द्विवचन का लोप हुआ। हिन्दी ने भी अपभ्रंश के अनुकरण पर दो वचन ही अपनाए। हाँ, अपभ्रंश में द्विवचन की अभिव्यक्ति के लिए 'दो' शब्द का प्रचलन हुआ। यथा—धेनु दुई (दो गाएँ)।

कारक–संस्कृत में आठ कारकों की व्यवस्था थी। पालि काल से कारकों में ह्रास प्रारम्भ हुआ। अपभ्रंश में यह प्रवृत्ति बढ़ी। अपभ्रंश में केवल तीन कारक समूह रह गये–

1. कर्ता-कर्म-सम्बोधन, 2. करण-अधिकरण, 3. सम्प्रदान-सम्बन्ध और अपादान

इनके प्रत्ययों का विकास कर रचना को सरल बनाया गया। इससे कहीं-कहीं अर्थ-बोध में कठिनाई आयी। इसे दूर करने के लिए अपभ्रंश में अनुसर्गों या परसर्गों का प्रयोग बढ़ा। रूप की दृष्टि से स्वतन्त्र शब्द 'परसर्गों' का प्रयोग किसी पद के साथ कारकीय सम्बन्ध प्रकट करने के लिए किया जाता था। शब्दरूपों में परिवर्तन के कारण परसर्ग अपरिवर्तित रहते हैं। अपभ्रंश में परसर्गों का स्वतन्त्र शब्द-रूप में विकास भी हुआ। यह अपभ्रंश की अपनी विशेषता बनी। करण कारक के सहुँ, तण; सम्प्रदान में 'रेसि' 'केहि'; अपादान में 'होन्तउ', 'होन्त'; सम्बन्ध में 'केरअ', केर, केरा तथा अधिकरण में थिउ, मज्झि एवं मज्झे का प्रयोग इस प्रकृति का परिचायक है।

सर्वनाम रूपों का विकास भी अपभ्रंश की विशिष्ट प्रकृति का परिचायक है। जहाँ पुरुषवाचक सर्वनाम रूप सामने आये वहीं दूरवर्ती निश्चयवाचक (ओइ), निकटवर्ती (एहो), सम्बन्ध वाचक (जे, जो), प्रश्नवाचक (क, कि, कवण), निजवाचक (अप्प, अप्पण), परिणामवाचक (वड्ड-तुल-तिण-तिउ प्रत्ययों के योग से बने), इसो, एहु, के योग से गुण वाचक तथा रिस प्रत्यय जोड़कर सम्बन्ध वाचक सर्वनामों के रूप निर्मित हुए। सार्वनामिक विशेषण के रूप भी निर्मित हुए। यथा–महार, महारा। रूप परिवर्तन के कारण संख्यावाची विशेषण आ.भा. आ. भाषाओं के काफी निकट आ गये। यथा–एक्क, एक, दु, वे, तिण्ण, तिण्णि।

क्रिया रूपों में प्रयोग की दृष्टि से अपभ्रंश का अपना वैशिष्ट्य है। साहित्यिक प्रयोग च्युत किन्तु लोक प्रचलित अनेक क्रियाओं को अपभ्रंश में महत्त्व मिला। यथा–बोल्ल, छोह, लुक्क, चव, छोल्ल। शब्दानुकरणात्मक धातुओं की निर्मित प्रक्रिया भी अपभ्रंश की देन है। वातावरण के जीवन्त चित्रण में ध्वन्यात्मक क्रियाएँ महत्त्वपूर्ण भूमिका अदा करती हैं। इन दो के अतिरिक्त नाम से धातु बनाने की पुरानी परम्परा भी चलती रही है। इससे अपभ्रंश भाषा की शक्ति-सामर्थ्य तथा प्रकृति का ही परिचय मिलता है। म.मा.आ. भाषा की कुछ धातुएँ भी अपने मूलरूप या ध्वन्यात्मक परिवर्तनों के साथ अपभ्रंश में प्रयुक्त हुईं। सरलीकरण की दृष्टि से विविध गुणों के रूप-निर्माण का अन्तर समाप्त कर कतिपय निपातों का सहारा लिया गया।

विभिन्न प्रकार के अव्यय शब्दावली का विकास भी अपभ्रंश की अपनी विशेषता रही है।

लोक-संपृक्ति की प्रकृति

यह पहले ही स्पष्ट किया जा चुका है कि अपभ्रंश मूलतः लोक की भाषा, सामान्य जन की भाषा रही है। इसलिए उसमें वही भाषा-रूप मान्य हुआ जो लोक-प्रयुक्त या लोक-सम्पोषित रहा। इतना ही नहीं लोक-भाषा को अभिव्यक्ति का आधार बनाकर इन रचनाकारों ने लोक/जन-संवेदना को ही वाणी दी। फलस्वरूप अपभ्रंश का साहित्य 'जन-साहित्य' की संज्ञा से विभूषित हुआ। इसमें जन-मन को अनावृत करने का सफल प्रयास है। यथार्थ, संत्रास, कुंठा, अकेलेपन को अभिव्यक्त करने की आकांक्षा तथा मानव-जीवन की संघर्ष-गाथा इस भाषा-साहित्य को अविस्मरणीय बना देती है। होता भी यही है—हर काल का साहित्य कहीं-न-कहीं पारम्परिक कथा, कथा-नायकों से प्रभावित/परिचालित होता है। वस्तुतः यह कथा-नायक या उनकी कथाएँ लोक मन में हर काल में विद्यमान रहती हैं, पर युग-चेतना के अनुरूप इनमें बदलाव आता है। राम, कृष्ण की कथा ऐसी ही कथाएँ हैं, जो भारतीय जन-जीवन के रग-रग में समायी हैं—पर हर काल का मनुष्य युगीन सन्दर्भ/समस्याओं के समाधान कर्ता के रूप में अपने नायक को देखना चाहता है। अपभ्रंश कवियों ने यही किया। एक तरफ उनकी शाश्वत रागात्मकता को कुरेदा, दूसरी तरफ इन कथाओं तथा कथानायकों के लोक-विश्रुत रूप को अपने काव्य का उपजीव्य बनाया। परिणाम यह हुआ कि स्वयंभू, पुष्पदन्त आदि अपभ्रंश के कवि लोक के कवि बन गये।

वातावरण की जीवन्त चित्रात्मक प्रस्तुति ही लोक के आकर्षण का माध्यम बनती है। अपभ्रंश कवियों ने प्रकृति के मनोहारी, शिक्षाप्रद जीवन्त चित्रों की भरमार कर दी। उन्होंने अपने कथानायकों का चित्रण भी लोक-मान्यताओं के अनुरूप किया। उन्हें अवतारी नहीं सामान्य मनुष्य की भाँति समस्याओं से जूझते दिखाया।

यद्यपि इन रचनाकारों का उद्देश्य छन्दों का अजायबघर प्रस्तुत करना नहीं था किन्तु इन्होंने जन-सामान्य द्वारा प्रयुक्त और निर्मित छन्दों का भी प्रयोग किया।

यथार्थोन्मुखता/जन-चेतना

निश्चय ही अपभ्रंश काल तक आते-आते जन-मन शृंगारपरक साहित्य से, कालिदास आदि की लालित्य योजना से ऊब चुका था। उसे तो ऐसे साहित्य की आवश्यकता थी जो उसे संघर्ष का पथ दिखा सके, उसकी स्थितियों, परिस्थितियों, सामाजिक विरूपताओं का यथार्थ अंकन कर सके; जो उसकी चेतना को बोध और चिन्तन को वाणी दे सके। अपभ्रंश के रचनाकारों ने यही किया। मानव-मन की अतल गहराई में पैठकर उनके अन्तर्मन के सूक्ष्म-से-सूक्ष्म रेशों

को उकेरा। उनकी पीड़ा, चेतना को निकट से देख-भोगकर उसे अपनी अनुभूति बनाकर अभिव्यक्ति दी। स्वयम्भू एवं पुष्पदन्त का काव्य इसका साक्षी है। उन्होंने सामाजिक विसंगति पर चोट की। कुप्रथाओं, कुपरम्पराओं पर प्रहार किया। सरहपा, काण्हपा, लुइपा, रामसिंह, जोइन्दु आदि इसके प्रमाण हैं।

इन रचनाकारों ने केवल समाज को तोड़ा-छेड़ा ही नहीं अपितु युगीन चेतना के अनुरूप, भविष्य को लक्ष्य में रखकर एक नयी सामाजिक व्यवस्था की नींव रखी जो आगे चलकर हिन्दी-रूपी भव्य महल का आधार बनी।

नए काव्यरूपों का विकास

पारम्परिक और लोक-परक काव्यरूढ़ियों, कथानक रूढ़ियों का सहारा लेते हुए इन रचनाकारों ने नये-नये काव्य रूपों को स्वरूप प्रदान किया। यद्यपि इनमें से—महाकाव्य, खण्डकाव्य तथा मुक्तक काव्य जैसे काव्यरूपों का स्रोत संस्कृत रूपों में मिल जाता है, पर अपभ्रंश कवियों ने इनके स्वरूप में मूलभूत परिष्कार किया। उसे नया रूप दिया। इस प्रकार जहाँ उन्होंने पूर्व मानदण्ड अस्वीकृत किये वहीं नये मानदण्ड भी स्थापित किये। इन्होंने शान्त रस का परिपाक किया। वर्णनों में इनका कोई सानी नहीं। नायक-नायिका के चरित्र-चित्रण में तथा कथा-प्रवाह में इनकी नवीन कल्पना का चमत्कार और यथार्थ का घोल मानव-मन को संजीवनी प्रदान करता है।

कथा को मोड़ देने, उसे सुव्यवस्थित करने में इनकी बराबरी नहीं।

अपभ्रंश कवियों की सर्वाधिक महत्त्वपूर्ण प्रकृति वहाँ उजागर होती है, जहाँ वे सामान्य जन के बीच से लोक-नायक का चयन कर चरित काव्यों या कथा काव्यों की सृष्टि करते हैं। धनपाल का 'भविसयत्त कहा' तथा नेमिनाथ, सुदंसण चरिउ आदि ऐसी ही रचनाएँ है। इनमें माँ की ममता, उसके हृदय की वेदना, जीवन-जगत का सच, पति की प्रतारणा-उपेक्षा आदि सब कुछ तो है। और ऐसा है जो हृदय को छू जाता है, जो हर काल का सच है। और यह सच आज की हिन्दी कविता, कहानी, उपन्यास, नाटक का भी तो उपजीव्य है।

अपभ्रंश कवियों की प्रकृति उनके नीति-वचनों में भी उजागर होती है। मुक्तक रूप में प्रस्तुत ये वचन/वाणी जीवन-जगत के सत्य को उजागर करते हुए एक नयी सामाजिक संरचना व्यवस्था से ओतप्रोत हैं। उनमें यथार्थ भी है, प्रहार भी। इस प्रकार स्पष्ट है कि अपभ्रंश की प्रकृति मूलतः परम्परा से हटकर एक नवसृजन की प्रकृति है, जिसमें सबकी सहभागिता है। यहाँ उच्च वरेण्य वर्ग भी है। निम्न उपेक्षित संत्रस्त वर्ग भी। सबकी भाषा, सबका कथ्य/कहानी इस भाषा का आधार है।

अपभ्रंश की भाषिक विशेषताएँ

मध्यकालीन भाषा पालि, प्राकृत में प्रारम्भ हुआ भाषिक परिवर्तन अपभ्रंश में अपने चरम पर था। यहाँ तक पहुँचते-पहुँचते भाषा वियोगात्मकता की ओर उन्मुख हो चुकी थी। विभक्तियाँ घिसकर आधुनिक भाषा की विशेषता बन गयीं। आधुनिक भाषाओं में प्रयुक्त सर्वनामों क्रियापदों के रूप अपभ्रंश काल में अपना स्वरूप प्राप्त कर चुके थे। अपभ्रंश के ध्वनि, रूप/पद में परिवर्तन दिखाई देता है।

1. ध्वनिगत–(क) स्वर : प्राकृत की स्वर और व्यंजन सभी ध्वनियाँ अपभ्रंश में विद्यमान रही हैं–ह्रस्व–अ, इ, उ, ए, ओ, दीर्घ–आ, ई, ऊ, ऐ, औ और ऋ। 1. 'ए', 'ओ' ह्रस्व ध्वनियों के लिए अपभ्रंश में नवीन लेखन चिह्न न बनाकर प्राकृत और संस्कृत की अनुलेखन पद्धति का ही अनुगमन किया गया। उत्तर भारत के लेखक ह्रस्व 'ऐ', 'ओ' ध्वनियों के लिए इ, उ का व्यवहार करते रहे। 2. 'अ' के संवृत एवं विवृत भेदों की भिन्नता प्रदर्शित करने के लिए भी कोई चिह्न प्रयुक्त नहींकिया गया। 3. 'अ' का उच्चारण अपभ्रंश में प्राकृत, संस्कृत की अपेक्षा भिन्न था।4. लुप्त मध्यग व्यंजन के स्थान पर कहीं 'अ' मिलता है और कहीं 'य' श्रुति का समावेशहै।

वस्तुतः अनुलेखन पद्धति की प्राचीन-परकता के कारण अपभ्रंश की ध्वनियों का ठीक-ठाक औच्चारणिक ज्ञान प्राप्त करना सम्भव नहीं।

स्वर-विकार की दिशाएँ : प्राकृत वैयाकरणों ने अपभ्रंश में स्वर परिवर्तन को अनियमित माना है। किन्तु अपभ्रंश के कुछ मुख्य स्वर-विकार की दिशाएँ उल्लेख्य हैं जो आ.भा.आ. भाषा में विकसित हुईं–(1) स्वरागम–दो व्यंजनों के आदि मध्य और अन्त में स्वर लाकर उच्चारण को सुगम बनाने या उच्चारण करने की प्रक्रिया स्वरागम है। अपभ्रंश में यह प्रवृत्ति प्रायः दो व्यंजनों के मध्य में मिलती है। इसे स्वर भक्ति भी कहा जाता है। यथा–आर्य>आरिय, वर्ष>वरिस, क्रिया>किरिया, त्रिया>तिरिया। 2. स्वरलोप–उच्चारण के समय किसी ध्वनि पर अधिक बल पड़ने के कारण उसके आस-पास की स्वर-ध्वनि लुप्त हो जाने की प्रक्रिया स्वर-लोप कहलाती है। यह शब्दों के आदि, मध्य और अन्त्य में हो सकता है। यथा–उपविष्ट>वइट्ठ (आदि 'उ' का लोप) भविसत्त>भविष्यदत्त (मध्य स्वर 'अ' का लोप), एअ>ए (अन्त्य 'अ' का लोप)। 3. दीर्घीकरण–उष्माक्षर या ऊष्माक्षर एवं अन्तस्थ के संयुक्त होने की स्थिति में पूर्व स्वर अनेक शब्दों में दीर्घ हो गया है। छन्दानुरोध

या विशेष उच्चारण प्रवृत्ति के कारण कई स्थलों पर ह्रस्व स्वर दीर्घ हो गये हैं। यथा—कस्स>कासु, विश्वास>वीसास, जिह्वा>जीह, पतिगृह>पईहर>पीहर। 4. ह्रस्वीकरण—अपभ्रंश में अनेक शब्दों के दीर्घ स्वर ह्रस्व में बदल गये हैं। यथा—प्रिया>पिअ, सन्ध्या>संझ, गम्भीर>गहिर। (5) सानुनासिकता तथा निरनुनासिकता—यह प्रवृत्ति प्राकृत काल से चली आ रही थी। अपभ्रंश में भी यह विद्यमान है। सानुनासिकता के दो रूप मिलते हैं। 1. अकारण अथवा स्वतः—यथा—पक्षिण>पंखि, वक्र>बंक तथा 2. क्षतिपूर्ति के रूप में। यथा— स्वयम्>सइँ, अहकम्>हउँ। सिंह>सीह, विंशति>बीस निरनुनासिकता के उदाहरण हैं। 6. समीकरण अथवा विषमीकरण—स्वराघात के अभाव में यह प्रवृत्ति दिखाई देती है। यथा—खदिर>खयर, मध्यम>मज्झिम। 7. आदि अक्षर के स्वर को सुरक्षित रखने की प्रवृत्ति अपभ्रंश का वैशिष्ट्य है। परन्तु स्वराघात-विहीन आदि अक्षर के स्वरों में मात्रिक परिवर्तन अथवा लोप के उदाहरण भी मिलते हैं। यथा—आदि स्वर सुरक्षित—गम्भीर>गहिर, जघन>जहण। आदि स्वर में मात्रिक परिवर्तन—कस्य>कासु, तस्य>तासु। आदि स्वर लोप अरण्य>रण्य, अरघट्ट>रहट्ट। 8. स्वर सन्धि—यहाँ भी प्राकृत के सादृश्य को ही अपनाया गया है। कहीं-कहीं संस्कृत के अनुकरण पर सवर्ण स्वरों को दीर्घ किया गया है। मध्यग व्यंजन लोप के कारण बचे उद्वृत्त स्वर की पूर्व स्वर के साथ सन्धि नहीं हुई है। यहाँ सवर्ण दीर्घता का नियम क्रियाशील नहीं है। यथा—सहकार>सहआर, स्वर्णकार>सुण्णआर। परवर्ती अपभ्रंश में स्वर-संकोच के परिणामस्वरूप सन्धि सक्रिय है। किन्तु 'अ' के साथ आने वाले इ, उ, ए, ओ सुरक्षित हैं पर 'अ' का लोप हुआ है। यथा—कीर+ओलिउ=कीरोलिउ। 9. श्रुति—मध्यग व्यंजनों के लुप्त होने के कारण अवशिष्ट 'अ' और 'उ' स्वर के स्थान पर क्रमशः य, व श्रुतियों की प्रधानता दिखाई देती है। अमृत>अमिउ>अमिय, कंचुक>कंचुव। 10. ऋ—अधिकांशतः 'ऋ' का विकार अ, इ, उ, ए, अर, रि में हो गया। यथा—कृष्ण>कण्ह, मृदु>मउ, कृपाण>कियाण, कृमि>किमि, मृत>मुअ, गृहस्थ>गेहत्थ, भ्रातृ>भायर, पितृ>पियर, ऋण>रिण, ऋद्धि>रिद्धि।

(ख) व्यंजन : एक अनुस्वार सहित अपभ्रंश में निम्नलिखित कुल तीस व्यंजन ध्वनियाँ हैं :

क्, ख्, ग्, घ् (ङ् के लिए ं का प्रयोग)
च्, छ्, ज, झ् (ञ् के लिए ं का प्रयोग)
ट्, ठ्, ड्, ढ्, ण्
त्, थ्, द्, ध्, न् (कुछ विद्वान 'न' का अस्तित्व नहीं मानते हैं।)
प्, फ्, ब्, भ्, म्
य्, र्, ल्, व्
स्, ह्
अनुस्वार (ँ)

विशेषताएँ : (1) यद्यपि उपर्युक्त व्यंजन ध्वनियाँ, प्राचीन भारतीय आर्यभाषा की ध्वनियों का प्रतिनिधित्व तो करती हैं, परन्तु इनमें कई देशी ध्वनियाँ भी सम्मिलित हो गई हैं। (2) कई संयुक्त व्यंजन ध्वनियाँ अपना अस्तित्व खोकर इसमें सम्मिलित हो गयी हैं। यथा–क्रन्दति>कंदइ, क्रिय>किअ, पक्व>पक्क। (3) अपभ्रंश की व्यंजन ध्वनियों के उच्चारण स्थान में परिवर्तन हो गया है। क से म तक के व्यंजन स्पर्श हैं। क-वर्गीय ध्वनियों को कुछ विद्वानों ने कोमलतालव्य माना है। 'च' वर्गीय ध्वनियाँ स्पर्श-संघर्षी हो गयी हैं। टवर्ग मूर्धन्य, तवर्ग दन्त्य, पवर्ग ओष्ठ्य हैं। (4) हर वर्ग की प्रथम दो ध्वनि अघोष, शेष घोष हैं। (5) प्रत्येक वर्ग की पहली और तीसरी अल्पप्राण, शेष महाप्राण ध्वनियाँ हैं। (6) ण्, न्, म् सानुनासिक हैं, शेष निरनुनासिक हैं। (7) य्, र्, ल्, व्, अन्तस्थ व्यंजन हैं। यह स्वर और व्यंजन के मध्यवर्ती हैं। ये सभी सघोष अल्पप्राण ध्वनियाँ हैं। 'य' तालु, 'र्' मूर्धा या वर्त्स, 'ल्' वर्त्स, 'व' दन्त्य से उच्चरित ध्वनियाँ हैं। (8) प्रयत्न के आधार पर 'र्' को लुंठित या उक्षिप्त माना जाता है। (9) 'स्' दन्त्य अघोष महाप्राण ध्वनि है। इसने श्, ष् को भी अपने में समाहित कर लिया है। (10) अपभ्रंश में 'ह्' ध्वनि का सर्वाधिक प्रसार हुआ है। यह कंठ्य सघोष महाप्राण व्यंजन है।

2. व्यंजन-विकार–(1) न, य् श्, ष् के अतिरिक्त अपभ्रंश में आदि व्यंजन प्रायः सुरक्षित हैं किन्तु महाप्राणीकरण–कीलिका>खिल्लियईं, ज्वल> झलण–हिन्दी 'झलक', 'झलमल' इत्यादि इसी धातु से सम्बद्ध हैं। कहीं अल्पप्राणीकरण (क्षुभित>खुहिय>कुहिय) एवं कहीं मूर्धन्यीकरण (स्तब्ध>ठड्ढ, भगिनी>वहिणि) के उदाहरण भी मिल जाते हैं। (2) न्, य् का क्रमशः ण् ज् और श् ष् का स् रूपान्तर हो जाता है। यथा नागर>णायर, यदि>जइ और शाखा>साध। (3) प्राकृत के समान अपभ्रंश में भी अन्त्य व्यंजनों का लोप हो गया है। यथा–कृत>किय, गज>गत>गय। (4) मध्यग क्, ग् च्, ज्, त्, द्, प् के लोप का विधान प्राकृत में था, जो अपभ्रंश में भी दिखाई देता है। इसके स्थान पर य् व्, श्रुति का विशेष प्रयोग अवश्य होने लगा। यथा–स्तोक>थोवा, युगल>जुयल, लोचन>लोयण। (5) मध्यग महाप्राण व्यंजन–ख् घ्, थ्, ध्, फ्, भ् के स्थान पर 'ह्' हो गया। यथा–सखि>सहि, दीर्घ>दीह, कथा>कहा, अधस्तात>अहुइडँ, मुक्ताफल>मुक्ताहल, शोभा>सोह। (6) मध्यग व्यंजन के लोप की प्रवृत्ति अपभ्रंश की विशेषता है। पर वैकल्पिक रूप में कहीं-कहीं इन्हें सघोष भी किया गया है। यथा–विचिकित्सा>विजिगिच्छा, आगतः>आगदो, दीप>दीव, सुखेन>सुधिं, शपथ>सवधु (शौर.) सफल>सभल (शौर.)। कहीं-कहीं मध्यग व्यंजन सुरक्षित भी हैं। यथा–एक>एक्कु, सुजग>सुगय, अजित>अजिय। (7) स्वर मध्यग–म–अपभ्रंश में प्रायः सुरक्षित है। परन्तु वैकल्पिक रूप से–'वँ' में भी बदल गया है। यथा–कमल>कवँल

एवं कमल इत्यादि।

(ग) व्यंजन-परिवर्तन की दिशाएँ–(1) लोप : किसी ध्वनि विशेष पर बलाघात के कारण आसपास की ध्वनि आदि, मध्य और अन्त्य क्षीण होकर लुप्त हो गयी है। यथा–स्तन>थण, श्मसान>मसाण (आदि); मंनावेवि>मंनाएवि, सरलविवि>सरलाइवि (मध्य), पश्चात्>पश्चा, संताप>संताउ (अन्त्य)। (2) आगम : उच्चारण सुविधा के लिए पहले से अनुपस्थित किसी नई ध्वनि का समावेश हुआ यथा–तत्क्षण>तत्तक्खण। (3) वर्ण विपर्यय : कई शब्दों में व्यंजन ध्वनियाँ अपना स्थान परिवर्तित करती हैं। यथा–ब्राह्मण>बाम्हन, (4) समीकरण : संयुक्त व्यंजनों के निर्बल अंशों का लोप हुआ है और सबल के समान ही दूसरी ध्वनि आ गयी। यह द्वित्वीकरण की स्थिति भी है। यथा–(1) चक्र>चक्क, मार्ग>मग्ग, पक्व>पक्क। (क् म् की अपेक्षा य्, र् ल्, व् निर्बल हैं)। (2) त्य, थ्य, द्य, ध्य, का क्रमशः च्च, च्छ, ज्ज, ज्झ रूपान्तर हो गया। यथा–सत्य>सच्च, रथ्या>रच्छा, अद्य>अज्ज, सन्ध्या>संज्झा।। (3) क्ष का क्ख, ज्ञ का ज, न का ण्ण हुआ। यथा–द्राक्षा, लक्षी>लक्खी, मनोज्ञ>मनोज, अज्ञानिन>अण्णाणिय। (5) घोषीकरण : क् ख्, त्, थ्, प्, फ् आदि मध्यग अघोष ध्वनियाँ अपने वर्ग की घोष ध्वनियों का स्थान ले लेती हैं। यथा–क>ग, आकर>आगर। ख् थ्, फ् के ऐसे परिवर्तन कम मिलते हैं। (6) महाप्राणीकरण–अल्पप्राण ध्वनियों को महाप्राण करने की प्रवृत्ति भी अपभ्रंश में दिखाई देती है। यथा–पुस्तक>पोत्थय, पश्चिम>पच्छिम, परशु>फरशु।

2. रूप-रचना–रूप रचना की दृष्टि से अन्य म.भा.आ. भाषा से अपभ्रंश का स्वतन्त्र वैशिष्ट्य है। इसमें जहाँ म.भा.आ. भाषा की सरलीकरण एवं एकीकरण की प्रवृत्ति विद्यमान है, वहीं इसमें आ.भा.आ. भाषा के विकास की प्रवृत्तियाँ भी हैं। यह वियोगात्मकता की ओर उन्मुख भाषा है।

(क) संज्ञा रूप–1. व्यंजनान्त प्रातिपदिक पालि के समय से ही लुप्त होने लगे थे। अपभ्रंश में अन्तिम व्यंजन का या तो लोप हुआ, (यथा–आत्मन्>अप्प, जगत्>जग) या अकार युक्त कर (यथा–आत्मन>अप्पण, युवन्>जुवाण) सभी प्रातिपदिकों को स्वरान्त बना दिया। अपवाद के रूप में कुछ व्यंजनान्त प्रातिपदिक भी मिल जाते हैं। यथा–ब्रह्मणः>बंभण। ऋकारान्त प्रातिपदिक 'अर' अथवा 'इ' में परिवर्तित हो गये हैं यथा–पितृ>पियर; भ्रातृ>भायर, भाई; भर्त्त>भत्तार, मातृ>माई आदि। 2. स्वरान्त प्रातिपदिक भी अपभ्रंश में विविधता से एकरूपता की ओर अग्रसर हुए। अन्तिम दीर्घ स्वर से ह्रस्व करने की अपभ्रंश की प्रवृत्ति ने इसमें पर्याप्त सहायता की। फलस्वरूप दीर्घ स्वरान्त प्रातिपदिक अपभ्रंश में लुप्तप्राय हैं। यथा–पूजा>पुज्ज, क्रीड़ा>कील, सिकता>सियय, मालती>मालइ, निशा>निशि। इस प्रकार अपभ्रंश में अ, इ, उ–कारान्त प्रातिपदिक ही शेष बचे। प्रातिपदिकों

की विविधता से मुक्ति पाकर अपभ्रंश एक सरलतम भाषा बन गयी। 3. अ, इ, उ में भी अकारान्त की ही प्रधानता रही। इकारान्त या उकारान्त प्रातिपदिकों के कारण रूप बनाने के लिए इनके साथ अकारान्त प्रातिपदिकों के विभक्ति प्रत्यय संपृक्त होने लगे। यथा—तृतीय एकवचन में देवेन>देवें, गिरिणा>गिरिएँ, मधुना>मधुएँ।

3. लिंग—अपभ्रंश में दो लिंग ही रह गये। प्रा.भा.आ.भा. के नपुंसक लिंग लोप में अपभ्रंश की लिंग व्यवस्था अनियन्त्रित हो गयी। हिन्दी पर भी इसका प्रभाव पड़ा। 1. प्रातिपदिकों एवं शब्द रूपों के एकीकरण का प्रभाव अपभ्रंश के लिंग विधान पर भी पड़ा। अकारान्त, इकारान्त, उकारान्त प्रातिपदिकों के रूपों में बहुत कुछ समानता होने के कारण और सभी लिंगों में एक प्रकार के ही विभक्ति प्रयत्य जुड़ने के कारण इन प्रातिपदिकों के शब्द-रूपों में लिंग भेद का पता ही नहीं चलता। यथा—कुम्भान>कुम्भई (पु.), रेखा>रहइँ (स्त्री.) और अस्मे>अम्हइँ (उभयलिंग)। 2. आकारान्त, ईकारान्त और ऊकारान्त प्रातिपदिक अपभ्रंश में स्त्रीलिंग हैं। परन्तु इनकी संख्या बहुत कम है। 3. अपभ्रंश में पुलिंग की प्रधानता है। 4. अपभ्रंश में नपुंसक लिंग के लोप के साथ-साथ स्त्रीलिंग के रूप भी बहुत कम रह गये।

4. वचन—लिंग की भाँति वचन भी अपभ्रंश में दो ही रह गये। द्विवचन का लोप हुआ। इसको इंगित करने के लिए द्वि शब्द की सहायता ली गयी। यथा—धेनु दुई (दो गाएँ)।

5. कारक विभक्तियाँ—म.भा.आ. भाषा में पालि से प्रारम्भ कारक विभक्तियों के ह्रास की प्रवृत्ति अपभ्रंश में बढ़ती गयी। अपभ्रंश के केवल तीन कारक समूह हैं—

1. कर्ता-कर्म-सम्बोधन
2. करण-अधिकरण
3. सम्प्रदान-सम्बन्ध और अपादान

1. कर्ता-कर्म-सम्बोधन समूह—इस समूह के एकवचन में निम्नलिखित स्थितियाँ परिलक्षित होती हैं :

(क) शब्द का प्रातिपदिक रूप (प्रत्यय)। यथा—पुत्तु, देव।
(ख) उकारान्त, एकारान्त, ओकारान्त। यथा—पुतु, पुतो, सुन्नए, (उ, ओ, ए)।
(ग) उ अथवा ऊँ प्रत्ययान्त। यथा—पुत्तउ, पुत्तउँ।

उकारान्त रूप ('उ' प्रत्ययान्त) अपभ्रंश की प्रधान विशेषता है। ध्वनि सम्बन्धी दुर्बलता के कारण प्राकृत का 'ओकारान्त' रूप अपभ्रंश में उकारान्त हो गया। एकारान्त रूप ('ए' प्रत्ययान्त) पूर्वी अपभ्रंश की विशेषता है। इस पर मागधी प्राकृत का प्रभाव माना जाता है। प्रथमा एकवचन में कहीं-कहीं आकारान्त

रूप भी मिल जाते हैं। इस समूह के बहुवचन में अकारान्त या आकारान्त रूप मिलते हैं। नपुंसक लिंग अकारान्त, इकारान्त, उकारान्त प्रातिपदिकों के अन्तिम स्वर को दीर्घ कर या केवल 'ई' के संयोग से भी बहुवचन रूप बनते हैं। यथा—कमलइं>कमलाईं, महुइं>महूईं। कहीं-कहीं पुल्लिंग आकारान्त शब्द बहुवचन में भी इस नपुंसक लिंग का प्रयोग हुआ है। यथा—चौराः>चोरईं, हारान्>हारईं।

2. करण-अधिकरण समूह—इस समूह के एकवचन में ई, इ, ए एँ, अहि, एहि, एहिं, इण, एण विभक्तियों का प्रयोग हुआ है। यथा—पुत्ति-पुत्ति, देवे>देवें, गिरि>गिरिएँ>मुद्धए>मुद्धइ पुत्तेहि-हिं, पुत्तिण>पुत्तेण। 'इण' और 'एण' विभक्ति प्रत्यय प्राकृत से अपभ्रंश में चले आये। अपभ्रंश का अपना रूप तो इं और एँ है। इन्हीं का अपभ्रंश साहित्य में बाहुल्य भी है।

इस समूह के बहुवचन का बहुप्रचलित प्रत्यय है—'हिं' अथवा 'इहिं'। यथा—देवहिं, गिरिहिं, मुद्धिहिं—मुद्धहिं आदि। ऐसा प्रतीत होता है कि संस्कृत के तृतीया बहुवचन की विभक्ति 'एभिः', तथा सप्तमी एकवचन की विभक्ति 'अस्मिन्' के विकृत रूप 'एहि' और 'अहि' के सम्मिश्रण एवं विनिमय से अपभ्रंश की इन विभक्ति प्रत्ययों का प्रादुर्भाव हुआ।

3. सम्प्रदान-सम्बन्ध-अपादान समूह—सम्प्रदान-सम्बन्ध के रूपों में एकरूपता तो अपभ्रंश के पूर्व से ही प्रारम्भ थी। अपभ्रंश काल में अपादान कारक के लिए भी इसी रूप का प्रयोग प्रचलित हो चला। इस समूह के एकवचन के रूप प्रधानतया ह, हे, हु, हो विभक्ति प्रत्यय के योग से सम्पादित होते हैं। जैसे—देवहे-देवहु (पञ्च), देवहं (च, ष.) गिरिहुँ (च, पञ्च., ष.), गिरिहं (च., ष.) मुद्धहु (च., पञ्च, ष.) कहीं-कहीं सम्बन्ध कारक की दोनों वचनों की विभक्तियों का लोप कर दिया गया। हेमचन्द्र ने भी इस प्रवृत्ति को इंगित किया है।

6. परसर्ग—अपभ्रंश के वाक्य विन्यास में लुप्त विभक्तिक पदों के कारण अस्पष्टता आ गयी। विभक्ति प्रत्ययों के घिसते रहने तथा बहुत कम संख्या में बचे रहने के कारण भी अर्थ-बोध दुरूह हो उठा। अपभ्रंश प्रयोक्ताओं की प्रवृत्ति तो सरलीकरण की थी, इसलिए अर्थ-बोध की इन कठिनाइयों को दूर करने के लिए अपभ्रंश में अनुसर्गों या परसर्गों का प्रयोग बढ़ा। रूप की दृष्टि से स्वतन्त्र शब्द 'परसर्गों' का प्रयोग किसी पद के साथ कारकीय सम्बन्ध प्रकट करने के लिए किया जाता था। विभक्ति, प्रत्यय और परसर्गों में भिन्नता है। शब्दरूपों में परिवर्तन के कारण भी परसर्ग अपरिवर्तित रहते हैं। अपभ्रंश में परसर्गों का स्वतन्त्र शब्द-रूप में विकास भी हुआ। सत्य तो यह है कि संस्कृत की विभक्तियाँ भी परसर्गीय शब्दावली के घिसे रूप हैं। (किशोरीदास वाजपेयी—हिन्दी शब्दानुशासन, पृष्ठ—171) और हिन्दी के परसर्ग अथवा कारक-चिह्न स्वतन्त्र शब्दों के अवशेष हैं। परसर्ग जब स्वतन्त्र शब्द थे, तब भी मूल शब्द के पीछे चलते थे, जब चिह्न

रह गये तब भी मूल शब्द के अनुगामी रहे। जैसा कि ऊपर कहा जा चुका है परसर्गों का प्रयोग स्वतन्त्र और विशिष्ट-अर्थ-अभिप्रेत के लिए होता है। संस्कृत, पालि और प्राकृत में विभक्तियों के रहते हुए भी इसी अभिप्राय के लिए इनका प्रयोग हुआ। अपभ्रंश की भी लगभग यही स्थिति है। परसर्गों के विकास में संज्ञा-रूपों की अपेक्षा सर्वनामों की भूमिका अधिक महत्त्वपूर्ण है। करण कारक में 'सहुँ' एवं 'तण' परसर्गों का व्यवहार मिलता है। 'सहुँ' का सम्बन्ध संस्कृत सह अथवा सम से जोड़ा जाता है। सम्प्रदान में 'रेसि' तथा 'केहि' परसर्गों का प्रयोग मिलता है। अपादान में 'होन्तउ' और 'होन्त' सम्बन्ध कारक में 'केरअ' 'केर' एवं 'केरा' तथा अधिकरण कारक में 'थिउ', 'मज्झि' तथा 'मज्झे' का प्रयोग हुआ है। संज्ञा शब्दों की अपेक्षा सर्वनाम शब्दों के साथ परसर्गों का व्यवहार अधिक हुआ है।

7. सर्वनाम—अपभ्रंश के प्रमुख सर्वनाम निम्नलिखित हैं—

1. पुरुषवाचक सर्वनाम

उ.पु.	प्र.—हउँ, द्वि.—तृ.-मई, पं., ष. च.—महु, मज्झु, स.—मइँ महु, मज्झु	प्र. द्वि—अम्हे, अम्हइँ, तृ. अम्हेहिं च. पं. ष.—अम्हहं, सं.—अम्हासु
म.पु.	प्र.—तुहुँ, द्वि; तृ. स.—पइं-तईं, च. पं. ष.—तउ, तुज्झ, तुघ्र	प्र. द्वि.—तुम्हें, तुम्हाईं, तृ. तुम्हेंहिं च. पं. ष.—तुम्हइँ, सं.—तुम्हासु
अ.पु.	(पु. नपु.) प्र.—सो, सु, द्वि.—तं, तृ.—तेण-ते, च. ष.—तसु तासु तस्सु, तहो, पं.—ता, तो, तहाँ सं.—तहि, तद्रु।	प्र.—ते, ति, द्वि.—ताइँ, ते, तृ. तेहिं, च. ष.—तहँ, ताहँ, ताण, सं.—तहि।

स्त्रीलिंग एकवचन—प्रथमा—सा, द्वि.—तं, तृ.—ताए, च. ष.—तहे, तासु।

2. दूरवर्ती निश्चयवाचक सर्वनाम—ओइ (हि.—वह) है। इसका विकास संस्कृत 'अदस्' से प्रतीत होता है।

3. निकटवर्ती निश्चयवाचक सर्वनाम के रूप में अपभ्रंश में एह (सं. एतद् से) प्रयुक्त होता है। इसका पुलिंग ए.व.—एहो (हिं—यह), बहुवचन—एइ (हिं. —ये) तथा स्त्रीलिंग एकवचन—एह बहुवचन—एईउ, एहाउ, नपुंसक लिंग एकवचन—एहु बहुवचन—एहईं, एहइं, एहाइं रूप मिलते हैं।

4. सम्बन्धवाचक सर्वनाम—संस्कृत का 'यद' अपभ्रंश में 'जे' 'जो' में रूपान्तरित हुआ।

5. प्रश्नवाचक एवं अनिश्चयवाचक—संस्कृत 'किम्' का अपभ्रंश में तीन

रूप मिलता है—'क', 'कि' 'कवण'। इसमें 'कवण' बहुप्रचलित है। इसमें वि अथवा अपि>पि जोड़कर अपभ्रंश के अनिश्चयवाचक सर्वनाम बनाए गये—केवि, कुवि, किपि, केणवि आदि।

6. निजवाचक—संस्कृत 'आत्मन्' अपभ्रंश में 'अत' एवं 'अप्प' (अप्पण) रूपों में प्रयुक्त हुआ।

7. परिणामवाचक सर्वनाम—वडु-तुल, तिण-तिउ प्रत्ययों के योग से बने। यथा—जेवडु, जेत्तलु, जेत्तिय, जित्तउ, (हि. जितना आदि।)

8. गुणवाचक सर्वनाम—'इसो', 'एहु' के योग से यथा—जइसो, जेहु (हि. जैसा)।

9. सम्बन्धवाचक—'रिस' प्रत्यय जोड़कर यथा—तुम्हारिस (हि. तुम्हारा), हम्हारिस (हि. हमारा) बनाए गये।

8. सार्वनामिक विशेषण—सम्बन्ध वाचक—महार, महारा, मेरा (परवर्ती प्रयोग), तुहार, तुहारअ, तुहारा, तुहारू। अपभ्रंश में जैसा, कैसा, तैसा, ऐसा के रूप भी क्रमशः जइस, तइस, कइस, इअिस, अइस, मिलते हैं।

9. संख्यावाची विशेषण—रूप परिवर्तन के कारण संख्यावाची विशेषण आ. भा.आ. भाषाओं के काफी निकट आ गए। यथा—एक्क, एक, दु, वे तिण्ण, तिण्णि, तिअ समास में ति, ते, चउ, पँच, छ, सत्त, सात, अट्ठ, णव, दस, इगारह, ग्यारह, बारह, तेरह, चदुयह, चउदह, पण्णरह, सोलह, सत्तारह, अट्ठारह, एगुणवीस या एक्कुणवीस, बीसइ, बीस, तीस, भीसा, चालीस, पण्णास, सट्ठि, सत्तारि, असी, णवइ आदि।

क्रमवाचक—पढम (प्रथम), वीयउ, दुइजो, दुज्जो, दूसरह, (दूसरा), तीय, तइजो, तिज्ज (तीसरा), चउथ, चउथ्य, पंचम, पंचते (पाँचवाँ), छट्ठम, षट्ठय, (छ), सत्त, अट्ठ, अण में भी वँ जोड़े जाते हैं।

आवृत्तिमूलक विशेषण—गुण प्रत्यय जोड़कर तिगुण, चउगुण, ऊण जोड़कर दूण आदि विशेषणों की निर्मिति होती है।

समुदायवाची—एक्कइ, दुक्कइ, एक्कल, चउनक और पाउण (पौना), सवायअ (सवाया), साड्ढ (साढ़े) अपूर्णाङ्क बोधक सर्वनाम मिलते हैं।

10. क्रिया रूप—क्रिया रूपों में प्रयोग की दृष्टि से अपभ्रंश का अपना वैशिष्ट्य है। साहित्यिक प्रयोग—च्युत किन्तु लोक प्रचलित अनेक क्रियाओं को अपभ्रंश में महत्त्व मिला। यथा—बोहल, धोह, लुक्क, चव, छोल्ल, उल्ह, झूर, छल्लि। शब्दानुकरणात्मक धातुओं की निर्मिति प्रक्रिया भी अपभ्रंश की देन है। वातावरण के जीवन्त चित्रण में ध्वन्यात्मक क्रियाएँ महत्त्वपूर्ण भूमिका अदा करती हैं। इन दो प्रक्रियाओं के अतिरिक्त नाम से धातु बनाने की पुरानी परम्परा भी चलती रही है। इससे अपभ्रंश-भाषा की शक्ति-सामर्थ्य का ही परिचय मिलता है। प्रा.

भा.आ. भाषा की कुछ धातुएँ अपने पूर्ण रूप में तथा कुछ ध्वनि परिवर्तन के साथ अपभ्रंश में प्रयुक्त हुईं। धातुओं में काल, अर्थ, वाच्य, पुरुष और वचन के अनुसार विभिन्न प्रत्यय संपृक्त हुए। सरलीकरण की दृष्टि से विविध गुणों के रूप-निर्माण का अन्तर समाप्त कर कतिपय निपातों का सहारा लिया गया।

वर्तमान काल के प्रत्यय—एकवचन प्र.पु.—'इ' मध्यम पुरुष—'हि' उत्तम पुरुष—'उँ', 'उ' बहुवचन में क्रमशः हिं, हु, हुँ, हैं। 'स्' और 'ह्' का प्रयोग अपभ्रंश में भविष्य काल सूचक प्रत्यय के रूप में किया जाता है। इस काल के अन्त में प्रयुक्त तिङतीय विभक्ति वर्तमानकालिक ही है। भूतकालिक क्रिया रचना मुख्यतः कृदन्तीय है। दो-तीन आख्यात् ही मिलते हैं। यथा—आसी, अहेसु। संस्कृत क्त (त) के लिए अपभ्रंश में अ, इअ अथवा य, इय प्रयोग है, जैसे—गअ, चलिअ, पढ़िय, अवलोइय; परन्तु सम्भाव्यार्थ—करिज्जाह, गणिज्जहि (एकवचन), करिज्जहु, चिंतिज्जहु (बहुवचन); शक्यार्थ—पाविज्जइ, लज्जिजउ। विंध्यर्थ—णासिज्जइ, संतोसिज्जइ। पूर्वकालिक क्रिया—इ, इउ, इवि, अवि, एपि, एप्पिणु, एवि, एविणु, प्रत्ययान्त होते हैं। प्रेरणार्थक—आव, अव, आवइ, अइ, आर, विय प्रत्ययान्त होती हैं।

11. अव्यय—शब्द-रूप में परिवर्तित न होनेवाले उपसर्ग और निपात को अव्यय कहते हैं। निपात—ऊँचे नीचे अर्थों में निपतित होने के कारण कुछ पदों को निपात कहते हैं। इनके तीन भेद हैं—1. उपमार्थक—नं, नउ, नाइ, नावइ, जणि, जणु; 2. पादपूरणार्थ—हि, इ, धइ खइं, जु, उ, जि आदि; 3. कर्मोपंस ग्रहणार्थ—अ, व, अहवइ, अनु, छुउ, (यदि), जइ, णवर (केवल) चेअ, अवस, धुय, अहो, अरे। आज के वैयाकरण अव्ययों को निम्नलिखित रूप में विभाजित करते हैं :

क्रिया विशेषण—कुछ क्रिया विशेषण संज्ञा पर आधारित हैं। जैसे—चिर, थिरु, धीरू, इत्थंतरि, दरि, णिच्छइ, तुरिय, सण्वागर; कुछ सर्वनामों के आधार पर (कउँ, केत्थु, केम) और कुछ परम्परागत हैं जैसे—अज्जु, भीतर, एक्कट्ठ।

कालवाची क्रिया विशेषण—इसके कई रूप हैं :

1. 'जब तक' बोधक—जाम, जाउँ, जामहिं; 2. 'तब तक' बोधक—ताम, ताउँ, तामहि; 3. पश्चात् के लिए—पच्छई; 4. इस समय—एम्बहिं; 5. जब के लिए—जब्बे, जावे, जबे; 6. तब के लिए—तब्बे, तबे, तो, तोउ, तउ; 7. अब के लिए—अबे, अबहि; 8. कब के लिए—कबहु, कया, कइयाँ, कइयहा; 9. भज्जु; 10. चिरु; 11. सहु—(एदा) का प्रयोग मिलता है।

देशवाची क्रिया-विशेषण—1. जही, जहाँ के लिए अपभ्रंश में जेत्थु, जतु, जित्थु, जेतहि, जहिं; 2. तहीं-तहाँ के अर्थ में—तेत्थु, तत्तु, तित्थ, तथ्थ, तेत्तहे, तेत्तहि, तहि; 3. कहाँ के अर्थ हेतु—केत्थु, कत्थ, कत्थइ, कित्थु, कहि; 4. यहाँ के लिए—एत्थु, इत्थु, इत्थि; 5. कहाँ के लिए—कउ, कहन्तिह; 6. ऊपर के

लिए–उप्परि, उप्पर, उपर; 7. भीतर के लिए–भिंतर (अभ्यन्तर); 8. आगे के लिए–अग्गि, अग्गे; 9. पश्चात्–पच्छइ, पाछ, पाछे, पच्छ; 10. बाहिर–बाहिर, बाहरओ; 11. निकट– निअर; 12. कदापि–कइयावि।

प्रकारवाची अव्यय–किस प्रकार–केम, किम, किह, किध, कह, कइँ, केवँ, केव, किम्ब आदि। जिस प्रकार–जेम, जिम, जिह, जिम्ब, जेवँ, जिह, जेहउ। तिस प्रकार–तेम, तिम, तिह, तिध, तेहि, तहा। परस्पर–अवरोप्परू, प्रायः–प्रायु, प्राइम्व, प्राइव, इस प्रकार–एम्ब, एम्बइ, एंवहिं, एव, एउ, एउँ। शीघ्र–झत्रि (हि. झट), सज्ज।

भावबोधक अव्यय–अहु, अहो, हउं, हहा, हाहा, छि-छि, थू-थू।

12. प्रत्यय/शब्द-रचना–अपभ्रंश में शब्द रचना में तद्धित और कृत प्रत्यय सहयोगी हैं। तद्धित प्रत्यय निम्नलिखित हैं–स्वार्थिक–अ (गुरुअ); डा, डी (हिअडा, गोरडी); अल्ल, इल्ल, उल्ल, उल्ली (नवल्ल, विलडल्ल, कुडुल्ली); क्क (गुरुवक्क); उ (पुणु, हियडउ); एँ–अ (अवँसे)। भाववाचक प्रत्यय–अ (खवणअ, विणुअ); कारय, गरिअ (खयकारय, खयगरिअ); आर–(सोन्नार, कम्भार); अण (सुहावण, कंपावण); हार-हारी (करणिहार, बलिहारी); इर-इरी (कन्दिर, किल्लिरी); इल्ल (कणिल्ल, गामिल्ल); आरि आरी (भिक्ख आरि, भिक्खारी); आव-आवी (बढ़ाव-कोहावी)। सम्बन्धार्थ प्रत्यय–इत (जोवणइत्त–यौवनवती); ई–(कापड़ी, कार्यातिक, हाथी); व हणुव (हनुमान); वन्त (पुनवन्त); मई (धनमई, कणयमई); वाल (यणवाल); आल–(गुआल); आलु–य (श्रद्धालुय); इय (पराइय)। स्त्री प्रत्यय–अ (देव, अ, गुह–गुहा); अज्जा, दइआ, (–दइया); इ (जणणि, तरुणि); ई (बाइणी, महेणी); णी (सिस्सिणी)।

कृत प्रत्यय–शतृ–(वर्तमान कालिक) अपभ्रंश में अन्त शेष। यथा–पठंत, चलंत, सतंत, क्त (भूत कृदन्त) त का अ शेष यथा–पठिअ, गअ। तव्य (भविष्य) अपभ्रंश में ब्व शेष यथा–एब्बउँ, कर्तृवाचक–तार (अहित्तार), कत्तार, भाववाचक–अण (पपडिण, खंचण आदि।)

13. उपसर्ग–उपसर्गों की सहायता से भी शब्द रचना होती है। अपभ्रंश के निम्नलिखित उपसर्ग हैं–प–पलंब, परा–पराहव, अप–अपवग्ग, अव–अवहर, अणु–अणुहरइ, अव–अवइल, निर–निरवहराह, नि–निधोस, नि–निग्गह, णि–णिग्गुण, दू–दूसह, वि–वियोग, अ–अजेया, आ–आवइ, अहि–अहिंवाल अइ–अइआर, सु–सुरम, उ–उवई, अहि–(अनि)–अहिवाण, पडि–पडिहार, परि–परिआण, उव–उवएसे।

अपभ्रंश साहित्य का ऐतिहासिक महत्त्व

जब भी हिन्दी साहित्य के इतिहास की चर्चा की जाती रही है या की जाएगी तो अपभ्रंश साहित्य का उल्लेख अपेक्षित रहा है और रहेगा। सच तो यह है कि अपभ्रंश के पूर्व में ही अर्थात् प्राकृत के प्रथम काल से ही आधुनिक भारतीय आर्य भाषाओं के जन्म की प्रक्रिया प्रारम्भ हो गई थी। किन्तु उसे पूर्ण स्वरूप मिलता है—अपभ्रंश के अवसान के साथ। अर्थात् अपभ्रंश समस्त आधुनिक आर्य भाषाओं की जननी है। किन्तु हिन्दी से उसका जितना गहरा रिश्ता है उतना किसी अन्य आधुनिक भारतीय आर्य भाषा से नहीं। इसीलिए अपभ्रंश को हिन्दी की जननी कहा जाता है।

अपभ्रंश केवल भाषा नहीं बल्कि यह एक जन-आन्दोलन रहा है। यद्यपि इस आन्दोलन का रूप पालि में भी दिखाई देता है किन्तु पालि राजसत्ता का संरक्षण पाकर बहुत शीघ्र ही समाप्त हो गयी। गौतम बुद्ध के वचनों की रक्षा की भाषा पालि जन-सामान्य की भाषा थी। स्वयं गौतम बुद्ध का निर्देश था कि उनके वचनों का प्रचार जन की बोली में किया जाए। और जन-संवेदना को संवाहित करने का कार्य पालि साहित्य के माध्यम से हुआ। किन्तु बौद्ध धर्म में आयी विकृतियाँ और श्रेष्ठ रचनाकारों की अनुपलब्धता ने इस भाषा को जन से दूर किया। एक बात और! पालि साहित्य की गूढ़ संवेदना जन की संवेदना तो थी किन्तु उनकी कथाओं का आधार मनुष्यमात्र न होकर अधिकतर पशु-पक्षी रहे। इस प्रकार समस्त भारतीय वाङ्मय में प्रवहमान रामायण और महाभारत की मूल संवेदना पूरी तरह गायब हो गयी।

प्रथम शताब्दी से ही प्रारम्भ अपभ्रंश आन्दोलन अपना असली स्वरूप तो पाता है—पाँचवीं-छठीं शताब्दी में। किन्तु उसने भारतीय साहित्य की मूल प्राणधारा को आत्मसात् किए रखा। अर्थात् रामायण और महाभारत, पुराणों और उपनिषदों की कथा को आत्मसात किया और उसे ही युगीन चेतना तथा अपने धार्मिक सिद्धान्तों में लपेटकर पुनः प्रस्तुत किया। यह अलग बात है कि अपभ्रंश साहित्य के इस आवरण में बहुत कुछ पूर्व मान्यताओं का विरोध था, किन्तु कल्पना का नया आयाम भी था। पालि, प्राकृत काल में जहाँ खंडकाव्य, प्रबन्ध काव्य का अभाव है वहीं अपभ्रंश काल में प्रबन्धकाव्य, खण्डकाव्य संस्कृत के पश्चात् पहली

बार नयी परिभाषा के साथ उपस्थित हुए। अपभ्रंश साहित्य में केवल जैन मतावलम्बी ही नहीं अपितु सामान्य की संवेदना के संवाहक नाथ सिद्ध और योगी तथा साधक भी हैं जिन्होंने अपने वचनों से, अपनी वाणी से उपेक्षित हिन्दू जाति के एक बड़े वर्ग को स्वावलम्बी बनाया। उनमें जीवन-जीने की ललक तथा संघर्ष की अटूट क्षमता भरी। दूसरी तरफ जैन कवियों और मुनियों ने लोक-कथा को आधार मानकर कथा-काव्यों और चरित-काव्यों की रचना की। साथ ही मुनियों की अनुभूति ने अपभ्रंश में रहस्यवादी काव्य के स्वरूप को आधार प्रदान किया। परिणाम यह हुआ कि पहली बार प्रभूत मात्रा में साहित्य की रचना तो हुई ही, साथ ही काव्य रूप की दृष्टि से भी भारतीय वाङ्मय समृद्ध हो उठा। अपभ्रंश साहित्य का प्राप्त स्वरूप निम्नलिखित है–

- काव्य
  - प्रबन्ध काव्य
    - महाकाव्य
      - पुराणकाव्य
      - चरितकाव्य
        - प्रेमाख्यानक
        - ब्रतमहात्म्यमूलक
        - उपदेशात्मक
      - कथाकाव्य
      - ऐतिहासिक काव्य
    - एकार्थकाव्य
    - खण्डकाव्य
  - मुक्तक काव्य
    - गीत
    - दोहा
    - चउपई
    - प्रकीर्णक (स्तोत्र पूजा)

उपर्युक्त विवरण से स्पष्ट है कि अपभ्रंश में रचित साहित्य का विपुल भांडार था। किन्तु इन्हें बहुत कुछ तो नष्ट किया विदेशी आक्रमणकारियों ने और बहुत-सा आज भी अप्रकाशित रूप में जैन भण्डारों में सुरक्षित है। सर्वाधिक प्रभाव पड़ा–नाथ और सिद्ध साहित्य पर–जो केवल मौखिक रूप में ही विद्यमान था। आज इसका बहुत कुछ लुप्त है। और जैन-साहित्य कुछ ऐसे घरों तथा हाथों में पड़ा रहा जो इसके महत्त्व से अपरिचित रहे। परिणाम यह हुआ कि धीरे-धीरे यह भी नष्ट हो गया।

किन्तु जितना साहित्य आज प्रकाशित या अप्रकाशित रूप में उपलब्ध है वही अपभ्रंश साहित्य की ऐतिहासिक महत्ता को प्रमाणित कर जाता है।

अपभ्रंश साहित्य में प्रबन्ध काव्य, खण्डकाव्य के साथ-साथ मुक्तक रचनाएँ भी सामने आयीं। नाथों और सिद्धों द्वारा लिखित साहित्य की अगुवाई सरहपा

और कण्हपा जैसे सिद्धों/रचनाकारों ने की। इसमें केवल उपदेश ही नहीं है अपितु सामाजिक कुरीतियों, विडम्बनाओं, विरूप परम्पराओं पर करारा प्रहार किया गया है साथ ही एक नयी सामाजिक व्यवस्था को स्वरूप देने का प्रयास भी लक्षित होता है। सिद्ध परम्परा के प्रथम सिद्ध सरहपा का निम्नलिखित कथन मेरे मत का साक्षी है—

एत्थु से सुरसरि जमुणा, एत्थ से गंगा साअरु।
एत्थु पआग बणारसि, एत्थु से चन्द दिवाअरु।।

अर्थात् अपने शरीर के भीतर ही गंगा-यमुना है, गंगा सागर भी यहीं है; प्रयाग-वाराणसी जैसे तीर्थ तथा चन्द्रमा सूर्य भी हमारे में ही विद्यमान हैं, आवश्यकता है केवल आत्म तत्त्व अथवा चित्त को स्वच्छ और निर्मल बनाने की। मुक्ति हेतु किसी तीर्थ में जाने की आवश्यकता नहीं। चित्त की शुद्धता तथा उसकी समरसता की आवश्यकता काण्हपा ने भी स्वीकार की—

जिमि लोण विलिज्जइ पाणिएँहि तिम घरणी लइ चित्त।
समरस जाई तक्खणे, जइ पुणु ते सम णित्त ॥

इतना ही नहीं यदि भारत में जनवादी साहित्य का अधार खोजा जाए तो वह आधार इन्हीं रचनाकारों में मिलेगा। भक्तिकालीन निर्गुण ज्ञानाश्रयी शाखा, जिसका प्रतिनिधित्व करते हैं—कबीर, रैदास, दादू, नानक, सुन्दरदास आदि उनका भी आधार है यह नाथ और सिद्ध साहित्य। सत्य की खोज मानवीयता का विकास, आत्मचिन्तन, आत्मबल को शुद्ध कर परमसत्ता से साक्षात् ही उनका लक्ष्य रहा। और चित्त की इस स्थिति को नाथों एवं सिद्धों ने सहजावस्था की संज्ञा दी। यह वह अवस्था है जिसमें मनुष्य की, या पारिभाषिक शब्दावली में सहृदय के साधारणीकरण की अवस्था है। और ऐसे सहृदयों को कण-कण में विद्यमान, अपने अन्तस् में विद्यमान परमसत्ता के स्वरूप को जागृत करने का सन्देश इन सिद्धों ने दिया। यही तो सन्त मतानुयायियों का भी प्रदेय है। साथ ही जहाँ साधना पक्ष को इन्होंने सहज बनाया वहीं भाषा को भी सहज रूप प्रदान किया। यदि हिन्दी का वर्तमान रूप कहीं खोजना है तो वह पूरा-का-पूरा इन सिद्धों और नाथों की रचना में मिल जाता है। यह वह भाषा-रूप था जो सामान्य जनता द्वारा प्रयुक्त होता था। और उन्होंने कबीर की ही भाँति जो कहना चाहा, वह सहज-भाषा में कहा। इसके लिए उन्हें शब्द की खोज में भटकना नहीं पड़ा, अपितु यह स्वाभाविक अभिव्यक्ति बनी।

दूसरी तरफ महाकाव्यों और खंडकाव्यों की परम्परा में जैन मतावलम्बी स्वयम्भू, पुष्पदन्त, धनपाल का अविस्मरणीय योगदान है। इन रचनाकारों ने दोहा

और चौपाई का सहारा लेकर नये काव्य रूप का विकास किया। यही काव्य-रूप सगुण भक्ति धारा के तुलसीदास और प्रेमाश्रयी शाखा के कुतुबन, मंझन और जायसी में मिल जाता है। यह परम्परा रीतिकाल की यात्रा पूरी करते हुए आधुनिक काल में प्रवेश पायी। जैन कवियों ने जहाँ पौराणिक और ऐतिहासिक चरित्रों को अपने काव्य का नायक बनाया वहीं लोकजीवन से भी नायक और नायिकाओं का चयन किया और हिन्दी काव्य-परम्परा को चारित्रिक विधान का एक ठोस आधार प्रदान किया। जो भक्ति-काल से होते हुए आधुनिक काल तक, यहाँ तक कि समकालीन युग तक, यथावत् विद्यमान है।

इन रचनाकारों ने पौराणिक पात्रों को देवत्व रूप में न प्रस्तुत कर सामान्य मानव रूप में प्रस्तुत किया जो जीवन में झंझावतों से जूझकर अपने चरित्र को उज्ज्वल बनाकर अनुकरणीय चरित्र का एक आदर्श प्रस्तुत करते हैं। इन रचनाकारों ने काव्य-रूढ़ियों को भी विशिष्टता प्रदान की। इन काव्य या कथानक रूढ़ियों में प्रमुख हैं—मंगलाचरण, आत्मपरिचय, सज्जन प्रशंसा, खलनिन्दा, ग्रन्थ-रचना का उद्देश्य, विषय प्रतिपादन एवं आशीर्वचन आदि। कथानक रूढ़ियों को तो अपभ्रंश साहित्य ने अपने पूर्ववर्ती साहित्य से ग्रहण किया, परन्तु स्वयं भी अनेक मौलिक रूढ़ियों का सृजन किया। जैसे—1. कथा कहनेवाला सुग्गा, 2. स्वप्न में या चित्र में देखकर या किसी के मुख से किसी का वर्णन सुनकर प्रेमासक्त होना, 3. रूप परिवर्तन, 4. परकाय-प्रवेश, 5. आकाशवाणी, 6. अभिज्ञान, पहचान, 7. विषम परिस्थितियों में स्त्री अथवा नायिका का उद्धार, 8. शत्रु का किसी प्रेमी युगल को बचाकर युद्ध मोल लेना, 9. विविध प्रकार की सिद्धियाँ प्राप्त करना, 10. विवाह के लिए कठिन एवं असामान्य शर्त रखना, 11. वन में भटक जाना, 12. दिव्य-विद्या प्राप्त करना, 13. मुनि के अपमान स्वरूप श्रापग्रस्त होना अथवा कष्ट भोगना, 14. अज्ञानता में अपराध करना आदि। यह ऐसी कथानक रूढ़ियाँ हैं, जो कथाक्रम में परिवर्तन लाने के साथ-साथ मुख्य कथा में जीवन्तता लाती हैं।

जन सामान्य में प्रचलित तथा आख्यानों के माध्यम से जन सामान्य के लिए ही रचना करना इन रचनाकारों का उद्देश्य था। प्रमुखतया जैन रचनाकारों ने त्रिषष्ठि शलाका-पुरुषों—इक्कीस तीर्थंकर, बारह चक्रवर्ती, नौ वासुदेवों, नौ बलदेवों और नौ प्रतिवासुदेवों—का चरित्र-निर्माण भी इसी रूढ़ि से प्रेरित होकर ही किया। समस्त जैन आख्यानक काव्यों में कम-से-कम एक जैन मुनि की अवतारणा की गयी है। ऐसे मुनि आवान्तर वर्णन, सृष्टि की उत्पत्ति, दार्शनिक मान्यताओं और सैद्धान्तिक मूल्यों का विश्लेषण करते हैं। यह विश्लेषण रचना का प्रमुख अंग बन जाता है। इसके पश्चात् जन सामान्य के हित के लिए आचारणीय व्रत-अनुष्ठान एवं कर्म आदि का उपदेश मिलता है। अपभ्रंश कवियों

ने सम-सामयिक समाज में व्याप्त कथाओं को आधार बनाकर लोक-प्रचलित व्यवहारों एवं परम्पराओं के तत्त्वों का पहली बार मंजुल समन्वय किया जिसका अभाव संस्कृत और पालि साहित्य में दिखाई देता है।

कथानक रूढ़ियाँ रचना के वे उपादान हैं जिनका प्रयोग कथा विस्तार के लिए तो होता ही है किन्तु इससे वर्णन शैली में रोचकता आती है। कथाक्रम को नया मोड़ मिलता है और इसकी सहायता से रचनाकार इच्छित चरित की निर्मिति करता है। तात्पर्य यह कि कथानक रूढ़ियाँ तथा अभिप्राय वस्तु के साज-सज्जा के चिर-परिचित लोक प्रचलित प्रसाधन हैं। इनके संयोजन से कथावस्तु एवं उसकी अभिव्यंजना में विशेष सौन्दर्य तथा तीखापन आ जाता है। लोक प्रचलित विश्वास, परम्परा एवं कवि-कल्पना सदा से ही कथानक रूढ़ियों के आधार हैं।

प्रत्यक्ष-दर्शन, चित्र-दर्शन अथवा रूप-गुण श्रवण द्वारा प्रेमोत्पत्ति भी इनका लक्ष्य है। नागकुमारचरिउ में नागकुमार, करकंडुचरिउ में करकण्ड, भविष्यतकहा में भविष्यदत्त और सनत्कुमार चरित में सनत्कुमार इसके उदाहरण हैं। माँ की उपस्थिति के बावजूद पिता द्वारा अन्य विवाह तथा इसके फलस्वरूप सपत्नी की ईर्ष्या, सौतेले भाई का द्वेष एवं विमाता के दुष्ट आचरण का शिकार नायक होता है। 'णायकुमारचरिउ' का नागकुमार या 'भविसयत्त कहा' का भविष्यदत्त इसके उदाहरण हैं। किसी कारणवश नायिका का नायक से अलग होना, पत्नीव्रत, विलाप और पुनर्मिलन का चित्रण 'भविष्यत्त कहा' और 'करकंडु चरिउ' में देखा जा सकता है। नायक के सौन्दर्य पर मुग्ध होकर नायिका द्वारा नायक के समक्ष रति का प्रस्ताव रखना और नायक द्वारा अस्वीकार कर देने पर उस पर लांछन लगाने का वर्णन 'सदंसणचरिउ' और 'पउमचरिउ' में देखा जा सकता है। ठीक इसी प्रकार अन्य काव्य रूढ़ियों का भी पूर्ण परिपालन पउमचरिउ, महापुराण आदि रचनाओं में मिल जाता है।

संस्कार एवं रीति-रिवाजों का वर्णन भी इन ग्रन्थों में मिलता है। वानप्रस्थ एवं संन्यास का वर्णन अपभ्रंश साहित्य में अत्यन्त प्रचुर है। सरहपाद तद्‍युगीन प्रचलित कर्मकाण्डों, बाह्याडम्बरों का घोर विरोध करते हैं। चित्त की शुद्धता ही मनुष्य की मुक्ति का माध्यम है।

सिद्धों ने गुरु के माहात्म्य को भी प्रतिपादित किया–

"गुरु उवएसे अमिअ रसु, धाव ण पीअउ जेहि।
बहु-सत्थत्त्थ-मरुत्त्थलहिं तिसिए मरिअउ तेहि।।"

व्रत, त्योहार, उत्सव से सम्बद्ध रीति-रिवाजों से अपभ्रंश जैन साहित्य भरा पड़ा है विशेषकर वसन्तोत्सव का वर्णन इन रचनाकारों का प्रिय विषय था।

क्रीड़ाओं में जलक्रीड़ा वर्णन जो प्रायः वसन्तोत्सव में होता था के चित्रण का अवसर इन कवियों ने नहीं खोया है। स्वयम्भू को इस क्षेत्र में महारथ हासिल था—

अवरोप्परु जल-कील करन्तहुँ। घण पाणालि-पहर मल्लन्तहुँ।
कहि मि चन्द-कुंदुज्जल तारें हिं। धवलिउं जलु तुट्टन्त हिं हारेहिं।
कहि मि रसिउ णेउरँ हिं रसन्तेहिं। कहि मि फुरिउ कुण्डलेंहि फुरन्तेंहिं।
कहि मि सरस तम्बोलारत्तउ। कहि मि वउल-कायम्बरि-मत्तउ।
कहि मि फलिह कप्पूरें हिं वासिउ। कहि मि सुरहि मिगमय-वामीसिउ।
कहि मि विविह-मणि-रयणुज्जलियउ। कहि मि धोअ-कज्जल संवलियउ।
कहि मि वहल कुंकुंम-विंजरियउ। कहिम मि मलय-चन्दन-रस भरियउ।
कहि मि जक्खकद्दमेंण करम्बिउ। कहि मि भमर-रिंछोलिहि चुम्बिउ।

घत्ता—

विद्दुम-मरगय-इन्दणील-सय चामियर-हार-संधाएँहि।
बहु-वण्णुज्जलु णावइ णहयलु सुरधणु-धण-विज्जु-वलायहिं।

अर्थात्—"एक-दूसरे के ऊपर जलक्रीड़ा करते हुए, सघन जल धारा छोड़ते हुए, कहीं चन्द्रमा और कुन्द पुष्प के समान उज्ज्वल और स्वच्छ, टूटते हुए हारों से जल सफेद हो गया, कहीं ध्वनि करते हुए नूपुरों से ध्वनित हो उठा, कहीं स्फुरित कुण्डलों से जल चमक उठा, कहीं सरस पान से लाल हो उठा, कहीं वकुल कादम्बरी (मदिरा) से मत्त हो गया, कहीं स्फटिक कपूर से सुवासित हो उठा, कहीं-कहीं सुगन्धित कस्तूरी से मिश्रित था, कहीं-कहीं विविध मणिरत्नों से आलोकित था, कहीं धोए हुए काजल से मटमैला था, कहीं अत्यधिक केसर के कारण पीला था, कहीं मलय चन्दन के रस से भरा हुआ था, कहीं यक्ष कर्दम से मिश्रित था, कहीं भ्रमरपंक्तियों से चुम्बित था।"

गार्हस्थ्य जीवन का अत्यन्त मार्मिक चित्रण जैन कवियों ने अपनी रचनाओं में प्रस्तुत किया है। इनमें यथार्थ भी था और थी सर्वकालीनता। सास-बहू ननद-भाभी के सम्बन्ध, सौत की ईर्ष्या, सौतेली माँ का व्यवहार, अनेक वधू से सम्बन्ध आदि ऐसे सम्बन्ध हैं जो वर्तमान परिवेश में भी प्रासंगिक हैं। हेमचन्द्र के प्राकृत व्याकरण में गार्हस्थ्य जीवन से सम्बद्ध अनेकों प्रसंग मिलते हैं—

पुत्ते जाएँ कवण गुणु, अवगुणु कवणु मुएण।
जा वप्पी की भूँहड़ी, चेप्पिज्जइ अवरेण।

अर्थात्—ऐसे पुत्र के जन्मने से क्या लाभ और मरने से क्या हानि, जिसके बाप की भूमि (खेत) दूसरे के द्वारा चाँप ली जाय (बलात् ग्रहण कर ली जाय)?

देश, नगरों का वर्णन भी इन रचनाओं में अत्यन्त मनोहारी है। आज

अभिशाप बनी दहेज प्रथा का दर्शन अपभ्रंश काल में भी हो जाता है। स्वयम्भू की निगाहों से यह कुप्रथा बच नहीं पायी। 'णायकुमारचरिउ' में भी इसका उल्लेख है। और यह वर्णन इतना सरस, स्वाभाविक एवं यथार्थ से ओत-प्रोत है कि कन्या के पिता के दैन्यपूर्ण विनयवत एवं लड़के के पिता के दर्पयुक्त लालची रूप को आँखों के समक्ष मूर्तिमान कर देता है।

स्त्री के सतीत्व-परीक्षा का भी सुन्दर चित्रण 'भविसयत्तकहा' में मिलता है। नायिका का कथन है—

करहुँ परिक्ख कावि जा जुज्झइ,
धरि संगहमि सीलि जइ पुज्जइ।
अह खंडियचारित पियम्महो।
तो अणुहवइ फलइं नियकम्महो।।

वस्तुतः अपभ्रंश जैन कवियों ने अपनी रचनाओं के सहारे घर-द्वार, खेत-खलिहान, रास्ते, नदी-नाले, पर्वत शृंखलाएँ एवं नागरिकों के रहन-सहन, सभ्यता, संस्कृति, वेश-भूषा आदि का अत्यन्त मौलिक परम्परा भुक्त एवं लोकोन्मुखी प्रवृत्ति के सहारे चित्रण प्रस्तुत किया है जिसमें यथार्थ भी है और जीवन्तता भी।

शैली की दृष्टि से कथा-आख्यान आधृत काव्य में कथाएँ दो प्रकार की हैं—पौराणिक और मौलिक या लोक प्रचलित। जहाँ पउमचरिउ, महापुराण, पासणाहचरिउ आदि पौराणिक कथानकों पर आधृत हैं वहीं भविसयत्त कहा, णायकुमारचरिउ, सुदंसणचरिउ, सनत्कुमारचरिउ, करकंडुचरिउ आदि में मौलिक या लोकहित आख्यानक का सहारा लिया गया है। इन कवियों ने लोक-संस्कृति की छौंक देने के लिए लोकोक्तियों और मुहावरों का पर्याप्त प्रयोग किया है। अपभ्रंश कवियों की रचनाओं में छन्दों की विविधता भी मिलती है। इन छन्दों में गीतात्मकता भी है और है—लय, ताल तथा संगीत।

भाषा और छन्द की दृष्टि से सहज भाषा, लोक जीवन की भाषा का प्रयोग इन रचनाओं की विशेषता है। अपभ्रंश साहित्य में रासक ग्रन्थों की भी भरमार है। अपभ्रंश साहित्य एक साथ कई मोर्चों पर संघर्ष करता हुआ आगे बढ़ा। उसके समक्ष संस्कृत जैसी मजबूत देववाणी थी, जो साहित्य सृजन एवं विद्वज्जन की भाषा थी और विद्वज्जन इस भाषा से नाता तोड़कर विद्वन्मण्डली के कोप का भाजन नहीं बनना चाहते थे। ब्राह्मण धर्म की प्रतिबद्धताएँ, उनके आडम्बर पूरी दृढ़ता के साथ समाज में उपस्थित थे और आम जनता इससे त्रस्त होते हुए भी विवश थी। यह आम जनता का मानसिक स्तर पर शोषण था। इस प्रकार की विवशताओं से जन-सामान्य को मुक्त कराना भी अपभ्रंश साहित्य का ही

उत्तरदायित्व था। अपभ्रंश को पालि-प्राकृत के समान बहुत अधिक राजकीय संरक्षण भी प्राप्त नहीं था। अतः अपभ्रंश के विकास एवं प्रचार-प्रसार का अत्यधिक उत्तरदायित्व गुर्जर-आभीरादि जातियों एवं जैनाचार्यों के कन्धे पर था। इनका पर्याप्त समर्थन एवं अपभ्रंश की अपनी आन्तरिक ऊर्जा एवं प्राणवायु ने ही अपभ्रंश को संस्कृत एवं अन्य समकालीन भाषाओं के समकक्ष खड़ा किया और प्रतिष्ठित भी किया। अर्थात् जिस विराट लोकपक्ष को साथ लेकर चलने के उद्देश्य में 'पालि' और 'प्राकृत' जैसी भाषाएँ असफल रहीं, उसे अपभ्रंश ने व्यापक जन-समर्थन के साथ प्राप्त किया।

अपभ्रंश के क्रान्तिदर्शी कवियों का मुख्य उद्देश्य सामान्य जन की भाषा में लोक जीवन की जीवन्त परम्पराओं को ग्रहण करते हुए जन सामान्य के मध्य अपने वर्ण्य का प्रचार करना था। अब्दुर्रहमान ने 'सन्देशरासक' में स्वयं ही ग्रन्थ के सन्दर्भ में लिखा है कि उन्होंने रचना ऐसे समाज के लिए की है, जो न तो अधिक बुद्धिजनों का हो और न ही मूर्खों का–

"णहु रहइ बुहह कुकवित्त रेसु
अवहत्तिणि अबुहह णहु पवेसु।
जिण मुक्ख ण पण्डिय मज्झयार।
तिह पुरउ पढ़िब्बउ सब्बवार।।" (संदेश रासक, 1/21, पृ. 146)

इस प्रकार स्पष्ट है कि अपभ्रंश साहित्य का हिन्दी के विकास में चाहे वह भाषिक हो या साहित्यिक ऐतिहासिक महत्त्व है।

नाथ और सिद्ध साहित्य

अपने काल का सर्वाधिक प्रभावशाली धार्मिक आन्दोलन नाथ-सम्प्रदाय बौद्ध-सम्प्रदाय के सहजयानियों की तरह केवल पूर्वी-भारत में ही व्याप्त न होकर सारे देश में धर्म-साधना का माध्यम बना। इसमें तत्कालीन अनेक छोटी-छोटी धर्म-साधनाएँ विलीन होती गईं। 'नाथ' शब्द में 'ना' का अर्थ है–अनादि रूप और 'थ' का अर्थ है–जो भुवनत्रय स्थिति का कारक है। इस प्रकार 'नाथ' मत का स्पष्टार्थ वह अनादि धर्म है जो भुवनत्रय की निर्मिति तथा स्थिति का कारक है। फिर शक्तिसंगम-तन्त्र के अनुसार 'न' शब्द का अर्थ नाथ-ब्रह्म जो मोक्ष-दान में दक्ष है, उसका ज्ञान कराना और 'थ' का अर्थ है अज्ञान के सामर्थ्य को स्थगित करने वाला। चूँकि नाथ के आश्रयण से इस नाथ ब्रह्म का साक्षात्कार होता है और अज्ञान की माया अवरुद्ध होती है, इसलिए 'नाथ' शब्द का व्यवहार किया जाता है। 'नाथ' शब्द का प्रयोग 'ब्रह्म' अथवा परमतत्त्व के अर्थ में भी हुआ है। रामानन्द तथा कबीर आदि निर्गुण सन्तों ने भी 'नाथ' शब्द का प्रयोग किया है। कबीर ने 'नाथ' को त्रिभुवन का यती कहते हुए उसे माया जेता माना है। **मेरी दृष्टि में '' 'नाथ' शब्द उस मुक्तिदाता के अर्थ में आया है जो संसार में व्याप्त मायारूपी अन्धकार को दूरकर समस्त सांसारिक बन्धनों से अपने को मुक्त करने में समर्थ और सृष्टिकर्म से पूर्णतया परे तथा माया जेता हो। अर्थात् जो जन्म-मरण से दूर हो।''**

यह धारा कब और कैसे प्रारम्भ हुई, यह कह पाना कठिन है। नाथ योगी योग के द्वारा जिस रसायन की खोज कर अपनी काया को अजर-अमर बनाने में विश्वास करते थे, उस रसायन की खोज का उल्लेख पतंजलि तक ने किया है। अतः इस धारा का स्रोत पतंजलि से पूर्व का भी सिद्ध होता है। ''गोरखनाथ इस सम्प्रदाय के सर्वाधिक प्रख्यात व प्रभावशाली 'नाथ' हैं। किन्तु वह इसके संघटनकर्ता और उन्नायक मात्र हैं।'' (आचार्य हजारीप्रसाद द्विवेदी) इस धारा के सन्दर्भ में यह मान्य मत है कि स्वयं साक्षात् शिव आदिनाथ इसके संस्थापक हैं। हाँ! इसे नया स्वरूप दिया गोरखनाथ ने। विद्वानों की मान्यता है कि गोरखनाथ और उनके अनुयायी पहले 'वज्रयानी' बौद्ध थे और बाद में 'शैव' हो गये। इसका कारण है वज्रयान पर शैव-साधना का प्रभाव। इसलिए बौद्ध

मतावलम्बी 'गोरख' को बज्रयानी शाखा का मानते हैं और अन्य वज्रयानी साधना पर गोरख का प्रभाव मानते हैं। चाहे जो रहा हो लेकिन यह समय ऐसा था जब दोनों साधनाओं—नाथ और सिद्ध—ने एक-दूसरे से बहुत कुछ लिया और दिया। पर सच यह प्रतीत होता है कि जब बौद्ध धर्म वज्रयानियों के मैथुनपरक प्रज्ञोपाय अथवा कमल कुलिश-साधना में उलझकर गर्हित होने लगा, तब इसकी प्रतिक्रया स्वरूप नवीं शताब्दी में नाथ सम्प्रदाय की नींव पड़ी। इसी कारण इस सम्प्रदाय में भोग का तिरस्कार, इन्द्रिय संयम एवं योग आदि का महत्त्व अधिक माना गया। नाथपन्थी मद्य और मुद्रा के सर्वथा विरोधी थे तथा वे शैव थे और उनमें शिव-शक्ति के सामरस्य द्वारा चित्त की शुद्धि और समता की प्राप्ति होती थी। वज्रयानियों के समान शून्य और करुणा के युगनद्ध द्वारा नहीं। बौद्ध सहजिया साधकों की काया-साधना का लक्ष्य महासुख की प्राप्ति था, किन्तु नाथपन्थियों का लक्ष्य अमरता और शिवत्व की प्राप्ति था। सहजिया साधकों ने महासुखात्मक शून्य-ज्ञान के लिए नारी को अपरिहार्य माना था परन्तु नाथयोगियों ने उसका निषेध किया। इस प्रकार 'नाथ' और 'सिद्ध' भिन्न-भिन्न हैं। इनमें मिलनेवाली समानताएँ भारतीय तान्त्रिक धर्म की विशिष्टताएँ हैं जो एक साथ ही जैनों, बौद्धों, शैवों, शाक्तों, वैष्णवों आदि सब में समान रूप से मिलती हैं। अतः बौद्ध-सिद्धों, नाथ-सिद्धों और सन्तों के मत को एक ही स्रोत का मान लेना असंगत होगा।

नाथ सम्प्रदाय के अनेक नाम मिलते हैं। सिद्ध मत, सिद्ध मार्ग (योग बीज), योग मार्ग, योग सम्प्रदाय, अवधूत मत, अवधूत सम्प्रदाय। गोस्वामी तुलसीदास इसे सिद्ध मत कहते हैं। मत्स्येन्द्रनाथ के 'कौल ज्ञान निर्णय' से ज्ञात होता है कि जिस मत के वे अनुयायी थे उसका नाम 'सिद्ध कौल सम्प्रदाय' था। उनके द्वारा प्रवर्तित मत 'योगिनी कौल मार्ग' कहलाया। आचार्य हजारीप्रसाद द्विवेदी का मानना है कि यही मत आगे चलकर नाथ परम्परा के रूप में विकसित हुआ।

आचार्य हजारीप्रसाद द्विवेदी के अनुसार, "गोरखनाथ ने शैव प्रत्यभिज्ञा दर्शन के आधार पर बहुविस्तृत काया योग के साधनों को व्यवस्थित किया। उन दिनों अत्यन्त प्रचलित वज्रयानी शाखा की तान्त्रिक साधना के परिभाषिक शब्दों के सांवृत्तिक अर्थों को पारमार्थिक रूप दिया और अब्राह्मण उद्गम से उद्भूत ब्राह्मण विरोधी साधना-मार्ग को इस प्रकार संस्कृत किया कि उसकी रूढि-विरोधी परम्परा तो बनी रही पर उसके अन्य वामाचारों का बहिष्कार कर दिया।"

वाममार्गी, शास्त्र, बौद्ध और आजीवक सम्प्रदायों के भी बहुत से अनुयायी गोरखनाथ के शिष्य हो गये। पर वे अपने पुराने संस्कार और साधनाएँ नहीं छोड़ पाये। फलस्वरूप गोरख के अनुयायियों के साहित्य में कई प्रकार के प्रभाव

परिलक्षित होते हैं। इस सम्प्रदाय के प्रमुख आचार्यों को सिद्ध कहा जाता है। मूलतः नाथ नौ माने गये हैं–

आदिनाथ

मत्स्येन्द्रनाथ — जालन्धरनाथ

(मत्स्येन्द्रनाथ) गोरक्षनाथ- — चौरंगीनाथ

(जालन्धरनाथ) मानीफनाथ — मैनावती (गोपीचन्द की माता)

(गोरक्षनाथ) गाहिनी (गैनीनाथ)-निवृत्तिनाथ-ज्ञाननाथ

पर आज नाथों की संख्या 106 तक पहुँच गयी है। अधिकांश विद्वान आदिनाथ, मत्स्येन्द्रनाथ, गोरखनाथ, जालंधरनाथ, चौरंगीनाथ, चर्पटीनाथ, भर्तृहरिनाथ, गोपीचन्द, कानिफनाथ को मूल नवनाथ मानते हैं। आचार्य द्विवेदी वर्ण रत्नाकर तथा अन्य ग्रन्थों के आधार पर 137 नाथ सिद्धों की सूची प्रस्तुत करते हैं।

'गोरखसिद्धान्त संग्रह' के अनुसार आठ दिशाओं में आठ नाथ हैं और केन्द्र में आदिनाथ हैं। इसी ग्रन्थ में 24 कापालिक नाथों का भी उल्लेख है।

लोकश्रुतियों में नाथों का सम्बन्ध सिद्धियों और प्राकृतिक चमत्कारों से जुड़ा है। योग-साधना द्वारा अपनी काया को अमर करने और विभिन्न चमत्कारों का प्रदर्शन करने के लिए नाथ-योगी प्रसिद्ध थे। जनता पर इनका जबर्दस्त प्रभाव था। आज भी देश के विभिन्न भागों में इनकी जातियाँ हैं। दक्षिण के योगी नागपूजक हैं। महाराष्ट्र के योगी गृहस्थ जीवन बिताते हैं और भैरव की पूजा करते हैं। मलयाली योगी कालीपूजक हैं और मैथुन-साधना करते हैं। कई बंगाल के जुगी या योगी, वन्यजीवी जातियाँ, तांती, जुलाहे, गड़ेरिए, दर्जी आदि भी जो पहले योगी थीं अब भी योग-साधनाओं में विश्वास करती हैं। और इनमें अधिकांश गृहस्थ भी हैं। 'वेद' और 'तैत्तरेय ब्राह्मण' में नाथ-योगी का प्रयोग रक्षक या शरणदाता के रूप में हुआ है।

'सरहपा' उसे नाथ-स्वरूप मानते हैं जिसका चित्त विस्फुरित हो गया हो–"जत वि चित्तहिं विप्फुरइँ तत वि नाह सरूअ।" जैनों और वैष्णवों में भी इस शब्द का प्रयोग सबसे बड़े देवता के अर्थ में प्रचलित हुआ। नाथपन्थी साधु अपने विचित्र वस्त्राभूषण के लिए प्रख्यात हैं। कान छिदवाना इनकी परम्परा है। जो कान छिदवाते थे उन्हें 'कनफटा' और 'दर्शन' धारण करने के कारण 'दर्शनी

साधु' भी कहा जाता है। वे कानों में कुण्डल पहनते थे। कुण्डल मिट्टी के भी होते थे। मेखला, शृंगी, सेली, गूदरी, खप्पर, बाघम्बर, झोला, अघारी (काठ का पीढ़ा), किंगरी, धंधारी (लोहे या लकड़ी का चक्र), रुद्राक्ष की माला इनकी वेश-भूषा के अंग थे।

नाथ साहित्य में सबसे अधिक ग्रन्थ 'गोरखनाथ' के नाम पर प्राप्त होते हैं। इन ग्रन्थों में साधना के लिए उपयोगी व्यावहारिक तथ्यों का संकलन तो है किन्तु उनके दार्शनिक मत का तथा सामाजिक जीवन में उसके उपयोग का अभाव है। गोरखनाथ के पहले 'वेद' और 'उपनिषदों' में योगी की चर्चा मिल जाती है। 'गोरख सिद्धान्त संग्रह' में प्रायः सभी मुख्य-मुख्य युगों के ग्रन्थों के वाक्य प्रमाण रूप में उद्धृत हैं। आचार्य हजारीप्रसाद द्विवेदी की दृष्टि में "भले ही कतिपय युगों, उपनिषदों का यहाँ अभाव हो किन्तु 'गोरखसिद्धान्त संग्रह' के उद्धृत वाक्य महत्त्वपूर्ण जान पड़ते हैं। जो हो, परवर्ती साधना साहित्य के अध्ययन के लिए यह पुस्तक अत्यन्त उपयोगी है। ग्रन्थ के आरम्भ में ही गुरु की महिमा बताई गयी है। एकमात्र अवधूत ही गुरु हो सकता है। 'अवधूत' वह है जिसके प्रत्येक वाक्य में वेद निवास करते हैं, पद-पद में तीर्थ बसते हैं, प्रत्येक दृष्टि में कैवल्य विराजमान हैं, जिसके एक हाथ में त्याग है दूसरे में भोग है और फिर भी जो त्याग और भोग दोनों से अलिप्त है। और अवधूत का परम पुरुषार्थ मुक्ति है जो द्वैत और अद्वैत के मुक्ति के परे है। इनके अनुसार नाथ ही एकमात्र शुद्ध आत्मा है। बाकी सभी बुद्ध जीव हैं। शिव भी, ब्रह्मा भी और विष्णु भी। सिद्धान्तवादी अवधूत निर्गुण और सगुण से परे उभयातीत स्थान को ही मानते हैं क्योंकि नाथ सगुण और निर्गुण से परात्पर है।" (हजारीप्रसाद द्विवेदी ग्रन्थावली, भाग-5 पृष्ठ 143-155)।

नाथ सम्प्रदाय का सर्वाधिक प्रामाणिक ग्रन्थ है–'सिद्ध सिद्धान्त पद्धति'। काशी के बलभद्र पण्डित ने इसे संक्षिप्त करके 'सिद्ध-सिद्धान्त संग्रह' नामक ग्रन्थ अट्ठारहवीं शती के अन्तिम भाग में लिखा। सिद्धों द्वारा निर्णीत या व्याख्यात-तत्त्व को ही 'सिद्धान्त' कहा जाता है। और इसकी चर्चा करनेवाले इस सम्प्रदाय के ग्रन्थ 'सिद्धान्त ग्रन्थ' कहलाते हैं।

नाथ सिद्धों की साधनाएँ अत्यन्त क्लिष्ट हुआ करती थीं। 'हठयोग' सिद्धि प्राप्ति के लिए आवश्यक साधना है। साधारणतः प्राण-निरोध-साधना ही हठयोग है। 'ह' = सूर्य, ठ = 'चन्द्र'। सूर्य और चन्द्र का योग–हठयोग है। सूर्य प्राणवायु है और चन्द्र अपानवायु। दोनों का निरोध ही 'हठयोग' है। ह-इड़ा नाड़ी तथा ठ-पिंगला नाड़ी भी है। दोनों को रोककर सुषुम्ना मार्ग से प्राणवायु का संचरण 'हठयोग' कहलाता है। और यह हठ सिद्धि है क्योंकि इस साधना से हठात् सिद्धि मिल जाती है। इस साधना के दो भाग हैं–(1) पहले भाग में आसन, प्राणायाम

तथा धौति आदि षट्कर्म करना आवश्यक है। इससे नाड़ियाँ शुद्ध होती हैं। मन निश्छल हो जाता है तथा परम आनन्द की प्राप्ति होती है। (2) दूसरे भाग में— नासिका के अग्रभाग में दृष्टि निबद्ध करके आकाश में कोटि सूर्य के प्रकाश को स्मरण करना चाहिए। इस ध्यान अवस्था में श्वेत, रक्त, पीत तथा कृष्ण रंगों का ध्यान करना चाहिए। मान्यता यह है कि इस साधना से योगी चिरायु और हठात् ज्योतिर्मय होकर शिवरूप हो जाता है। यह सिद्ध सेवित है।

गोरखनाथ के समकालीन और परवर्ती सिद्धों में चौरंगीनाथ, चामरीनाथ, तन्तिया, दारिपा, बिरुपा, कमावरि, कनखल, मेखल, धोबी, नागार्जुन, अचिति, कामरी, चर्पटीनाथ प्रमुख हैं। नागरी प्रचारिणी सभा ने नाथ सिद्धों की बानियाँ पुस्तक प्रकाशित की। उसमें संकलित नाथ-सिद्धों में काणरि, गोपीचंद, भर्तृहरि प्रमुख हैं।

नाथ सम्प्रदाय या सिद्ध सम्प्रदाय की प्रमुख उपलब्धि है, लोकभाषा में मानव समाज को नैतिक उपदेश देना। इनकी हिन्दी की बहुत-सी रचनाएँ संवाद रूप में मिलती हैं। आचार्य द्विवेदी जी के अनुसार, "ऐसा जान पड़ता है, दो महात्माओं के संवाद के रूप में अपने दार्शनिक मत और धार्मिक विश्वास को प्रकट करने की यह पद्धति नाथ पंथियों का अपना अविष्कार है। इस अविष्कार ने परवर्ती सन्त साहित्य को खूब प्रभावित किया था...'मच्छिन्द्र गोरखबोध' जिसे संक्षेप में 'गोरखबोध' कहा जाता है; ऐसा ही संवाद ग्रन्थ है। इसमें गोरखनाथ के अनेक प्रश्नों का जबाव मतस्येन्द्रनाथ ने दिया है।" गोरखनाथ की उक्तियों में कितना साहित्य है यह विचार का विषय हो सकता है किन्तु यह अवश्य है कि इनकी भाषा लोक की भाषा है। यही इस भाषा की शक्ति है और लोकप्रियता का कारण भी। गुरु का महत्त्व प्रतिपादित करते हुए वे कहते हैं—

"गुरु की जै गहिला निगुरा न रहिला।
गुरु बिनं ग्यांन न पाईला रे भाईला ॥" (वही, पृष्ठ-206)

गुरु और शिष्य में अन्तर यह है कि गुरु के पास अधिक तत्त्व होता है और चेले के पास कम। शिष्य जब ज्ञान को गुरु से प्राप्त कर लेता है तो उसके लिए आवश्यक नहीं कि वह गुरु के पीछे-पीछे चले। योगी के लिए मन की शुद्धता और दृढ़ता मुख्य है। वे नाना तीर्थों में भटकने-फिरने को निरर्थक मानते हैं; क्योंकि पन्थ चलने से पवन की साधना रुक जाती है और नाद बिन्दु व वायु की साधना शिथिल हो जाती है। फिर जिसका विश्वास है सम्पूर्ण तीर्थ घट के भीतर ही है, वह भला कहाँ भटकता फिरेगा—

पंथि चलै चलि पावनां तूटै नाद बिन्द अरु वाई।
घट ही भीतर अड़सठ तीरथ कहाँ भ्रमै रि भाई ॥ (वही, पृष्ठ-206)

गोरखनाथ चित्त की शुद्धता को योगी के लिए अपरिहार्य मानते हैं। इसके

लिए योगी को वाद-विवाद के बखेड़े में नहीं पड़ना चाहिए। उसे सिद्धि के लिए जल्दबाजी भी नहीं करना चाहिए। सिद्धि विकट साधना की अपेक्षा करती है। विकार के भीतर से निर्विकार तत्त्व का साक्षात्कार करना कठिन साधना है। ये लोग ब्रह्मचर्य जीवन को आदर्श मानते हैं। इसीलिए ये गृही को बहुत दयनीय जीव मानते हैं। तभी तो गोरखनाथ विशुद्ध ब्रह्मचारी को ही इस मार्ग का पथिक स्वीकार करते हैं। नाद (वाणी) और बिन्दु (वीर्य) का संयमन आवश्यक है, और तभी योगी साक्षात् शिव रूप होता है—

यंद्री का लड़बड़ा, जिभ्या का फूहड़ा।
गोरख कहै ते परतषि चूहड़ा ॥
काछ का जती मुख का सती।
सो सत पुरुष उत्तमो कथी ॥ (वही, पृष्ठ-209)

धन जोबन की करै न आस।
चित्त न राषै कामिनी पास ॥
नादबिन्द जाकै घरि जरै;
ताकी सेवा पारबती करै ॥ (वही, पृ. 209-10)

इन्होंने नशे का सेवन, परनिन्दा को नरक का हेतु माना है।

चौरंगीनाथ तिब्बती परम्परा में गोरक्षनाथ के गुरु भाई माने जाते हैं और दारिपा प्रख्यात सिद्ध लुइपा के शिष्य थे। चर्चरीनाथ (चर्पटनाथ) ने 'भेष' को जोगी नहीं कहा, उन्होंने आत्मा को जोगी बताया—

बासी करिके भुगति न खाओ। सिंधिया देखि सिंगी न बजाओ।
दुआरि दुआरे धूआ न पाओ। भेखि का जोगी न कहावो।
अतिमा का जोगी चरपटनाउ। (वही, पृ. 163)

नाथ साहित्य के प्रख्यात नाथ भरथरी ने लोकभाषा में रचनाएँ कीं। इनके तीन शतक—वैराग्यशतक, श्रृंगारशतक, नीतिशतक काव्य-मर्मज्ञों के हृदयहार बने हुए हैं। 'वाक्यपदीप' नामक व्याकरण ग्रन्थ के भी यह रचयिता थे।

आचार्य द्विवेदी की दृष्टि में, "इस प्रकार इस मार्ग में कठोर ब्रह्मचर्य, वाक् संयम, शारीरिक शौच, मानसिक शुद्धता, ज्ञान के प्रति निष्ठा, वाह्य आचरणों के प्रति अनादर, आन्तरिक शुद्धि और मद्यमांसादि के पूर्ण बहिष्कार पर जोर दिया गया है। हिन्दी में पाये जानेवाले पदों में यह स्वर बहुत स्पष्ट और बलशाली है। इस स्वर ने परवर्त्ती सन्तों के लिए आचरण शुद्धि प्रधान पृष्ठभूमि तैयार कर दी थी। सन्त साधकों को बहुत कुछ बनी-बनाई भूमि मिली थी। इस मार्ग की सबसे बड़ी कमी इसकी शुष्कता और गृहस्थ के प्रति अनादर का भाव है। इस

कमजोरी ने इस मार्ग को नीरस, लोक-विद्विष्ट और क्षयिष्णु बना दिया था। फिर भी इसका दृढ कण्ठ-स्वर उत्तर भारत के धार्मिक वातावरण को शुद्ध और उदात्त बनाने में बड़ा सहायक सिद्ध हुआ है। इस दृढ कण्ठस्वर ने यहाँ की धार्मिक साधना में कभी भी गलदश्रु, भावुकता और ढुलमुलपन नहीं आने दिया। उत्तर भारत के साहित्य में भी इनके कारण दृढ़ता और आचरण शुद्धि भुलाई नहीं जा सकती।'' (वही, पृष्ठ-210)।

वस्तुतः नाथों के काल में भारतीय जन-मन और उनके धर्म में अनेक विकृतियाँ आ गयी थीं। वाह्याडम्बरों और आचारहीनता ने घर कर लिया था। नाथ साहित्य धार्मिक ही नहीं, एक सामाजिक आन्दोलन भी था। अस्तु, नाथों ने तत्कालीन वाह्याडम्बरों एवं आचारहीनता पर प्रहार किया। वेद, कुरान, मन्दिर, मस्जिद, पाखण्ड, कुरीतियों और धर्मान्धता के वे कटु आलोचक बने।

नारी की संगति इन्होंने वर्जित की, 'कनक कामिनी भोग विलास, कहे भरथरी कन्ध विणास'। चर्पटीनाथ भी कहते हैं, ''चरपट कहे सुणो रे अवधू, कामणि संग न कीजै। जिन्द विन्द नौ नाड़ी सोवैं, दिन-दिन काया छीजै।'' पर नारी के मातृरूप के प्रति इनमें श्रद्धा भाव भी था, ''जिन जननी संसार दिखाया, ताको लें सूते षोले।'

इन्होंने गुरु के माहात्म्य, और वैराग्य भावना के विकास को प्रतिपादित किया। वे सहज भाव तथा उदात्त जीवन के उपासक थे। परनिन्दा, मद्यमांस-सेवन, काम और क्रोध भाव तथा जीव-हत्या, वाद-विवाद के वे विरोधी थे। समय के सदुपयोग के पक्षपाती तथा परमतत्त्व की महिमा और सत्यशील सन्तोष भाव के प्रतिस्थापक थे। नाथ सम्प्रदाय में भारतीय संस्कृति एवं आचार-विचार की सुन्दर चर्चा है। दार्शनिक दृष्टि से नाथ मत अद्वैतवाद के बहुत निकट है। इन्द्रिय-निग्रह, प्राण साधना, मन साधना, नाड़ी साधना, रसायन सिद्धि इनके सिद्धान्तों के मुख्य पक्ष हैं।

(2)

भारतीय अनुश्रुतियों में सिद्ध परम्परा बहुत प्रख्यात रही। साधना में निष्णात, अलौकिक सिद्धियों से सम्पन्न, चमत्कारपूर्ण, अति प्राकृतिक शक्तियों से युक्त व्यक्ति सिद्ध कहलाते थे। हिन्दी साहित्य में सिद्ध शब्द बौद्ध सिद्धाचारियों के लिए प्रयुक्त होता था। जो पूर्वी-भारत में तान्त्रिक साधनाएँ करते थे और प्रज्ञोपायात्मक युगनद्ध द्वारा सिद्धि प्राप्त करते थे। ''इनकी (सिद्धों की) संख्या 84 बताई गयी है। किन्तु यह इतिहास सम्मत न होकर तान्त्रिक अर्थों को व्यंजित करती है। 12 राशियों व 7 ग्रहों का योगफल 84 होता है।'' (साहित्यकोश)

सिद्ध-साहित्य से तात्पर्य वज्रयानी परम्परा के सिद्धाचार्यों के साहित्य से है।

सिद्ध-साहित्य अपभ्रंश दोहों एवं चर्यापदों के रूप में प्रसिद्ध है जिसमें बौद्ध तान्त्रिक साधनाओं को महत्ता दी गयी है। यद्यपि शैव-नाथ योगियों को भी सिद्ध कहा जाता था किन्तु कतिपय कारणों से हिन्दी तथा अन्य प्रान्तीय भाषाओं में सिद्ध के लिए बौद्ध तान्त्रिक तथा नाथ शब्द शैव-योगियों के लिए प्रचलित हो गया। सिद्धों की रचनाएँ दोहाकोश और चर्यापद के रूप में मिलती हैं। दोहाकोश दोहों से युक्त चतुष्पदियों की कड़वक शैली में मिलते हैं। कण्हपा, तिलोपा, लुइपा तथा सरहपा के सम्पूर्ण दोहाकोश तथा सरहपा के दो खण्डित दोहाकोश मिलते हैं।

चर्यापद बौद्ध तान्त्रिक चर्या के समय गाये जानेवाले पद्य हैं जो विभिन्न सिद्धाचार्यों द्वारा लिखे गये हैं और एक साथ संगृहीत हैं। इसके संकलन का श्रेय मुनिदत्त को है। इस पर उन्होंने संस्कृत टीका लिखी थी। मुनिदत्त ने 50 चर्यापदों का संग्रह किया था। म.म. हरप्रसाद शास्त्री तथा प्रबोधचन्द्र बागची ने, विशेषकर वागची ने चर्यापदों के पाठ निर्धारण में महत्त्वपूर्ण और प्रामाणिक भूमिका निभायी।

"चर्या शब्द से अभिप्राय, साधारणतः आचरणीय वा आचरण-मात्र का हुआ करता है।...परन्तु बौद्ध की पारिभाषिक शब्दावली में, इसके द्वारा केवल उन्हीं ऐसे विधि-निषेधात्मक नियमों का बोध होता जान पड़ता है जो, अधिकतर उनके यहाँ विहित धर्म के अनुसार निर्धारित किए गये हों।" यथा–'वोधिचर्या' का अर्थ होगा, 'वोधि वा बुद्धत्व की प्राप्ति के लिए पालन किये जानेवाले आचार विशेष।' चर्या के चार भेद माने गये–(1) बोधिपक्ष्य चर्या–अर्थात् बोधित्व के अंगों का अभ्यास, (2) अभिज्ञाचर्या अर्थात् ज्ञान का अभ्यास, (3) पारमिताचर्या अर्थात पूर्णता का अभ्यास तथा (4) सत्व परिपाकचर्या अर्थात् जीव कल्याण के निमित्त उपदेशादि।

'चर्या पद' नाम पर भी विवाद है। सुकुमार सेन इसे 'चर्या गीत' कहना अधिक तर्कसंगत मानते है। कुछेक इसे 'चर्या' गीतिपद की संज्ञा से अभिहित करते हैं। केवल 'चर्या' शब्द भी प्रयुक्त होता था–

अइसनि चर्या कुक्करी पाएँ गाइउ
कोड़ि मझें एकु हिअहिं समाइउ ॥ (कुक्कुरिया)

इससे स्पष्ट है कि यह गेय थी, पर उसमें गूढ़ भावों का समावेश भी रहता था। नेपाल की नेवारी में 'चर्या' 'चर्चा' के रूप में प्रयुक्त है। सत्रहवीं शती तक आते-आते 'चर्यागीत' का प्रयोग विशिष्ट संगीत रीति के लिए होने लगा।

दिग्विजयी सम्राट हर्षवर्द्धन के अन्त (648 ई.) के साथ ही एक शान्त, शक्तिशाली और समृद्ध शासन छिन्न-भिन्न होकर अत्यन्त कमजोर हो गया। इसके बाद टुकड़े-टुकड़े में बँटे कान्यकुब्ज साम्राज्य के पारस्परिक कलह और

पतन का लगभग सौ वर्षों का इतिहास गायब है। हाँ, इसी समय पूर्व में पाल वंश, दक्षिण में राष्ट्रकूट और राजपूताने के भिन्नमाल या श्रीमाल के गुर्जर, प्रतिहार सशक्त शासक के रूप में उभरे। कान्यकुब्ज का फैसला अभी होना बाकी था। इसी समय (8 वीं सदी का पूर्वार्द्ध) महान विचारक कवि और सन्त सिद्ध **सरहपा** का प्रादुर्भाव एक नये युग का सूत्रपात है।

उपर्युक्त तीनों शक्तियों के काल के पहले से ही पश्चिम के ओर से विश्व शक्ति के रूप में अरब सेना भारत की ओर अग्रसर हो चुकी थी। इनका लक्ष्य था अपने धार्मिक विश्वासों का प्रचार तथा विजित देश के धर्म, संस्कृति और विश्वासों को ध्वस्त कर एक नया रूप देना। तुखारिस्तान, मध्य-एशिया में बौद्ध-धर्म का गढ़ था। इस्लाम का लक्ष्य बौद्ध-धर्म का भी विनाश था। सन् 711 ई. में मोहम्मद बिन कासिम ने आपसी फूट से लाभ उठाकर सिन्ध को अरब साम्राज्य में मिला लिया। 709 ई. में बौद्ध-विहार का प्रख्यात स्थल 'बुखारा' का भी पतन हुआ और वह इस्लाम धर्म का 'काशी' बना। फलस्वरूप नालन्दा व तक्षशिला भी इस परिवर्तन से प्रभावित हुए बिना नहीं रह पाये। इन सबके बावजूद मगध-भूमि बौद्ध धर्म का केन्द्र बनी रही।

बौद्ध-धर्म अपने चरम विकास के उपरान्त जब नयी दिशा की ओर अग्रसर होने की तैयारी कर रहा था तो तभी सरहपाद उसके प्रणेता बने। सच यह है कि यह वह काल था जिसमें बौद्ध ही नहीं ब्राह्मण, वैष्णव आदि सभी धर्म अब नये धार्मिक और दार्शनिक स्वरूप में परिवर्तित होने की प्रक्रिया से गुजर रहे थे। "दक्षिण के शंकराचार्य और सरहपाद समकालीन थे। शंकराचार्य असंग के योगाचार दर्शन को नयी बोतल में पुरानी शराब डालने की उक्ति के अनुसार एक नया रूप दे रहे थे। यह बात लोगों से छिपी नहीं थी।" (दोहाकोश—महापण्डित राहुल सांस्कृत्यायन, पृष्ठ-5)

यह परिवर्तित हो रही धार्मिक और दार्शनिक चेतना समन्वयवादी भावना को लेकर आगे बढ़ रही थी। बौद्ध-धर्म की तरह ही ब्राह्मण-धर्म के लिए भी यह काल एक नये मार्ग का वाहक है। और योगिन्द्र, रामसिंह जैसे जैन धर्म के सन्त भी जैन धर्म का वह स्वरूप प्रस्तुत करते दिखाई देते हैं जिनमें समन्वय की भावना अधिक दिखाई देती है। राहुल जी भी यह स्वीकार करते हैं, "सरह के साथ एक नये धार्मिक प्रवाह को हम जारी होते देखते हैं, जो आज भी सन्त-परम्परा के रूप में हमारे सामने मौजूद है।...सन्तों के साथ जिस योग और भावनाओं का सम्बन्ध है, वे भी इसी समय अपने नये रूप में प्रकट होते हैं। उनकी भावना या योग वही नहीं है, जिसे हम पतंजलि के योगदर्शन या पुराने बौद्ध-सूत्रों में देखते हैं। इस ध्यान और भावना के लिए यम-नियमों की उतनी आवश्यकता नहीं मानी जाती थी और न उसके ढंग उतने रूढ़ थे। इसमें गुरु

का वचन सर्वोपरि माना जाता था, जिस पर सरहपाद ने अपने दोहाकोश में जगह-जगह जोर दिया है। यह स्मरण रखना चाहिए कि तिब्बती शब्द ला.मा. गुरु का ही पर्याय है। वहाँ 'बुद्धं सरणं गच्छामि' कहते हुए त्रिशरण की जगह चतुःशरण लिया जाता है। इसके प्रवर्तक सरहपाद हैं; इसमें कोई सन्देह नहीं। तिब्बत का आज का प्रचलित धर्म बुद्ध से अधिक सरहपाद की शिक्षा को मानता है।" (वही, पृष्ठ-6)

बाणभट्ट सरहपाद से एक शताब्दी पहले पैदा हो चुके थे। सरहपाद पूर्व दिशा के राज्ञी नामक कस्बे में पैदा हुए थे। वह जन्मना ब्राह्मण थे। कुछ लोग इन्हें मगध का निवासी, कुछ बंगाल का और कुछ असम का मानते हैं। सरह को सिद्ध और योगीश्वर तो कहा ही जाता है, वह सन्त भी थे। किन्तु तिब्बत में उन्हें 'महान ब्राह्मण' की उपाधि से विभूषित किया गया। इस उपाधि के पीछे जातिवाद प्रमुख नहीं था अपितु धम्म-पद में वर्णित वे ब्राह्मण गुण थे जिनके वे धनी थे। उन्होंने तो अपने प्रसिद्ध 'दोहा कोश' के पहले ही दोहा में ब्राह्मणों पर प्रहार भी किया है—

"ब्राह्मणेहि म जानन्त हि भेउ। एवइ पढ़िअउ ए चउबेउ ॥
भट्टी (पाणि कुस लइ पढन्ते। धरहिं बइसी) अगिग हुणन्तं ॥"

पहले इनका नाम राहुल भद्र और सरोजवज्र भी था। सरहपाद को नालन्दा में अपने समय के दर्शन और प्रमाणशास्त्र के महापण्डित हरिभद्र का विद्यार्थी बनने का सौभाग्य भी प्राप्त हुआ था। राहुल जी के अनुसार, सिद्ध परम्परा को प्रारम्भ करनेवाले सरहपा हैं। सरहपा के शिष्य शबरपा हुए और शबरपा के शिष्य लूइपा। गणना में तीसरे होने पर भी 84 सिद्धों की सूची में लूइपा नम्बर एक पर हैं। लूइपा राजा धर्मपाल के शासन में कायस्थ (सचिव या लेखक) थे। अश्वघोष (प्रथम शताब्दी या उसके कुछ पीछे), मातृचेट तथा आर्यशूर तक बौद्ध-धर्म में कवि भी हुआ करते थे, पर बाद में बौद्ध-मठों का लक्ष्य कविता के स्थान पर प्रमाण-पटुता बना। उसमें ही परम सफलता प्राप्त करना सिद्धों का उद्देश्य था। सिद्धचर्या की ओर बढ़ने से पूर्व उन्होंने कुछ कविताएँ भी की होंगी। संस्कृत के कुछ उदाहरण राहुल जी ने दिये हैं। *'चन्द्रगोमी'* (चान्द्र व्याकरण के रचयिता) अपने व्याकरण ग्रन्थ के कारण प्रख्यात हैं यद्यपि उनका 'लोकानन्द' नामक नाटक साहित्य की श्रेष्ठ परम्परा का परिचायक है। वह पाणिनि व्याकरण के महान आचार्य हैं। 'काशिका' (पाणिनिवृत्ति) को बौद्ध कृति माना जाता है। पतंजलि के महाभाष्य के बाद पाणिनि व्याकरण के सबसे प्राचीन प्रौढ़-ग्रन्थ 'न्यास' के रचयिता न्यायिक और महावैयाकरण जिनेन्द्रबुद्धि आचार्य हैं, जो बौद्ध थे।

सरहपाद के समक्ष अश्वघोष के 'बुद्धचरित' और 'सौन्दर्यानन्द' नाटक,

'सारिपुत्र प्रकरण' तथा 'राष्ट्रपाल' जैसा समृद्ध साहित्य मौजूद था। गुणाढ्य की 'बृहत्कथा', भास के नाटक, कालिदास की अमर कृतियों तथा उन्हीं की प्राकृत कृति 'सेतुबन्ध', दण्डी और भवभूति की काव्य परम्परा भी विद्यमान थी।

राहुल भद्र के बारे में लोकोक्ति है कि उन्होंने शरकार (बाण बनानेवाली) की कन्या को अपने पास रख लिया और स्वयं भी 'शर' बनाने लगे, जिससे उनका नाम सरहा पड़ा। कालान्तर में भक्तों ने अपनी श्रद्धा से उनके नाम के साथ 'पाद' जोड़ दिया।

सरहपाद एक क्रान्तिकारी, सिद्ध, कवि और चिन्तक रहे हैं। फलस्वरूप सनातनी बौद्ध और सुधारक बौद्ध भी उनका विरोध करते रहे। वह नालन्दा से श्रीपर्वत तक विचरण करते थे। हृदय से अत्यन्त निर्मल, छल-प्रपंच से दूर रहने वाले, सहज ही अपनी अनुभूतियों को अभिव्यक्त कर देनेवाले, असामान्य विद्वत्ता और व्यक्तित्व के धनी सरह के विरोधियों की अपेक्षा उनके प्रति श्रद्धाभाव रखने वाले भक्तों की संख्या अधिक थी।

सरहपाद ने संस्कृत में भी सात ग्रन्थों की रचना की और अपभ्रंश में तो उनकी 16 रचनाएँ मिलती हैं। राहुल जी के शब्दों में, ''सरह की अपभ्रंश कृतियाँ 'दोहा-कोश' व 'दोहा-गीति' के नाम से प्रसिद्ध हैं। उनकी सबसे अधिक प्रसिद्ध कृति दोहा कोश चर्या गीत में दोहों की अपेक्षा चौपाइयाँ अधिक हैं।'' (वही, पृष्ठ-18) ऐसा प्रतीत होता है कि उस काल तक दोहरी पंक्तिवाले छन्द से दोहा का अर्थ लिया जाता था और 'कोश' केवल शब्दकोश के लिए ही नहीं संग्रह-ग्रन्थों के लिए भी प्रयुक्त होता था।

राहुल सांस्कृत्यायन के अनुसार, ''सरहपा अपने विचारों का प्रचार करना चाहते थे। ध्यान के साथ करुणा पर भी उनका बहुत जोर है और करुणा बिना ध्यान या शून्यता-योग को वह व्यर्थ समझते हैं। करुणा से प्रेरित होकर वे लोगों को अँधेरे से बाहर निकालना चाहते थे। अपने दोहों को रचने का उनका सिर्फ यही उद्देश्य रहा होगा, यह नहीं कहा जा सकता। उनके कितने ही पद्य मौज में निकले सहज-उद्गार से मालूम होते हैं।'' (वही, पृष्ठ-16)। सरहपाद द्वारा साहित्यिक भाषा के स्थान पर उस समय तक अप्रचलित, पर, लोक मान्य भाषा अपभ्रंश में अनुभूतियों की अभिव्यक्ति इस बात की साक्षी है कि वे जन-मन तथा लोकचित्त के चिन्तक रहे हैं और वे पण्डितों से नहीं, बल्कि जन-साधारण से जुड़ना चाहते थे।

विचारों की दुनिया के विद्रोही, सामाजिक परम्पराओं के विरोधी सरहपाद ने अपने दोहाकोश, चर्यागीत के बारह दोहों में अपने समय के धार्मिक प्रावधानों और उनकी मान्यताओं का खण्डन किया। सरहपाद ने अपने समय के मूर्खतापूर्ण विश्वासों पर भी प्रहार किया। साधु-सम्बन्धी उस समय की मान्यता के भी वे

विरोधी रहे हैं। उनकी दृष्टि में वन में रहकर तपस्या निरर्थक है क्योंकि परमज्ञान की सत्ता वह हर जगह देखते हैं। इसके लिए वह इन्द्रिय-संयम के पक्षपाती हैं—

"घरहि म थक्कु म जाहि बणे, जहि तहि मण परिआण।
सअलु णिरन्तर बोहि-ठिअ, कहिं भव कहिं णिब्बाण ॥"
विसआसत्ति म बन्ध करु, अरे बढ़ सरहें बुत्त।
मीण-पअङ्गम करि भमर, पेक्खह हरिणह जुत्त ॥"

सरहपाद की सबसे बड़ी देन है—सहज या नैसर्गिक जीवन पर जोर। 'सहजवाद' के वह प्रथम आचार्य हैं। इसलिए उनके पन्थ को सहजयान भी कहा जाता है। कबीर भी स्वीकार करते हैं—"सहज समाधै सुख में रहिबो, कोटि कलप विश्राम।"

सरहपाद जीवन के भोगों को तथा उसमें आसक्ति को भी त्याज्य नहीं मानते हैं। योग और ध्यान के सन्दर्भ में सरहपाद नाथपन्थियों से अलग दिखाई पड़ते हैं। यही कारण है कि मूढ़-योगियों के योग को उन्होंने 'काष्ठयोग' कहा। 'चित्त', 'मन' और 'विज्ञान' बौद्ध परिभाषा में एक ही चीज के नाम हैं। वह 'चित्त' के अपार शक्ति को स्वीकार करते थे और उसके स्वरूप को समझना ही परम पुरुषार्थ मानते थे। यही कारण है कि वह मन और चित्त को मुक्त करना योगी का परम कर्तव्य स्वीकार करते हैं। यहाँ मुक्ति का तात्पर्य बन्धन विहीनता से है। उनके योग और आचार का रास्ता करुणा और शून्यता से होकर जाता है। सरहपाद अद्वैत तत्त्व—'शून्यता'—के अभ्यासी थे। साथ ही सबके ऊपर अपार करुणा रखने वाले थे। निराला की भाँति वह दूसरों के दुख में सहायक बनना चाहते थे। अपने और पराये में वह भेद नहीं करते थे। सरहपाद सहजयोग के प्रवर्तक हैं।

सरहपाद जिस तरह अपने चिन्तन-दर्शन-योग में सहज हैं—उसी तरह अपने कवित्व की भाषा में भी सहज हैं। संस्कृत, पालि और प्राकृत की दुरूहता को दूर कर उन्होंने लोक की भाषा में उपदेश दिया।

सरहपा को रहस्यवादी भी माना गया है। और इनके परवर्ती सिद्धों—लुइपा, कण्हपा आदि को भी उसी धारा में स्वीकार किया गया है। प्रायः सभी विद्वान यह स्वीकार करते हैं कि सिद्ध साहित्य बौद्ध-धर्म का ही विकसित रूप है और इस साहित्य में सामाजिक कुरूपताओं पर प्रहार है; धार्मिक दुरूहता को दूर करने के उपाय हैं। पहली बार इस साधना में जीवन-जगत के प्रति स्वीकारात्मक दृष्टिकोण है। ये सिद्ध मानव देह, जीवन और जगत को समरस, महासुख, सहजानन्द का केन्द्र मानने और बनाने के पक्ष में थे। यह इस साहित्य का ऐसा रचनात्मक पक्ष है जो जीवन को निराशा से उबारकर आशा की ओर प्रेरित करता है। अधिकांश सिद्धों ने इसी के खण्डन-मण्डन में अपनी रचनात्मक प्रतिभा

का परिचय दिया।

नाथों और सिद्धों की रचनाओं में दार्शनिक और धार्मिक स्वरूप भी मुखर हुआ है। वस्तुतः यह संसार दुखमय है, इससे मुक्ति का उपाय 'शून्य/महासुख' की अवस्था प्राप्ति है। इनकी रचनाओं का मूल स्वर है—समाज में व्याप्त छुआछूत तथा भेदभाव की भावना को मिटाना। सिद्ध कण्हपा कहते भी हैं—

नगर-बाहिरे डोबि तोहोरि कुड़िया।
छइ छोइ याइसि बाह्य नाडिया ॥
आलौ डौंवि तोए सम करिबे मेसाङ्ग।
निघिण काण्ह कापालि जोइ लाङ्ग।

शबरपा भी इसका संकेत कर जाते हैं—

ऊँचा ऊँचा पावत तहि बसइ सवरी वाली
मोरंगि पीच्छ परहित्ता सबरी गावत गुंजरी माली।

इन सिद्धों ने विरूप तथा अप्रासंगिक हो चुकी सामाजिक प्रथाओं पर भी तीव्र प्रहार किया है। दहेज की कुप्रथा पर भी प्रहार है। साथ ही तद्‌युगीन जीविकोपार्जन की पद्धतियों, मनोरंजन के साधनों, मानवीय मनोवृत्तियों का सुन्दर चित्रण है। इन रचनाओं के माध्यम से उस काल के समाज की पुनर्निर्मिति सम्भव है।

अपनी कथनात्मक निर्भीकता में भी यह सिद्ध अविस्मरणीय हैं। इनके कथन में ऐसी प्रखरता, तेज और शक्ति है कि वह तीर की भाँति हृदय में घुसकर शरीर को तिलमिला देता है। चर्यापदों में रूपकों का सहारा लेकर गीतात्मक भावाभिव्यक्ति है। ये रूपक जीव-जन्तुओं और वस्तुओं से सम्बद्ध हैं जो प्रेमपरक रसमय और साहित्यिक हैं।

प्रश्न उठता है कि इनकी बानियों को कविता क्यों माना जाए? यह सच है कि नाथ सिद्धों और बौद्ध सिद्धों की बानियों या चर्या का प्रमुख उद्देश्य अपने सैद्धान्तिक भावों की अभिव्यक्ति और अपनी विशिष्ट साधनाओं का वर्णन मात्र ही हो सकता है, काव्य कौशल का प्रदर्शन नहीं। किन्तु अपनी भावनाओं की अभिव्यक्ति के लिए तद्‌युगीन प्रचलित शैलियों तथा प्रतीकों का चुनाव इनके द्वारा इसलिए और अपेक्षित था, क्योंकि अपनी बातों, मतों, सिद्धान्तों का प्रचार इन्हें लोक में करना था। और अपनी बानियों, चर्याओं के माध्यम से वे लोक-हृदय के अंग बन गये। फलस्वरूप साधनामूलक उपदेश भी सरस तथा सहजग्राह्य बन गये हैं। काव्योत्कर्ष से दूर इन नाथों और सिद्धों में अनेक प्रतीकों, शब्दालंकारों का सुन्दर रूप अनायास ही मिल जाता है जो हिन्दी काव्य के आदिकाल की इन रचनाओं में महत्त्वपूर्ण स्थान रखता है। इनके काव्य में छन्दों और रसों का भी यथावसर प्रयोग हुआ है। शान्त, करुण और अद्‌भुत रस की छटा तो इनके काव्य में सर्वत्र दिखाई देती है। राहुल जी ने इसे पहचाना था, ''लाखों नर-नारियों

को उनमें रस की एक तरह की आत्मतृप्ति मिलती थी।'' इसलिए उन्हें कविता मानना ही पड़ेगा।

सिद्धों की रचनाएँ मुक्तक हैं। इसमें मात्रिक छन्दों का विशेष प्रयोग हुआ है। 'दोहाकोश' में दोहा की प्रधानता है। इसके बाद सोरठा की। पादाकुलक (चौपाई), अडिल्ल, वदनक (पद्धड़िया) गाथा, आर्या और रोला आदि छन्दों का भी प्रयोग मिलता है।

गुरु कीजे गहिला निगुरा न रहिला,
गुरु बिन ग्यांन न पायला रे भाई जा।
दूधैं धोथा कोइला उजना न होईला,
कागा कण्ठे पहुच माल हँसला न मैला ॥ (गोरखनाथ)
किसका बेटा किसी बहू, आप स्वारथ मिलियो सहू। (चरपटनाथ)
माली लो भल माली लो, सीचें सहजे कियारी।
उनमनी कला एक पुहुप निषाया। आवागमन निवारी ॥ (चौरंगीनाथ)

इनकी भाषा गूढ़ार्थवाची भाषा रही है। डॉ. बुनोर्फ का भी मत है कि 'संधा भाषा' या 'सन्ध्या भाषा' गूढार्थवाची भाषा है। 'कर्न' इसे रहस्य तथा 'मैक्समूलर' गुप्तवचन कहते हैं। ''तान्त्रिक ग्रन्थ बहुधा 'सन्ध्या भाषा' (साभिप्राय या अभिप्रायात्मक भाषा) में लिखे जाते हैं, जिसे गुप्त, अन्धकारपूर्ण द्व्यर्थक भी कह सकते हैं।'' ''ऐसी दशा में व्यक्त किया गया अनुभव शृंगारिक शब्द के माध्यम द्वारा प्रस्तुत किया जाता है जिस कारण पौराणिक अथवा सृष्टि विषयक शब्दावली के भीतर भी हठयोगपरक या यौन-सम्बन्धपरक अर्थ प्रकट होने लगना सम्भव बन जाता है।'' (इलियड)। 'सन्ध्या भाषा' के प्रयोग का यह उद्देश्य है कि किसी साम्प्रदायिक विचारधारा को बिना दीक्षा ग्रहण किये व्यक्ति से गुप्त रखा जाए। इस तरह की भाषा का प्रयोग बौद्ध सिद्धों से भी पहले वेदमन्त्रों के रचयिताओं ने किया था। वस्तुतः यह एक प्रकार की प्रतीकात्मक शैली है, जिसका प्रयोग नाथपन्थी योगियों तथा सन्त कवियों तक ने किया। 'संधा' और 'सन्ध्या' नाम को लेकर विवाद लम्बा चला। विधुशेखर शास्त्री तथा प्रबोधचन्द्र बागची 'संधा भाषा' संज्ञा के समर्थक रहे। किन्तु हरप्रसाद शास्त्री, प्रो. स्नेलग्रोव तथा लामा अनागरिक गोविन्द 'सन्ध्या भाषा' के पक्षधर रहे।

भाषा के धरातल पर नाथ और सिद्ध साहित्य उपभ्रंश के निकट दिखाई देता है। पर इनका वर्तमान उपलब्ध साहित्य भाषाविदों के समक्ष संकट खड़ा कर देता है। इनकी भाषा आज की या कम-से-कम भक्तिकालीन हिन्दी की नजर आती है। वे कबीर, रविदास, रज्जब की बानिया प्रतीत होती हैं। कतिपय उदाहरण यहाँ प्रस्तुत हैं—

काआ तरुअर पञ्च विडाल।
चञ्चल चीए पइठा काल ॥ (लुइपा)
बाढइ सो तरु सुभासुभ पाणी।
छेवइ विदुजन गुरुपरिमाणी ॥ (काण्हपा)
हेरि से मेरि तइला बाड़ी खसमें समतूला।
सुकड़ एसेरे कपासु फुटिला ॥ (शबरपा)

निश्चय ही केवल उकार बहुलता या शब्दों के द्वित्व प्रकृति के कारण इसे शुद्ध अपभ्रंश कहना कठिन है। सिद्धों की भाषा जहाँ मागधी अपभ्रंश के मूल तत्त्व को अपने में समेटे है, वहीं नाथों की रचनाओं में शौरसेनी अपभ्रंश के तत्त्व प्रखर हैं। स्पष्टतः 'दोहाकोश' की भाषा पश्चिमी अपभ्रंश है। 'डाकार्णव' तन्त्र में शौरसेनी अपभ्रंश और चर्यागीतों में पूर्वी-अपभ्रंश के तत्त्व विशेष सक्रिय हैं। पर मेरा मानना है कि **आज उपलब्ध यह साहित्य भाषिक दृष्टि से पर्याप्त 'संकर' बन चुका है जिसमें परवर्ती भाषारूप अवहट्ट और हिन्दी के तत्त्वों का घालमेल है। इससे अधिक पुरानी भाषा का रूप तो परवर्त्ती देशी भाषा काव्यों–रासो ग्रन्थों–में दिखाई देता है। जबकि पृथ्वीराज रासो जैसे ग्रन्थ को 'जाली' करार दिया जाता है। मुझे यह भी प्रतीत होता है कि नाथों और सिद्धों के अनुयायी निरन्तर मूल ग्रन्थों के लिप्यांकन में अपनी युगीन भाषा की छौंक दे दिया करते थे। और यही कारण है कि इनमें 16वीं शती तक की भाषा के रूप मिल जाया करते हैं। वैसे यह प्रक्रिया आज भी चालू है।**

नाथों और सिद्धों की भाषा पर पंजाबी, मराठी के साथ-साथ राजस्थानी, ब्रजभाषा, पुरानी बंगाली, गुजराती का भी प्रभाव है।

जैन कवियों का राम-काव्य

जैन कवियों द्वारा रचित महाप्रबन्धात्मक रचनाएँ दो तरह की हैं। एक तो त्रिषष्ठि शलाका पुरुषों के जीवन पर आधृत रचनाएँ, जिनमें ऋषभ आदि जैन तीर्थंकर एवं उनके समकालीन महापुरुषों के चरित्र का वर्णन तो है ही साथ लोक-जीवन में विद्यमान एवं प्रिय राम, कृष्ण, लक्ष्मण, सीता, बलराम, राधा, हनुमान, आदि की कथाओं को भी पौराणिक रूप प्रदान किया गया। दूसरे तरह की वे रचनाएँ हैं जो राजपुरुषों को केन्द्र में रखकर लोक कथाओं को आधार बनाकर लिखी गयी हैं। इन सभी कथाओं में जैन धर्म के सिद्धान्तों का विवेचन है। जैनियों के कर्म-विपाक का सिद्धान्त ही इन रचनाओं का आधार है। परिणामस्वरूप जैन रचनाकार ऐतिहासिक सत्य की उपेक्षा कर कथा में अपने मनमाफिक परिवर्तन कर डालता है और इसके लिए स्थल-स्थल पर पुनर्जन्मवाद का सहारा लेते हैं। इन रचनाओं का लक्ष्य जैन-धर्म का प्रचार भी है। फलस्वरूप पात्र या कथाओं के माध्यम से जैन धर्म के सिद्धान्तों का प्रस्तुतीकरण भी है।

महापुराणों में त्रिषष्ठि महापुरुषों में, चौबीस तीर्थंकर, बारह चक्रवर्ती, नौ वासुदेव, नौ बलदेव और नौ प्रतिवासुदेवों के जीवन चरित्रों का समावेश है। इसीलिए इन ग्रन्थों को 'त्रिषष्ठि शलाका-पुरुष चरित' या त्रिषष्ठि महापुरीस गुणालंकार कहा गया है। 'पद्म पुराण' और 'हरिवंश पुराण' नाम से भी रचनाएँ सामने आयीं, इनमें महाभारत की कथा जैन धर्मानुकूल प्रस्तुत है।

वस्तुतः राम कथा और महाभारत की कथा भारतीय मानस, जन-मानस का अंग रही है। राम-कथा और महाभारत की संवेदना ही भारतीय साहित्य की मूल संवेदना है। स्वरूप भले बदला, पर इस कथा की उपेक्षा नहीं हो पायी। जैन कवि लोक-संवेदना के कवि थे। उन्होंने जन-संवेदना को पहचाना। यही कारण है कि इन कवियों ने अपने धर्म में राम-कथा को महत्त्वपूर्ण स्थान दिया। राम, लक्ष्मण, रावण को जैन धर्मावलम्बी ही नहीं माना गया बल्कि त्रिषष्ठि महापुरुषों में भी इनकी गणना की गयी। ये क्रमशः आठवें बलदेव, वासुदेव तथा प्रतिवासुदेव माने गये। जैन धर्मानुसार बलदेव और वासुदेव किसी राजा की भिन्न-भिन्न रानियों के पुत्र थे। वासुदेव अपने बड़े भाई बलदेव के साथ प्रतिवासुदेव से युद्ध करते हैं, और अन्त में उसे मार देते हैं। बलदेव अपने भाई की मृत्यु के कारण

दुःखी होकर जैन-धर्म में दीक्षित होकर मोक्ष प्राप्त करते हैं।

जैन काव्यों में रामकथा के दो रूप दिखाई देते हैं। ये दोनों रूप जैन धर्म के ही दो सम्प्रदायों के सिद्धान्त एवं विचारधारा की परिणति हैं। पहली परम्परा विमल सूरि की है और दूसरी गुणभद्राचार्य की। विमल सूरि की कथा अपेक्षाकृत अधिक मनोहारी है। विमल सूरि के 'पउमचरित' का संस्कृत रूपान्तर रविषेणाचार्य ने 'पद्म चरित' नाम से संवत् 660 में किया। विमलसूरि के अनुसार राजा रत्नश्रवा ने अपने पुत्र के गले में पड़ी माला के बीच दससिर देखकर पुत्र रावण का नाम दशानन या दशग्रीवा रखा। रत्नश्रवा की अन्य सन्तानें चन्द्रनखा, कुम्भकर्ण और विभीषण हैं। इन्द्र, यम, वरुण आदि को विमलसूरि राजा मानते हैं देवता नहीं। इस कथा के अनुसार, हनुमान ने रावण की ओर से वरुण के विरुद्ध युद्ध किया और चन्द्रनखा की पुत्री अनंग कुसुमा से विवाह किया। विद्याधर वंश के राजकुमार खरदूषण की शादी चन्द्रनखा से होती है और इन्हें शम्बूक नामक पुत्र की प्राप्ति होती है। इसी कथा में दशरथ की चार रानियों का वर्णन है—कौशल्या, सुमित्रा, कैकेयी और सुप्रभा। इनसे क्रमशः राम, लक्ष्मण, भरत, शत्रुघ्न उत्पन्न हुए। विमलसूरि ने सीता को राजा जनक और उनकी रानी विदेहा की पुत्री माना है। सीता स्वयंवर, कैकेयी का वर माँगना एवं अन्य कथाएँ वाल्मीकि रामायण के अनुसार ही प्रस्तुत हैं। हाँ! वनवास की कथा का अंश वाल्मीकि रामायण से भिन्न है।

विमलसूरि के अनुसार सूर्यहास खड्ग प्राप्ति के लिए तपस्यारत शम्बूक का लक्ष्मण के हाथों भूल से मारा जाना सीता-हरण का कारण बनता है। क्रुद्ध और दुःखी रावण वहाँ जब पहुँचता है तो सीता को देखकर आसक्ति के वशीभूत हो मायावी रूप धारण कर वह सीता का हरण करता है। युद्ध काण्ड की घटनाओं में भी थोड़ा परिवर्तन दृष्टिगत होता है। समुद्र नामक राजा से नील ने युद्ध किया। तथा उसे पराजित किया और लक्ष्मण की शक्ति का उपचार द्रोणमेध की पुत्री विशल्या करती है। फलस्वरूप लक्ष्मण उससे विवाह करते हैं। इस कथा में रावण राम द्वारा नहीं मारे जाते अपितु लक्ष्मण द्वारा मारे जाते हैं।

अयोध्या लौटकर राम अपनी आठ हजार तथा लक्ष्मण अपनी तेरह हजार पत्नियों के साथ रहने लगे। सीता निर्वासन की कथा वाल्मीकि रामायण के अनुरूप ही है।

कथा का अन्त जैन धर्म के सिद्धान्तों के अनुरूप होता है। बलदेव और वासुदेव के प्रेम की परीक्षा के लिए दो स्वर्गवासी देवों ने लक्ष्मण को सूचित किया कि राम की मृत्यु हो गयी है। लक्ष्मण दुःखी होकर मर जाते हैं और नरक को प्राप्त होते हैं। राम लक्ष्मण का क्रियाकर्म कर जैन धर्म में दीक्षित हो जाते हैं और साधनोपरान्त मोक्ष को प्राप्त होते हैं।

गुणभद्र ने कौशल्या के स्थान पर सुबाला से राम की उत्पत्ति बतायी है। गुणभद्र ने सीता को रावण तथा मन्दोदरी की पुत्री घोषित किया। गुणभद्र के अनुसार ही रूढ़िवादी विचारों से ग्रस्त सीता को रावण ने एक मंजूषा में भरकर मारीच के हाथों मिथिला में जड़वा दिया था। हल के द्वारा निकली उस मंजूषा को लोग राजा जनक के पास ले गये। राजा जनक ने उसमें एक कन्या को देखा। उसे अपने पास रखकर उन्होंने पाला-पोसा। गुणभद्र के अनुसार ही सीता का स्वयंवर नहीं होता अपितु जनक यज्ञ की राक्षसों से रक्षा करने आए राम और लक्ष्मण में से राम का विवाह सीता से कर देते हैं। और ये दोनों अपने पिता की आज्ञा से वाराणसी में रहने लगते हैं। इसमें न तो राम वनवास का प्रसंग आया है और न कैकेयी हठ का। राजा जनक के यज्ञ का निमन्त्रण न पाकर रावण अपमानित महसूस करता है। अपमान तथा नारद के मुख से सीता के अनुपम सौन्दर्य को सुनकर वह मारीच द्वारा सीता का हरण कराता है। हरण के अवसर पर राम और सीता चित्रकूट वाटिका में विहार कर रहे थे। राम की सहायता हेतु हनुमान के लंका में जाकर सीता को सान्त्वना देने का वर्णन तो है किन्तु लंका दहन का कोई संकेत नहीं है। यहाँ भी लक्ष्मण द्वारा ही रावण मारा जाता है। रानियों की संख्या यहाँ बढ़ी है। रावण के वध के कारण लक्ष्मण असाध्य रोग से ग्रस्त होकर मृत्यु प्राप्त कर नरक गये। राम दुःखी होकर लक्ष्मण के पुत्र पृथ्वी सुन्दर को राजपद देकर तथा अपने पुत्र को युवराज बनाकर जैन धर्म में दीक्षित हो मुक्ति को प्राप्त हुए।

विमलसूरि और गुणभद्र की परम्परा का विकास जैन काव्य परम्परा में स्पष्ट दिखाई देता है। स्वयम्भू ने विमलसूरि के 'पउमचरिउ' की और पुष्पदन्त ने गुणभद्र के 'उत्तरपुराण' की परम्परा का अनुगमन किया है। दूसरे शब्दों में मैं कह सकता हूँ कि राम-कथा का यह विकास जैन काव्यों में एक नयी परम्परा और एक नयी काव्यशैली का परिणाम था।

स्वयम्भू और पुष्पदन्त कवि कर्म की दृष्टि से एक कुशल शिल्पी थे। जहाँ इन्होंने अपनी धार्मिक प्रतिबद्धता प्रस्तुत की वहीं इन्होंने काव्य को लोक से संपृक्त भी किया। लोक की अनुभूति संवेदना और लोकमन का जीवन्त चित्रण इनकी रचनाओं में दिखाई देता है। इन दोनों कवियों ने प्रबन्धकाव्य के मानदण्ड, शैली और शिल्प का नया सन्धान किया। भाषा को शक्ति प्रदान की और उसे काव्य-भाषा का स्वरूप दिया।

जैन कवियों के समक्ष चुनौतियाँ थीं—वैदिक धर्मानुयायियों की। उन्हें लोक जीवन में अपने धर्म का प्रचार-प्रसार करना था। वस्तुतः साहित्य, रचनाकार की संवेदना का भाषिक रूप होता है। इसलिए साहित्यिक वैशिष्ट्य की खोज के लिए रचनात्मक संवेदना का रेखांकन एक अनिवार्यता है। रचनात्मक संवेदना

का आगार होता है—लोक-जीवन। अपभ्रंश रचनाकारों ने इस रचनात्मक अनिवार्यता को पहचाना। फलस्वरूप उनकी लोक से संपृक्ति हुई। इसलिए लोक जीवन से संपृक्ति और लोक-कथाओं का अपनी रचनाओं में उपयोग तथा लोक की संवेदना, लोक की पीड़ा और संत्रास की अभिव्यक्ति उनका लक्ष्य था। इस लोक की अभिव्यक्ति के लिए उसी लोक की भाषा का चयन अपेक्षित था। वस्तुतः किसी नये धर्म की ओर लोक को उन्मुख करने का सबसे सरल माध्यम है—उनकी कथाओं को अपने धर्म के अनुरूप ढाल लेना। अधिकांश जैन रचनाकार, जैन मुनि और साधक भी रहे हैं। अतः उनका प्रधान लक्ष्य तो जैन धर्म का प्रचार था; साहित्य साधना तो इस प्रचार-प्रसार का माध्यम भर था। फलस्वरूप लौकिक संस्कृत साहित्य के पश्चात् पहली बार जन सामान्य मुखर रूप में साहित्यिक रचनाओं में प्रयुक्त हुआ। परिणाम यह हुआ कि यह भाषा और इसका साहित्य लोक की स्वीकृति पा गया। लोक में इसे अत्यधिक आदर मिला। इतिहास इस बात का साक्षी है। लगभग सात सौ वर्षों तक अपभ्रंश समूचे भारत की संवेदना की वाणी थी।

रामायण और महाभारत की कथा भारतीय लोक जीवन के रग-रग में समाई हुई थी। इन रचनाकारों ने इन कथाओं तथा भारतीय मनोवृत्ति के अनुरूप चरित और कथा प्रधान कहानियों को लेकर साहित्य का सृजन किया।

यह विचित्र संयोग है कि विमलसूरि और गुणभद्र की रामकथा के काफी पीछे स्वयम्भू और पुष्पदन्त रामकथा को अपनी रचना का आधार बनाते हैं। विमलसूरि और गुणभद्र की रामकथा जैन रचनाकारों का आधार तो बनीं पर लोक या जन के बीच स्वयम्भू और पुष्पदन्त की ही कथा का प्रचार-प्रसार हुआ।

रामकथा में वाल्मीकि की रामकथा सर्वाधिक प्राचीन मानी गयी है। हिन्दू पुराणों में भी इस कथा में हेर-फेर हुआ है। अद्‌भुत रामायण में सीता जनक की पुत्री हैं। इस कृति के अनुसार, दण्डकारण्य में गृत्समद ऋषि थे। उनकी पत्नी लक्ष्मी सुन्दर पुत्री चाहती थीं। पति ने दूध को अभिमन्त्रित करके घड़े में रखना शुरू कर दिया। कर रूप में रावण ऋषि के खून से घड़े को भरकर लंका ले गया। मन्दोदरी को देते हुए उसने सचेत किया कि इसमें विष है इसे पीना नहीं। रावण के अनादर से क्षुब्ध मन्दोदरी ने उसे पी लिया और गर्भवती हो गयी। रावण से गोपनीयता बरतने के उद्देश्य से उसने कुरुक्षेत्र जाकर बालिका को जन्म देकर उसे जमीन में गाड़ दिया। हल जोतने पर वह लड़की जनक को मिली।

इस प्रकार स्पष्ट है कि रामकथा जन-सामान्य में लोकप्रिय तो थी किन्तु क्षेत्र के प्रभाव-स्वरूप इस कथा के विभिन्न रूप लोक में प्रचलित थे। जैन कवियों ने आदि कवि का अनुकरण न कर लोक अनुश्रुतियों को महत्त्व दिया और कथा में व्यापक फेरबदल किया। जैनियों के यहाँ सीता जन्म की कथा, अन्य चरित्रों

तथा सन्दर्भों का परिवर्तन इसी का परिणाम है।

राम-कथा पर आधृत 'पउम-चरिउ' पाँच काण्डों में विभक्त है। विद्याधर काण्ड, अयोध्या काण्ड, सुन्दर काण्ड, युद्धकाण्ड एवं उत्तर काण्ड। इसमें कुल 90 सन्धियाँ हैं।

सिरि विज्जाहरे-कंडे संधीओ हुंति बीस परिमाणं।
उज्झा कंडंमि तहा बावीस मुणेह गणणाए।
चउदह सुन्दर कंडे एक्काहिय बीस जुज्झ कंडे य।
उत्तर कंडे तेरह संधीओ णवइ सष्वाउ ॥6॥ (प.च. 24)

कवि ने राम-कथा की सुन्दर नदी से तुलना की है और इसके लिए एक सुन्दर रूपक बाँधा है—

राम कहा सरि एह सोहन्ती। (वही, पृ. 1-2)

राम-कथा का आरम्भ लोक प्रचलित कुछ शंकाओं के समाधान के साथ होता है। मगधनरेश श्रेणिक गौतम स्वामी से प्रश्न करते हैं—

जह राम हो तिहुयणु उपरि माइ, तो रामणु कहि तिय लेविजाह
अण्णु विखर दूसण समरि देव, पहु जुज्झइ मज्झइ भिच्चु केव
किह वाणर गिरिवर उव्वहंति, बांधिवि मयरहरू समुत्तरंति।
किह रादणु दहमुहु बीसहत्त्थु अमराहिव भुव बंधण सम्मुत्त्थु ॥ (वही, पृ. 10)

अर्थात् यदि राम के उदर में तीनों भुवन हैं, वह इतने शक्तिशाली हैं तो कैसे रावण उनकी स्त्री को हर ले गया? कैसे वानरों ने पर्वतों को उठाया? समुद्र को बाँधकर उसे पार किया? कैसे दशमुख और बीस हाथोंवाला रावण अमराधिप इन्द्र को बाँधने में समर्थ हुआ?

कथा के प्रधान पात्र सब जिन-भक्त हैं। इस ग्रन्थ में अयोध्या में ऋषभ देव की उत्पत्ति तथा उनके संस्कारादि की, और जीवन की कथा दी गयी है। तदन्तर इक्ष्वाकु वंश लंका में देवताओं, विद्याधरों आदि के वंश का वर्णन किया गया है। स्वयम्भू ने राम की कथा में यद्यपि रविषेण तथा विमलसूरि को आधार बनाने की सूचना दी है किन्तु बहुत कुछ इन्होंने अन्तर कर दिया है। स्वयम्भू का उद्देश्य धर्म प्रचार के साथ-साथ सुन्दर काव्य भावना से प्रेरित था। परिणामस्वरूप मार्मिक प्रसंगों में बाधक कथाएँ छोड़ दी गयीं।

राम का वनवास, माता की चिन्ता, वन-गमन आदि का करुण एवं हृदय-द्रावक चित्र इस रचना में प्रस्तुत है। राम के साथ वनगमन के लिए सीता का प्रस्तुत होना सबसे अधिक करुणोत्पादक है। इस पर कवि ने एक अनूठी

उक्ति कही है–

णिय मन्दिर हो विणिग्गय। जाणइ णं हिमवत हो गंग महावइ।
णं छन्दहो णिग्गय गायत्री णं सद्दहो णीसरिय विहत्ती।
णाइं कित्ति सप्पुरिल विमुक्की णांइ रभाणिय थाणहि चुक्की।
सुललिय चल णजुयलमल्लहन्तीणं गवधण भड थड विहडंती।
णीउर हार डोर गुंफ्फती बहु तबोल पंके खुप्पंती ॥ (वही, 13/6-3, 7)

अर्थात् जानकी जी मन्दिर से क्या निकली मानो हिमालय से गंगा निकल पड़ी, छन्दस से गायत्री, शब्द से विभक्ति निकल पड़ी। लक्ष्मण के लिए भरत का विलाप, मन्दोदरी विलाप, रावण के लिए विभीषण का विलाप तथा अंजना सुन्दरी के लिए पवनंजय का विलाप आदि सुन्दर प्रसंग हैं।

संसार की निःसारता सिद्ध करते हुए रचनाकार कहता है–

सच्चउ संसारे ण अत्थि सुहु सच्चउ गिरि मेरू समाणु दुहु।
सच्चउ जर जम्मण मरण भउ सच्चउ जीविउ जल विंदुसउ
कहो धरु केहा परियणु वंधु जणु कहो माय वप्पु कहो सुहि सयणु
कहो पुत्तुमित्तु कहो किरधरिणि कहो भायस होयर कहो वहिणि।
फलु जाव ताव बंधव सयण आवासिय पायवे जिहसंउण ॥ (वही, 40/11-2-6)

गुणभद्र की परम्परा का अनुसरण करनेवाले पुष्पदन्त के राम-कथा का रूप स्वयम्भू से भिन्न है। राजा दशरथ काशी के निवासी थे। उनकी तीन पत्नियाँ थीं। सुबला से राम, कैकेयी से लक्ष्मण, साकेतपुरी से भरत और शत्रुघ्न हुए। सीता मन्दोदरी की पुत्री थी। अमंगलकारिणी समझकर रावण उसे स्वर्ण मंजूषा में बन्द करके मिथिला में गड़वा देता है। वह कन्या जनक को प्राप्त हुई। यज्ञ की रक्षा के लिए जनक ने राम, लक्ष्मण को बुलाया। वहीं पर राम का विवाह सीता के साथ हो गया। दशरथ की आज्ञानुसार दोनों भाई काशी का राज्यभार देखने लगे। यज्ञ में जनक रावण को निमन्त्रण नहीं दिए थे। इसी कारण रावण जनक से नाराज था। उसी समय नारद ने रावण के पास पहुँचकर सीता के रूप एवं गुण का वर्णन किया। रावण उसके रूप की प्रशंसा सुनकर उस पर मोहित होकर मारीच की सहायता से सीता का हरण कर लेता है। उस समय राम चित्रकूट में भ्रमण कर रहे थे। राम हनुमान की सहायता से सीता का पता लगाते हैं। लंका पर चढ़ाई करके लक्ष्मण रावण का वध कर देता है। राम की आठ हजार और लक्ष्मण की सोलह हजार रानियाँ थीं। सीता निर्वासन का वर्णन इसमें नहीं आया है। किसी असाध्य रोग से लक्ष्मण की मृत्यु हो जाती है। इससे राम दुःखी हो उठते हैं और राम ने लक्ष्मण के पुत्र पृथ्वी सुन्दर का राज्याभिषेक

कर राज्य सौंप दिया। अपने पुत्र अजितंजय को युवराज पद पर आसीन किया और संन्यास ले लेते हैं। अन्ततः मोक्ष प्राप्त करते हैं। उनकी रानियों ने भी दीक्षा स्वीकार कर ली।

पुष्पदन्त का महापुराण तीन खण्डों में विभक्त है। प्रथम–आदिपुराण, द्वितीय खण्ड–उत्तरपुराण का प्रथमार्द्ध और तृतीय खण्ड–उत्तरपुराण का द्वितीयार्द्ध है। तीनों खण्डों में 102 सन्धियाँ हैं।

कवि दुर्जनों के भय से महापुराण का आरम्भ करने में संकोच का अनुभव करता है किन्तु भरत प्रोत्साहित करता है। मगधराज श्रेणिक के अनुरोध करने पर तीर्थंकर महावीर के शिष्य गौतम महापुराण की कथा सुनाते हैं। नाभि और मरु देवी से अयोध्या में ऋषभ का जन्म होता है। युवावस्था पर पहुँचने पर ऋषभ का विवाह जसवई और सुनन्दा नामक राजकुमारियों से होता है। जसवई से भरत आदि 100 पुत्र और बम्भी नामक कन्या तथा सुनन्दा से बाहुबलि नामक पुत्र और सुन्दरी नामक कन्या उत्पन्न हुई। ऋषभ के संसार से विरक्त होने पर भरत राजगद्दी पर बैठते हैं और ऋषभ तपस्या द्वारा केवलज्ञान प्राप्त करते हैं। पहली सत्ताईसवीं सन्धि तक ऋषभ के पुत्र के साथियों के पुनर्जन्म और अलौकिक घटनाओं के साथ-साथ पौराणिक कथाओं का वर्णन है। अलौकिक घटनाओं और चमत्कारों की प्रधानता के मूल में जिनभक्ति ही प्रधान कारण है।

कवि ने वाल्मीकि और व्यास पर चोट की है। कवि का कथन है कि इनके वचनों से लोग कुमार्ग के कूप में गिरे इसलिए कवि जैन धर्म की दृष्टि से राम-कथा का उल्लेख कर रहा है। द्वितीय खण्ड में 20 तीर्थंकरों, 8 बलदेवों, 8 वासुदेवों, 8 प्रतिवासुदेवों और 10 चक्रवर्तियों का वर्णन है। कवि के अनुसार राम और लक्ष्मण पूर्व जन्म में राजा प्रजापति और उसके मन्त्री थे। युवावस्था में वे श्रीदत्त की स्त्री कुबेरदत्ता का अपहरण करते हैं। राजा क्रुद्ध हो मन्त्री को आज्ञा देता है कि इन्हें जंगल में ले जाकर मार दो। मन्त्री जंगल में ले जाकर उन्हें एक जैन भिक्षु के दर्शन कराता है। परिणामस्वरूप वे भी भिक्षु बन जाते हैं। मरणोपरान्त वे देवता बनते हैं। अगले जन्म में वे वाराणसी के राजा दशरथ के घर उत्पन्न होते हैं। इन्हीं की रानियों के गर्भ से राम-लक्ष्मण का जन्म होता है। राम का वर्ण श्वेत और लक्ष्मण का श्याम था। सीता के अलावा राम की सात पत्नियों और लक्ष्मण की 16 पत्नियों की कल्पना है। सीता-हरण तक दशरथ को जीवित बताया गया है। सुग्रीव और हनुमान राम को सहायता का वचन देते हैं और बदले में बालि के राज्य की प्राप्ति का वचन माँगते हैं। इस कथा में राम के स्थान पर लक्ष्मण द्वारा बालि एवं रावण मारा जाता है और इनका राज्य क्रमशः सुग्रीव तथा विभीषण को दे दिया जाता है।

इसमें 63 महापुरुषों का वर्णन है। और रामायण की कथा के साथ महाभारत

की कथा का भी अन्तर्भाव है। जबकि संस्कृत साहित्य में किसी एक कथा को लेकर किसी एक खण्ड के उपाख्यान को लेकर महाकाव्य की रचना की गई। इनके भी अन्तर्भाव से कथानक की व्यापकता और विशालता की कल्पना सहज में की जा सकती है। कथानक में अनेक अलौकिक घटनाओं की भरमार है। जिनके मूल में जिनभक्ति है। पौराणिक कपोल कल्पना का प्राचुर्य है। फलस्वरूप रचनाकार प्रबन्ध कौशल का निर्वाह भली-भाँति नहीं कर सका है। किन्तु कवि काव्य-रचना में सबसे बड़ी वस्तु गहन अनुभूति को मानता है। उनकी अपनी मान्यता है कि इसके अभाव में कवि बुद्धि न तो काव्यार्थ रूप पुत्र को जन सकती है और न कवि ही काव्य भावबद्ध कर सकता है। इसलिए स्वयम्भू के राम-कथा को यदि नदी माना जाता है तो महापुराण को समुद्र। उनकी वाणी अलंकृत, रसवती और जिनभक्ति से भरी है। इनके जीवन में ही इनकी प्रतिभा चारों ओर फैल गयी थी। हरिषेण तो यहाँ तक कहते हैं–"पुष्पदन्त मनुष्य थोड़े ही हैं सरस्वती उनका पीछा नहीं छोड़ती।" (ध.पर) पुष्पदन्त राजनीति के उग्र आलोचक भी थे। "मेल पाटी के उद्यान में हुई भरत और पुष्पदन्त की भेंट भारतीय साहित्य की बहुत बड़ी घटना है। यह अनुभूति और कल्पना की वह अक्षयधारा है जिसमें अपभ्रंश साहित्य का उपवन हरा-भरा हो उठा है।"

कवि ने सरस्वती की जो वन्दना की है उससे अनेक काव्य सम्बन्धी विचार स्पष्ट हैं। "कोमल पद, पर कल्पना गूढ़ हो, भाषा प्रसन्न और गम्भीर होनी चाहिए। वह छन्द और अलंकार को काव्य की गति का आवश्यक साधन मानते हैं। शास्त्र और अर्थ तत्त्व की गम्भीरता को वे आवश्यक मानते हैं।"

राम-कथा पर आधृत ये दो ग्रन्थ कालान्तर में जैन अपभ्रंश पुराण या महापुराण के उपजीव्य बने।

पुष्पदन्त में ब्राह्मणत्व विरोधी तत्त्व भी प्रमुख है। जबकि ब्राह्मणत्व विरोध न कर ऐसे प्रसंगों को स्वयम्भू टाल गये हैं। पुष्पदन्त के महापुराण में भरत और शत्रुघ्न की कथा उपेक्षित है। कवि मानव हृदय का सच्चा पारखी है। उसका क्षेत्र बहुत व्यापक है। राजा श्रेणिक के सपरिवार जिन के दर्शनार्थ प्रयाण करने पर तथा सुलोचना के स्वयंवर में राजाओं के हृदयगत भाव तथा उनकी चेष्टाओं का वर्णन उल्लेख्य है। मन्दोदरी का विलाप करुण रस का उदाहरण तो है ही कवि की मार्मिकता की भी पहचान है–

ता तहिं मंदोयरि देवि किसोयरि थण अंसुय धारहिं धुवइ।
णिवाडिय गुण जल सरि खगू पर मेसरि हा हा पिय भणंतिरूयइ।
पइं विणु जगि दसासँ जं जिज्जई तं पर दक्ख समूह सहिज्जइ।
हा पिय यम भणंतु सोयाउरू कंदइ णिखसेसु अंतेउरू ॥

(महापुराण 78-21, 15-16, 22-12-13)

इन रचनाकारों ने पुराण कथाओं को थोड़ा बहुत परिवर्तित किया है। कहीं कल्पना के आधार पर तो कहीं यथार्थ अनुभूति के आधार पर वास्तु वर्णन भी प्रस्तुत किये। प्रकृति का चित्रण इनकी विशेषता है। स्वयम्भू ने प्रकृति को ऋतुओं के माध्यम से मनोहारी ढंग से प्रस्तुत किया है। पावस में मेघों का एक चित्र देखिए—

सीय स लक्खणु दासरहिं, तरुवर मूले परिट्ठय जावेहिं।
पसरइ सुकइहे कव्वु जिह, मेह जालु गयवंगणे तावेहिं।...
पसरइ जेम पाउ पाबिद, ठहो, पसरइ जेम धम्मु धम्मिट्ठहो
पसरइ जेम जोन्ह मयवाहंहो, पसरइ जेम कित्ति जगणाणहो
पसरइ जेम चित्त धणधीणहो, पसरइ जेम कित्ति सुकुलीणहो
पसरइ जेम सद्द सूत्तुरहो, पसरइ जेम रासि नहं सूरहो।
पसरइ जेम दवग्गि वणंतरे, पसरइ मेह जालु तह अम्बरे।

स्वयंभू ने जलक्रीड़ा का भी वर्णन किया। जलक्रीड़ा का एक चित्र द्रष्टव्य है—

अवरोप्परू जलकील करंतहु
घण पाणिय पहयर मेल्लंतहुँ।
कहिमि चंद कुदुज्जल तारेहिं।
धवलिउ जलु तुट्टाटिहि हारेहिं।

हनुमान द्वारा किष्किन्धा का प्रस्तुत चित्रण द्रष्टव्य है—"कहीं चन्दन चर्चित श्री खण्ड के भाण्ड रखे हैं कहीं कस्तूरी-केशर कपूर आदि सुगन्धित द्रव्य समूह हैं। कहीं भोजन बनानेवाली स्त्रियों की चूड़ियों से खन-खन आवाज हो रही है। कहीं पर गोरी बाहर से मीठी वेश्याएँ रहती हैं। कहीं जुआ हो रहा है। कहीं नाचघर और प्रदर्शन दिख रहे हैं। कहीं पान वालों और मालकारों की पंक्तियाँ हैं। कहीं व्याकरण पढ़ा जा रहा है। कहीं सुन्दर नमक है तो कहीं तेल मिश्रित घी रखा है। कहीं मत्त कामिनियाँ हैं।"

पकवानों, भोजन आदि के वर्णन के साथ-साथ विवाह वर्णन भी मिलता है। धाहिल ने विवाह का आकर्षक वर्णन किया है। विवाह संस्कार धूम-धाम से होते थे। पुरोहित ब्राह्मण ही बनते थे। विवाह प्रायः माता-पिता की सहमति से धर्मानुसार होते थे। गन्धर्व और प्रेम विवाह भी होते थे। स्वयंवर का वर्णन भी इस साहित्य में पाया गया है। स्वयंवर तीन प्रकार से होता था। पहले में कन्या अपनी पसन्द के व्यक्ति का वरण कर लेती थी। दशरथ और कैकेयी, जयकुमार व सुलोचना का विवाह इसी तरह से हुआ था। पउम-चरिउ में स्वयम्भू ने स्वयंवर का अनोखा चित्रण किया है। विद्याधर की कन्या श्रीमाला के स्वयंवर

की चिट्ठी पहुँचते ही देश के कोने-कोने से राजा आने लगे। स्वयंवर भवन की शोभा अनूठी थी। कवि धाहिल ने पद्मश्री के विवाह का साहित्यिक शैली में सुन्दर वर्णन किया है। यह पूर्व जन्मों की कथा है–

णिय णिय थाड़ेहि णिवद्ध मंच महाकवि कव्वालोप वसु संच।

सजे हुए मंच पर आसन लगाकर प्रत्याशी अपने को सँवारने लगे–

भूसंति शरीरइं बार-बार कंठाइ शुअन्ति लयन्तिहार।
सुन्दर सच्छाय विकणय डोर अलिय जि धिंवति मणेवि थोइ।
गायंति हसंति पुण सणत्थ अंगई मोडंति क्लंति हत्थ।

श्रीमाला सज-धजकर हथिनी पर बैठकर वहाँ आयी। एक के बाद एक की उपेक्षा करती हुई पीछे अँधेरा और अपने सामने उजाला फैलाती हुई चली–

पुरउज्जोवंतिय दीवि जेम पच्छइं अंधारू करंति तेम।
णं सिद्धि कुमुणिवर परिहरन्ति दुग्गधं रूक्खणं भमरवंति (पं.च. 1/63)

अन्त में श्री माला ने किष्किन्धा नरेश के गले में वरमाला डाल दी। अस्त्रों की झंकार से आकाश गूँज उठा।

दूसरे प्रकार का स्वयंवर सीता का था। उसके चयन का आधार परीक्षा थी। तीसरे प्रकार के स्वयंवर में घोषणा करके युवकों को परीक्षा के लिए बुलाया जाता था। कभी-कभी यह परीक्षा दुष्कर भी हो जाती थी। जैसे–वनमाला को हासिल करने के लिए लक्ष्मण को शक्तियाँ झेलनी पड़ीं। इसके पहले इसे पाने के लिए सैकड़ों युवकों का खून हो चुका था। उनकी हड्डियों का ढेर लग गया था। स्वयंवर प्रथा का खर्च साधारण जनता के बस की बात नहीं थी। अतः स्वयंवर प्रथा धनी वर्ग के लोगों तक ही सीमित थी।

पारिवारिक जीवन का चित्रण भी इन रचनाओं में मिल जाता है। विशेषकर गर्भावस्था, पुत्र-जन्म प्रसंग आदि का मोहक चित्रण है।

प्रकृति-चित्रण में इन कवियों का मन अत्यधिक रमा है। वस्तुतः कवि स्वयं प्रकृति से प्रेरणा उल्लास और आनन्द ही नहीं वरन् अपनी मनःस्थिति का साम्य भी प्राप्त करता है। संस्कृत काव्यों में प्रकृति चित्रण शुद्ध परिस्थिति योजना के लिए आलम्बन रूप में दृष्टिगोचर होता है। संस्कृत नाटकों में ही इनका उद्दीपन रूप प्राप्त होता है। स्वयम्भू प्रकृति के चतुर चितेरे हैं। उन्होंने परिस्थिति के अनुरूप प्रकृति का उपयोग कर लिया। बसन्त आगमन पर भी कवि ने उसी रूप का स्वांग आरोप किया जिस प्रकार कोई राजा सज-धजकर किसी नगर में प्रवेश करता है। स्वयम्भू ने राम और सीता की रतिक्रीड़ा के लिए बसन्त ही

पसन्द किया—

सोहइ बसन्तु जगि पइसरंतु अहिणव साहारहिं महमहंतु।

प्रकृति चित्रण में मानवीय प्रसंगों के आरोप की प्रवृत्ति भी इनमें दिखाई देती है। राम-लक्ष्मण के विन्ध्याचल में पहुँचते ही सूरज डूब गया। इस पर कवि स्वयम्भू निसाचर रूपी कुटिल नारी का आरोप करता है—

बरि सग्ग वत्थ सीमन्त वाह णक्खन्त कुसुम सेहर सणाह।
कित्तिय चच्चंकिय गंडवास भग्गव भेसइ कण्णा वयंस।
बहुलंजण ससहर लिलयतार जोण्हारं खोलिर हाइ-भार।
णं वंचेवि दिट्ठि दिवायरासु णिसि वहु अल्लीण णिसायरासु। (पं.च. 1/113)

पुष्पदन्त भी इस दशा में पीछे नहीं हैं। सूर्य के लाल बिम्ब पर कवि की कल्पना है—

कुंकुम कुसुमा मेलु व रत्तउणं चउपहररूहि रं रस लित्तउ। (महापुराण 1, 555)

अपभ्रंश के जैन रचनाकारों में सौन्दर्य निरूपण की विशेष प्रवृत्ति दिखाई देती है। और इनके सौन्दर्य निरूपण में उपादानों की नवीनता भी है। नायक-नायिकाओं के अतिरिक्त इन्होंने पुरुषों के सम्पर्क, संसर्ग तथा उस युग की विभिन्न वस्तुओं का सौन्दर्य निरूपण किया है। अर्थात् वन, तालाब, पशु-पक्षी आदि इनकी लेखनी से बच नहीं पाये। अनेक प्रसंग संयोग और वियोग के नग्न चित्रण से भरे पड़े हैं। स्वयम्भू ने जहाँ राम-कथा की सुन्दर नदी से तुलना की है और इसके लिए एक सुन्दर रूपक भी बाँधा है—'राम कहा सरि एहि सोहंति'। तो पुष्पदन्त राजगेह को स्वर्ग द्वारा भेजा हुआ उपहार मानते हैं—

तहिं पोयण णामु णयरू अत्थि वित्थिण्णउ।
सुर लोएँ णाइ धरिणिहि पाहुडु दिण्णउ ॥ (महापुराण, 9.2.2.11-12)

नगरों के इन विशद वर्णनों में कवि का हृदय मानव जीवन के प्रति जागरूक है। कवि मानव हृदय का पारखी है, भावानुभूति के स्थल इसके उदाहरण हैं।

वाराणसी लौटे हुए राम-लक्ष्मण-सीता के दर्शनों के लिए लालायित पुर वधुओं की उत्सुकता का चित्रण भी सुन्दर हुआ है। सीता के परम्परा-युक्त सौन्दर्य निरूपण के साथ नव कल्पना का विलास भी है। सीता के मुख का वर्णन करते हुए पुष्पदन्त कह उठते हैं, "मुह ससि जोण्हइ दिस धवल धाइ इयरह कह ससि झिज्जंतु जाइ।" (महापुराण, 70-11, 5-6) मुख चन्द्र-चन्द्रिका से दिशाएँ धवलित हो गईं अन्यथा शशि क्यों क्षीण होता?

करुण रस का वर्णन अपभ्रंश कथा काव्यों में पर्याप्त है। लक्ष्मण के लिए विलाप करते हुए राम का दृश्य भी करुणापूर्ण है। वे सभी दुःख सह सकते हैं, पर भाई का विछोह नहीं—

वरि दंति दांते मुसलग्गेहि, विणियिन्दानिउ अप्पणउ।
वरिणरय दुक्खु आयामिउ, णउ विऊउ भाइहिं तणउ ॥

इन रचनाओं में रौद्र, बीभत्स, हास, शृंगार आदि का सुन्दर समन्वय है।

इन रचनाओं में छन्दों के विविध रूपों का प्रयोग हुआ है। सच यह है कि छन्द की दृष्टि से अपभ्रंश काव्य अत्यधिक समृद्ध है। परवर्ती साहित्य को इसने बहुत कुछ दिया। अपभ्रंश के छन्दों की यह परम्परा चतुर्मुख और गोइन्द में मिलती है। कड़वक पद्धति को ही स्वयम्भू ने अपनाया। स्वयम्भू के पउमचरिउ में मुक्त छन्द पद्धड़िया है पर वदनक का भी प्रयोग है।

सच यह है कि स्वयम्भू, पुष्पदन्त, धाहिल आदि रचनाकारों ने आवश्यकतानुसार छन्दों का प्रयोग किया। दोहा तो अपभ्रंश का दुलरुवा छन्द है। मात्रिक वर्णिक सभी छन्द इन रचनाओं में प्रयुक्त हैं।

राम-काव्य के रचनाकारों में अलंकारों का वैविध्य है पर यह अर्थ-सम्प्रेषण में बाधक नहीं। सभी अलंकारों का सुन्दर प्रयोग सन्दर्भ को व्याख्यायित करने में सक्षम तो है ही साथ ही रचना को मनोहारी भी बनाता है। इनमें पारम्परिक उपमान बदले हैं, युगीन चेतना को व्याख्यायित करनेवाले उपमानों की छटा द्रष्टव्य है। स्वयम्भू का ही उदाहरण लें। जिनमन्दिर में राम वृक्ष-सदृश दिखाई दे रहे हैं—

तहो भवण हो पासेहिं विविह महादुम दिट्ठ।
णं संसार भयेण। जिणवर सरेण पइट्ठ ॥

उत्प्रेक्षा, रूपक, श्लेष, अनुप्रास आदि अलंकारों की छटा इनकी रचना को अविस्मरणीय बनाती है।

भाषा-प्रयोग के धरातल पर अपभ्रंश के राम कवि अपनी शब्द-योजना के लिए विख्यात हैं। वस्तु के अनुरूप शब्द-चयन उनकी विशेषता है। युद्ध के काल की शब्दावली सौन्दर्य निरूपण में बदल जाती है। वस्तुतः ये जन-मन के गायक थे। लोक-जीवन-संपृक्त शब्दावली का प्रयोग इनकी विशेषता है। तत्सम शब्दावली से इन्हें परहेज नहीं, परन्तु इसका प्रयोग कम ही हुआ है। अपभ्रंश की पहचान भी तो 'नव-भाषा रूप' के माध्यम से ही है। यह वह रूप है जो कालान्तर में हिन्दी की थाती बनता है।

कृष्ण-काव्य के पुरस्कर्ता : जैन कवि

जैन महापुराणों का दूसरा उपजीव्य है—महाभारत की कथा। स्वयम्भू ने 'रिट्ठणेमि चरिउ' या 'हरिवंश पुराण' की रचना की। इसमें यादव, कुरु, युद्ध और उत्तरकाण्ड नामक चार खण्ड हैं। विषय का महत्त्व और सरस्वती से प्राप्त प्रोत्साहन से ग्रन्थ का प्रारम्भ होता है। यादव काण्ड की 13 सन्धियों में कवि ने कृष्ण-जन्म, बाललीला, कृष्ण विवाह-सम्बन्धी कथाएँ और प्रद्युम्न आदि की कथाएँ दी हैं। कुरु काण्ड में कौरवों, पाण्डवों के जन्म-जीवन, परस्पर वैमनस्य, युधिष्ठिर का जुआ में सब कुछ हारना, पाण्डवों के वनवास की कथा दी हुई है। युद्ध काण्ड में कौरवों, पांडवों के युद्ध का जीवन्त चित्र, पांडवों की विजय, कौरवों की पराजय वर्णित है। कवि ने कथा का आधार महाभारत और हरिवंश पुराण को ही रखा है पर उसमें युगीन चेतना के अनुकूल परिवर्तन भी किया है। यथा—द्रौपदी-स्वयंवर में मत्स्यवेध की प्रतिज्ञा के स्थान पर केवल धनुष चढ़ाने की प्रतिज्ञा है। वस्तुतः यह परिवर्तन जैन धर्म के अहिंसा सिद्धान्त का परिणाम है। यह रचना अपेक्षाकृत नीरस है, पर सजीव चित्रों का अभाव नहीं है। कवि की अद्भुत कल्पना के चमत्कार को प्रदर्शित करने वाले भी अनेक स्थल हैं। विराटनगर का चित्र इस बात का उदाहरण है—

पट्टणु पइसरिय जं धवल-धरालं करियड।
केणं विकारणेण णं सग्ग खंडु ओयरिय।

अर्थात् पाँचों पाण्डव उस नगर में प्रविष्ट हुए जो धवल गृहों से अलंकृत था और ऐसा प्रतीत होता था कि किसी कारण स्वर्ग ही पृथ्वी पर उतर आया है।

युद्ध के सजीव चित्रण भी हैं। छन्द की गति के साथ-साथ कवि ने स्थान-स्थान पर युद्ध की गति का भी साक्षात् चित्र उपस्थित कर दिया है—

तिक्ख खग्ग खंडियाई, मल्लु पार वाउलाइं।
घोर गिद्ध संवु लाइं, सीह विक्कमे विवक्खे।
× × ×
मज्जंत समाउइं जुज्झझंत सुहडाई। णिग्गंत अंताइं।
मिज्जंत गत्ताइं। लोटंत चिंघाइं। तुट्टंत छत्ताइं।

स्वयम्भू के पश्चात् अपभ्रंश भाषा में पुष्पदन्त का नाम अत्यन्त सम्मान से लिया जाता है। 'महापुराण' या 'तिसट्ठि महापुराण गुणालंकार' पुष्पदन्त द्वारा रचा हुआ महाकाव्य है। राष्ट्रकूट वंश के कृष्णराय तृतीय या बल्लभराज भरत के आश्रय में रहकर इन्होंने महापुराण की रचना की। पुष्पदन्त धनहीन और दुर्बल शरीर थे। किन्तु उन्हें अपने कवित्व का अभिमान था। विभिन्न उपाधियों से स्वयं अपने को अलंकृत किया। दिगम्बर मतानुसार श्री महावीर स्वामी की वाणी जिन 11 'अंगों' और 14 'पूर्वों' में ग्रथित थी वह सब विच्छिन्न हो गयी। जो श्वेताम्बर अंग अब पाए जाते हैं उन्हें दिगम्बर समाज स्वीकार नहीं करते। वह अपना धार्मिक साहित्य प्रथमानुयोग, करणानुयोग, चरणानुयोग और द्रव्यानुयोग इन चार अंगों में विभक्त करता है। प्रथमानुयोग में तीर्थंकरों या प्रसिद्ध महापुरुषों का जीवन या कथा साहित्य, द्वितीय में दृश्यकाव्यों, तृतीय में गृहस्थों और भिक्षुओं के लिए आचार एवं नियम और चतुर्थ अनुयोग में दर्शनादि का वर्णन पाया जाता है। यह प्रथम महापुराण प्रथमानुयोग की एक शाखा है। (पुष्पदन्त महापुराण, भूमिका, पृ. 32)। पुराण में जहाँ एक धर्मात्मा पुरुष या महापुरुष का जीवन अंकित होता है वहीं महापुराण में अनेक महापुरुषों का। यह ग्रन्थ तीन खण्डों में विभक्त है—प्रथम खण्ड आदिपुराण में कवि ने प्रथम तीर्थंकर और प्रथम चक्रवर्ती भरत के जीवन का वर्णन किया है। द्वितीय खण्ड में 20 तीर्थंकरों, 8 बलदेवों, 8 वासुदेवों, 8 प्रतिवासुदेवों और 10 चक्रवर्तियों का वर्णन है। 69 से 79 सन्धि तक इसी खण्ड में रामायण की कथा है। इसी को जैनी 'पउम चरिउ' या 'पद्मपुराण' कहते हैं। 81वीं सन्धि से महापुराण का तीसरा खण्ड प्रारम्भ होता है। इस खण्ड में 81 से 92 तक मुख्य रूप से महाभारत की कथा है जिसे कवि ने 'हरिवंश पुराण' भी कहा है। महाभारत की कथा से सम्बद्ध पात्रों के पूर्व जन्म की अनेक कथाओं का कवि ने वर्णन किया है। इस कथा में अनेक स्थल काव्यदृष्टि से सुन्दर और सरस हैं। 85वीं सन्धि तो काव्य का सुन्दर निदर्शन है।

महापुराण की कथा अत्यधिक व्यापक होने के कारण कथानक विशाल और विशृंखलित हो गया है। कवि ने इसके बावजूद भी अनेक सुन्दर वर्णन द्वारा अपनी योग्यता प्रमाणित की है। जनपदों, नगरों और ग्रामों के वर्णन बड़े ही भव्य हैं। कवि ने नवीन और मानव जीवन के साथ सम्बद्ध उपमानों का प्रयोग कर वर्णनों को सजीव बनाया है। उदाहरण के लिए मगध देश का वर्णन करता हुआ कवि कहता है—

जहिं कोइलु हिंडइ कसण पिंडु वाण लच्छिहे णं कज्जल करंडु।
जहिं सलिइं मारुथ पेल्लियाइं रवि सोसण भएण व हल्लियाइं।
जहिं कमलहं लच्छिइ सहुं सणेहु सहुं ससहरेण वड्ढिउ तिरोहु।

किर दो वि ताइं महणु भवाइं जाणंति ण तं जड संभवइं।
जुज्झंत महिस वसहुच्छ वाइं मंथा मंथिय मंथणि खाइं। (म. पु. 1.12)

अर्थात् जहाँ कृष्ण वर्ण कोयल वनलक्ष्मी के कज्जल पात्र के समान विचरती है। जहाँ वायु से आन्दोलित जल मानो सूर्य के शोषण-भय से हिल रहे हैं। जहाँ कमलों ने लक्ष्मी के साथ स्नेह और शशधर के साथ विरोध किया है यद्यपि लक्ष्मी और शशधर दोनों क्षीर सागर के मन्थन से उत्पन्न हुए हैं और दोनों जलजन्मा हैं किन्तु अज्ञानता से इस बात को नहीं जानते। जहाँ महिष और वृषभ का युद्धोत्सव हो रहा है। जहाँ मन्थन-तत्पर बालाओं के मन्थनी-रव के साथ मधुर गीत सुनाई पड़ते हैं।

मगध देश में राजगृह की शोभा का वर्णन करते हुए कवि कहता है—

घत्ता— जहिं दीसह तहिं भल्लउ णयरु णवल्लउ ससि रवि अंत विहूसिउ।
उवरि विलंबियतरणिहे सग्गे धरणि हे णावइ पाहुडु पेसिउ ॥ (महापुराण 1.15)

राजगृह मानों स्वर्ग द्वारा पृथ्वी के लिए भेजा हुआ उपहार हो। इसी प्रकार पोयण नगर का वर्णन अत्यन्त सुन्दर है—

घत्ता— तहिं पोयण णामु णयरु अत्थि वित्थिण्णउं।
सुर लोएं णाइ धरिणिहि पाहुडु दिण्णउं ॥ (92.2.11-12)

अर्थात् वह इतना विस्तीर्ण, समृद्ध और सुन्दर था मानो सुर लोक ने पृथ्वी को प्राभृत (भेंट—पाहुर) दिया हो।

उत्प्रेक्षा अपभ्रंश कवियों को बहुत ही प्रिय थी। स्वयम्भू ने भी इसका प्रयोग विराटनगर का वर्णन करते हुए किया। नगर के इस विशद वर्णन में कवि का हृदय मानव जीवन के प्रति जागरूक है। मानो उसने मानव के दृष्टिकोण से ही दृश्य को देखने का प्रयास किया है। कवि मानव हृदय का भी पारखी था। बाह्य जगत् की तरह आन्तरिक जगत् का भी सुन्दर वर्णन मिलता है। ऐसे स्थल जहाँ कवि की भावना उद्बुद्ध होनी चाहिए वहाँ उद्बुद्ध दिखाई देती है। कवि भावुक है। भावानुभूति के स्थलों पर कवि-हृदय ने इसका परिचय दिया है। कृष्ण की लीलाओं से खीझकर यशोदा का कथन, इस बात का साक्षी है। बाल-कृष्ण दधि-भाण्ड में अपना प्रतिबिम्ब देखकर उसे बुलाते हैं।

महापुराण में विभिन्न रसों का परिपाक दिखाई देता है। यद्यपि सबका पर्यावसान भक्तिरस में ही होता है, किन्तु पुष्पदन्त स्वयम्भू के विपरीत सम्भोग के खुले चित्र प्रस्तुत करते हैं। ठीक ऐसा ही वर्णन गंगा के किनारे राजा पाण्डु को माद्री का शरीर लता की तरह दिखाई देने में प्रस्तुत है। युद्ध का वर्णन महापुराण में भी है। इसलिए वीर-रस की उपस्थिति भी आवश्यक है।

पुष्पदन्त में श्लिष्ट उपमाओं की प्रवृत्ति अधिक है। उपमा की तरह उत्प्रेक्षा भी इन्हें विशेष प्रिय है। लोकोक्तियाँ, लोकनीतियाँ और मुहावरों का भी प्रयोग पुष्पदन्त ने खुलकर किया है। मूलतः पुष्पदन्त अनुभूति, कल्पना और शिल्प के सम्राट हैं। सौन्दर्य चेतना और विरक्ति चेतना के द्वन्द्व की अनुभूतियों का जितना सूक्ष्म और प्रतीकात्मक चित्रण उनके काव्य में है। उतना किसी दूसरे अपभ्रंश कवि में नहीं है। यही कारण है कि 'महापुराण' केवल प्रायश्चित्त या निवृत्ति का काव्य नहीं है। अपितु यह मानव जीवन की प्रवृत्तियों का काव्य है। मजेदार बात यह है कि सत्ता के प्रति उनके विचार अत्यन्त तीखे और विद्रोही थे। पुष्पदन्त दसवीं शताब्दी में जनमे। मुहम्मद बिन कासिम भारत के पश्चिमी सीमा पर प्रवेश कर चुका था। इसलिए पुष्पदन्त के उद्‌गारों में समकालीन राज्य की स्थिति की झलक स्पष्ट रूप से देखी जा सकती है। वे दुनियावी रिश्तों को धोखाधड़ी मानते हैं। कलियुग के नाम से, इस स्वार्थी दुनिया की आलोचना करते हुए पुष्पदन्त लिखते हैं—"यह समय कलियुग के पापों से मैला उल्टा, निर्गुण, निर्दय और अन्यायकारी है। वह सूखे हुए वन की तरह नीरस और निष्फल है। दुनियावी प्रेम (राग) सन्ध्या राग की तरह क्षणिक है, मैं देखता हूँ कि यह दुनिया सज्जनों के प्रति उसी प्रकार खिंची-खिंची रहती है जिस तरह डोरी पर चढ़ा हुआ धनुष।" पुष्पदन्त मनुष्य की गरिमा के प्रहरी और फक्कड़ कवि थे। अनासंग फक्कड़पन की इस परम्परा में, उनके समान विरले ही कवि हुए। अपभ्रंश कवि होते हुए भी वे शास्त्रीय कवि हैं। उनके अनुसार महाकवि महायोद्धा की तरह 'सुन्दर पद योजना' करता है, महाकाव्य के लिए महान् आश्रय होना जरूरी है, क्योंकि महान् आश्रय पर आधारित अनुभूतियाँ उसी प्रकार शोभा पाती हैं जिस प्रकार कमलपत्र पर स्थित जल की बूँदें। वे उस सरस्वती की प्रशंसा करते हैं जो चन्द्ररेखा के समान वक्र और कान्तिमयी है, अनेक शास्त्रों के गौरव को धारण करती है, और जो कल्याण और सौन्दर्य की आधारभूमि है।

मध्ययुग में जिस सामन्तवादी संस्कृति का विकास हुआ उसमें आभिजात्य और लोक-संस्कृति का समन्वय था क्योंकि सत्ता पुरुष लोक-संस्कृति से जुड़ा हुआ था। उत्पादन और वितरण का आधार उस समय व्यक्तिगत श्रम था। भारतीय समाज रचना की आधारभूमि वर्ण व्यवस्था है, जिसकी क्षेत्रीय इकाई ग्राम था, ग्रामों से जनपद बने, उनसे महाजनपद और धीरे-धीरे राज्य का विकास होता गया। आज जिसे लोक-संस्कृति कहा जाता है वह उक्त संस्कृति का बचा-खुचा रूप है। होली, दीपावली, दशहरा आदि इसी संस्कृति की देन हैं। आभिजात्य संस्कृति से उत्पादित वर्णमूलक व्यवस्था आधुनिक संस्कृति है। जहाँ इसका पहला उद्देश्य था वस्तु धारण करनेवाले धरती का भोग, वहीं दूसरा उद्देश्य था ताकत अर्जित करना। नियामक होने से राजा लोक-संस्कृति के केन्द्र में थे। बाद में

दोनों में खाई बढ़ती गयी। महापुराण में भारतीय आध्यात्म, आभिजात्य का सम्पूर्ण चित्र अंकित है।

पुष्पदन्त मानव सौन्दर्य और प्रकृति के कुशल चितेरे हैं। कैलाश पर्वत पर तप में रत ऋषभनाथ का चित्र देखिए :

गिरि सोहइ चुय-महुआ सवेहिं
जिणु सोहइ रुद्धहिं असवेहिं
जिणु सोहइ वियलिय णिज्झरेहिं।
जिणु सोहइ कम्महिं णिज्झरेहिं।

पुष्पदन्त द्वारा गृहीत कथा रूप ही धवल के 'हरिवंशपुराण', धाहिल के 'पउमसिरि चरिउ', यशःकीर्ति के 'पाण्डवपुराण' और 'हरिवंशपुराण', देवचन्द्र सूरि के 'रावण पार्श्वनाथ विनती' आदि रचनाओं में नया स्वरूप पाती है। नया दिखने के लक्ष्य को ध्यान में रखने के कारण यत्र-तत्र इस कथा स्वरूप में परिवर्तन लक्षित है।

धवल के हरिवंशपुराण की कथा का रूप वही है जो कि प्राचीन जैन कवियों के काव्यों में मिलता है। स्वयं कवि ने निर्देश किया है कि इसकी कथा चतुर्मुख और व्यास ने भी पूर्वकाल में कही है। वर्णन की एकरूपता के बावजूद इनमें नवीनता भी है। राजा सिद्धार्थ और राजा सुमुख का वर्णन इसी का प्रमाण है। संसार की नश्वरता स्वीकार करते हुए युद्ध इत्यादि कुत्सित कर्मों को मोह का कारण माना गया है—

बल रज्जु विणासइ तकर वणेण, कि किज्जइ बहुएण विधणेण।
रज्जु विधणेण परिहीणु होइ, णिविसेण विदीसइ पयउ लोउ।
सुहि संधव पुत्ताकलित्त मित्त, णं वि कासु विदीसहिं णिच्चहंत।
जिम हुंति भरतिं असेस तेम, वुब्बु व जलि धणि विरसंतिनेम।
जिम सउणि मिलिवि तरुवर वसंति, चाउदिदसि णिय वासाणि जन्ति।

कंस वध पर परिजनों का करुण विलाप कवि की प्रतिभा और कल्पनाशीलता का प्रमाण है—

हा दइय दइय पाविं ट्ढ़ खला, पइ अम्ह मणोहर किय विहलाहिउ।
× × ×
हा देव ण वुल्लहिं काइं तुहुँ, हा सुन्दरि दरसहि किण्ण मुँह।
पइ विणु सुण्णउं राउलु असेसु, अण्णाहिउ हूवउ दिब्ब देसु।
हा गुण सायर हा रुव धारा, हा वाइरि महण सोहग्धधरा।

रयधू के पद्मपुराण (बलभद्र पुराण) में 'जिन स्तवन' के साथ विभिन्न रूपों का वर्णन है। रयधू ने महाभारत की कथा प्रस्तुति में पुष्पदन्त को ही आधार बनाया। रयधू अपभ्रंश, विशेषकर जैन अपभ्रंश के एक प्रमुख कवि हैं। इन्होंने कई ग्रन्थ लिखे। 'पद्मपुराण' इनकी प्रसिद्ध रचना है, इसमें 11 सन्धियाँ एवं 265 प्रकरण हैं। इसमें जैन मतानुसार राम-कथा तथा कृष्ण-कथा का वर्णन है।

यशःकीर्ति के 'पाण्डव-पुराण' में भी पारम्परिक कथा को ही आधार बनाया गया। इसकी रचना कवि ने नवगाव नयर (नगर) में वील्हा साहू के पुत्र हेमराज के अनुरोध से की। यशःकीर्ति गुणकीर्ति के शिष्य थे। सन्धि के स्थान पर 'सग्ग', शब्द का प्रयोग है। इसमें 34 सन्धियाँ हैं। सारा वर्णन परम्परागत उपमानों से युक्त है। वस्तुतः कवि ने शरीर गत सौन्दर्य का ही वर्णन अधिक किया है। 'जाहे णियं तिहे रइ वि उक्खिज्जइ' (अर्थात् जिसको देखकर रति भी खीझ उठती थी) और 'लायण्णो वासव पिय जूरइ' (अर्थात् उसके सौन्दर्य से वासव प्रिया-इन्द्राणी भी खिन्न होती थी), आदि विशेषणों से कवि ने शारीरिक सौन्दर्य की अपेक्षा उसके प्रभाव की ही सूचना दी है। सौन्दर्य के हृदय पर पड़नेवाले प्रभाव की अधिकता 'भल्लिे व भारइं' विशेषण से परिलक्षित होती है। इस सन्दर्भ में पांचाली का वर्णन द्रष्टव्य है—

> चलणिहि मंजीरय मणि कण्ठिय, डरि कंचुलिय रयण मयदि ट्विर्या।
> सिरि खंडाहं कपूरहिं लेविय, कुसुम गंध भमरावली सेविय।
> मुहुं तंबोलु णयण किय कज्जलु, मुहसासें मंडउ किउ परिमलु।
> रंभति लोत्ति मणं सुर अच्छर, णव जोव्वण मिइ खोडस वछर।

यशःकीर्ति के 'हरिवंशपुराण' में भी पारम्परिक कथा ही गृहीत है। नारी रूप चित्रण में बाह्य रूप के साथ-साथ आन्तरिक रूप का भी चित्रण है। फलस्वरूप ये चित्र हृदयस्पर्शी प्रभाव छोड़ते हैं। वैसे यह एक कमजोर रचना है। मार्मिक स्थलों पर भाव-तीव्रता का अभाव, विरह प्रसंग में हृदयस्पर्शी प्रभाव का अभाव आदि खटकते हैं।

यशःकीर्ति ने हरिवंशपुराण की भी रचना की। इस ग्रन्थ की रचना कवि ने जोगिनीपुर में अयरवाल (अग्रवाल) वंश में प्रमुख गग्ग (गर्ग) गोत्रोत्पन्न दिउढ़ा साहु की प्रेरणा से की थी। इसमें दिड्ढा के लिए आशीर्वादपरक संस्कृत में छन्द लिखे गये हैं।

प्रथम तीन सन्धियों में परम्परया तीर्थंकरों, ग्रन्थ का प्रयोजन, सज्जन-दुर्जन स्मरण आदि है। इसके अनन्तर गणधर से पूछे जाने पर श्रेणिक महाराज कथा प्रारम्भ करते हैं। चौथी सन्धि से कौरव पुराण आरम्भ होता है। इस सन्धि के आरम्भ में भी मंगलाचरण, आत्मविनय, सज्जन-दुर्जन स्मरण मिलता है।

कडुवउ महुरउ निविक्खुजेभ, सज्जण दुज्जणहं सहाउ तेम।

इस रचना में अनेक सुन्दर अलंकृत शैली में वर्णित स्थल उपलब्ध होते हैं। कवि का हस्तिनापुर वर्णन इसका उदाहरण है—

छत्ते सुदंडु जिणहरु विहारु, पीलणु तिलए सीइक्खि फारु।
सत्थे सुबंधु मोक्खु वि पसिद्ध, इंदिय णिग्गहु मुणिगण हो जाणु।
जडया जलेसु मंसु वि दिणेसु, संधीसु सुरागम तहं? सुरेसु।
णिसिया असिधारइ सूइएसु, खरदंडु पउमणालें असेसु।
कोस खउ पहिय ह णउ जणेसु, वंकत्तु भउहवे कुंचिएसु।
जड उद्धारु वि परु वालएसु, अवियड्ढत्तणु गोवय णरेसु।
खलु खलिहाणें अहवा खलेसु, पर दारगमणु जहिं मणिवरेसु।
कव्वलसु णिरसत्तु वि पत्थरेसु, अद्धुविकसाल थी पुरिभएसु।
धम्मेसु वसणु पूयासुराउ, मणुऊहट्टइँ दितंहं ण चाउ।
माणेसु माणु सीहेसु कोहु, दीणेसु माय दुद्धेसु दोहू।
सत्थेसु लोहु णउं सज्जणेसु, पर हाणि चिंते दुज्जण जणेसु।
तुरगामिउ मउ णउं तिय समूह, अइ चंचलु अडइहिं मयह जोहु।
विवहु हि दायारहिं बहुजणेहिं, जं सूहइ जण धण कण भरेहि। 4.5

कवि हस्तिनापुर के राजा का वर्णन करता हुआ कहता है—

तेएण सूरु सउमेण इंदु, रूवेण कामु णयवल्लि कंदु।
दुट्ठहं जमु सिट्ठहं उवरि राउ, वंदियहं णिरंतरु दिण्ण चाउ।
परणारि विमुहु दुण्वसण चत्तु, अइवलु खत्तिय धम्मेण रत्तु।
सत्तंग रज्ज पालण पवीणु, जसु रज्जि कोइ णउ दुहिणदीणु।...
महि मंडलि जो उपमा विहीणु, जसु रज्ज को वि णउ खलु णिहीणु।
सुहि वंधव ससयण करंतु मोउ, सा हंतु तिवग्गइ वसइ लोउ। 4.6

नारी वर्णन में बाह्यरूप के साथ-साथ उसके हृदयस्पर्शी प्रभाव का भी चित्रण किया गया है—

णं णाय कणूण णं सुर कुमारि, णं विज्जाहरि विरहियण मारि।
णं काम भल्लि णं काम सत्ति, णं तासु जि कोरी वाण पंति।
णं जण मोहणि मोहणिय वल्लि, णं मयणा वलि णव जोव्वणिल्लि।
णं रणूणगउरि रोहिणि सुभामा, सूरहो ईसहो चंदहो ललामा। 5.8

कवि के युद्ध वर्णन में विविधता नहीं है। न ही गतिशील छन्दों की योजना है। अतः युद्ध वर्णनों में अपेक्षित सजीवता का अभाव है। कवि का विरह वर्णन भी सामान्य कोटि का है। मार्मिक स्थलों पर भी भाव तीव्रता का अभाव खटकता है। द्रौपदी का केशाकर्षण प्रसंग इसका उदाहरण है—

तं णिसुणेप्पिणु दूसासणेण, णिद्दइयं पाव कयायरेण।
आयड्ढिय केस धरेवि जाम, धिट्ठि कारिउ सव्वेहि ताम।
णं हरिणा सारंगि य वराय, णं णायारें णाइणि सछाय।
णं धीवरेण मीणइ आहल्लि, णं मक्कडेण कोमलिय वल्लि।
णं पउमिणि लुंचिय मयग लेण, तिहं दे (दो) वइ तेण धणुद्धरेण ॥ 7.16

काव्य में पद योजना प्रायः संस्कृत भाषा की शैली में दृष्टिगोचर होती है। जैसे—4.7 देखें—

उववेसिऊं णियय पज्जंक देसम्मि, उवविट्ठ तहो पुरउ महि वीढ़ि रमम्मि।
...पुच्छेइ वियसंतु मायंग वर गामि।
कल्लाण तं कासि कहो तणिय वरधूय, किं एछ ए कासि वहु विणय संभूय।
णिव पुच्छिया सावि करकमल सणाए, सहिं भणिय ता ताए पछण्ण वायाए।

पद-योजना प्रायः संस्कृत शैली की है। फलस्वरूप सहजता बाधित हुई है। हाँ जहाँ-जहाँ दूसरी शैली का प्रयोग हुआ है वहाँ सरलता और प्रभावोत्पादकता बढ़ी है—

किं रज्जें अरियण संकिएण, किं सग्गें जत्थ पुणागमेण।
किं विहवें उप्पाइय मएण, किं छत्तें छाइय सिव पहेण।
किं चमरें उद्धाविय गुणेण, किं एहरणेहि रूद्दसिएण।
असहायहि किं सज्जण जणेण, किं तारुण्णें जर संगएण। 12.15

भाषा में स्थान-स्थान पर सुभाषितों और वाग्धाराओं का प्रयोग भी मिलता है—

"छण इंदहो भुक्कइ सारमेउ, किं करइ तासु ववगय विवेउ ॥" 4.1
"सइं कियउ कम्मु को अणुहवइ, णिय किउ सु हु दुहु अग्गइ सरइ ॥" 8.1
"रवि पुरउ कवयु ससि तारयाइ ॥" 10.8
"असहायहो होइ ण कज्ज सिद्धि ॥" 10.16

कवि ने स्वयं स्वीकार किया है कि काव्य में उसने पद्धडिया बन्ध का प्रयोग किया है। किन्तु पद्धडिया के अतिरिक्त कडवकों के आरम्भ में दुवई,

आरणाल, जंभेट्टिय, खण्डय, वस्तुबन्ध, हेला आदि छन्दों का भी प्रयोग किया गया है। सन्धियों के प्रारम्भ में दिउढा की मंगलकामना के लिए शार्दूल विक्रीडित, वसन्त तिलका, अनुष्टुप, गाथा आदि छन्दों का भी प्रयोग मिलता है। भाषा में स्थान-स्थान पर सुभाषितों का प्रयोग है।

श्रुतिकीर्ति द्वारा रचित हरिवंशपुराण की कथा भी प्राचीन ही है। इस रचना में 44 सन्धियों में महाभारत की कथा विस्तार पायी है। रचनाकार इसे स्वयं महाकाव्य मानता है।

नयनन्दी का लिखा हुआ 'सकल विधि निधान' काव्य की 36वीं सन्धि में महाभारत युद्ध का वर्णन है। युद्ध प्रसंग में वीर रस का सुन्दर परिपाक है।

'करकंड चरिउ' (मुनि कानकामर) में भी अर्जुन कृष्ण का समावेश है। इसमें वियोग श्रृंगार का भावानुकूल वर्णन है। प्रकृति-चित्रण केवल खाना-पूर्ति है।

'प्रद्युम्नचरित' सिंह विरचित रचना है। इसके रचनाकार के रूप में सिंह, सिद्ध दोनों नाम मिलते हैं। परमानन्द जैन, हीरालाल जैन तथा डॉ. हरिवंश कोछड़ के अनुसार इसे किसी सिद्ध कवि ने रचा और फिर सिंह ने प्राप्त खण्डित अंश को पूरा किया। अन्त में सिद्ध और सिंह दोनों का नाम भी दिया हुआ है। इसमें 24 कामदेवों में से 21वें कामदेव कृष्ण-पुत्र प्रद्युम्न के चरित्र का 15 सन्धियों में वर्णन है। इसमें रुक्मिणी, सत्यभामा तथा कृष्ण का वर्णन प्राप्त होता है। इसमें वर्णन-विस्तार की अपेक्षा संक्षिप्तता है।

'णेमिणाह चरिउ' के रचयिता लखम देव (लक्ष्मण देव) हैं। इसमें 22वें तीर्थंकर नेमिनाथ का चरित अंकित है। राजगृह तथा राज का वर्णन इसकी विषयवस्तु है। नेमिनाथ की युवावस्था, वसन्त वर्णन, जल क्रीड़ादि के प्रसंगों का भी वर्णन है। कृष्ण को नेमिनाथ से ईर्ष्या होने लगती है और वह उन्हें विरक्त करना चाहते हैं। विवाह के अवसर पर पशुबलि से नेमिनाथ में विरक्ति का भाव उत्पन्न होता है। उसकी भावी पत्नी राजमती दुःखी होती है। तीसरी सन्धि में इसी का वियोग-वर्णन चित्रित है। नेमि को सांसारिक विषयों के प्रति आसक्त करने का प्रयत्न भी व्यर्थ जाता है। माँ भी दुःखी होती है। धार्मिक और उपदेशात्मक भावना प्रधान होते हुए भी काव्य में अनेक सुन्दर और अलंकृत स्थल हैं।

कवि की कविता के उदाहरण के लिए निम्नलिखित उद्धरण देखिए। कवि समुद्र-विजय की पत्नी का वर्णन करते हुए (1.14) कहता है–

तहि गुण संपुण्ण संमुद्द विजउ, भुअदंड चंड संगाम अजउ।
तहि गेहिणि णिव सिवएविणा म, सोहइ रइ णं संजुत्त काम।

वय राम रुणावइं वज्जदित्ति, णं सुर गिरि रेहइं कणय कित्ति।
णं ससि कलाइं अमियहो पयासु, णं दिणमणि परंपण्णहि तिमिर णासु।
णं मुणि वरु रेहइं (कणय कित्ति) णं खत्तिएण, णं तिणयणु णरवइ गिरि सुएण।

इसी प्रकार निम्नलिखित उद्धरण में कवि ने संसार की विवशता का अंकन किया है—

जसु गेहि अण्णु तसु अरुइ होइ, जसु भोज सत्ति तसु ससु ण होइ।
जसु दाण छाहु तसु दविणु णत्थि, जसु दविणु तासु ऊइ लोहु अत्थि।
जसु मयण राउ णत्थि भाम, जसु भाम तासु उछवण काम ॥ 3.2

अर्थात् जिस मनुष्य के घर में अन्न भरा हुआ है उसे भोजन के प्रति अरुचि है। जिसमें भोजन खाने की शक्ति है उसके पास शस्य नहीं। जिसमें दान का उत्साह है उसके पास द्रविण नहीं। जिसके पास द्रविण है उसमें अति लोभ है। जिसमें काम का प्रभुत्व है उसके भार्या नहीं। जिसके पास भार्या है उसका काम शान्त है।

कवि ने स्थान-स्थान पर सुन्दर सुभाषितों और सूक्तियों का प्रयोग किया है—

किं जीयइं धम्म विवज्जिएण,...
किं सुहडइं संगरि कायरेण,...
किं वयण असच्चा भासणेण, किं पुत्तइं गोत्त विणासणेण।
...किं फुल्लइं गन्ध विवज्जिएण।
किं भोजइं जत्थ ण होइ लवणु, जहि पयण ण वर सो काहु वयणु। 1.4

इसी प्रकार—

'विणु तरु पत्तइं णउ होइ छाहि'
'विणु छेत्तइं णउ वावियहि धणा'
'विणु देवइ देवलु कत्थ होइं'

कवि ने कड़वकों के आरम्भ में हेला, दुवई, वस्तुबन्ध आदि छन्दों का प्रयोग किया है। ग्रन्थ में छन्दों की बहुरूपता दृष्टिगोचर नहीं होती। छन्दों में कहीं-कहीं अन्त्यानुप्रयास (तुक) उचित रूप से प्रयुक्त नहीं हुआ है। यथा—

संसारिउ मुक्ख अणत्थ मूलु, सेवइ मोहंधउ जीव वालु।....
विसयहो सुहवासहो वेवि होइ, पुणु जीउ अणंतउ दुहु सहेइ। 2.20

इस प्रकार स्पष्ट है कि जैन अपभ्रंश कवियों ने कृष्ण-कथा के वर्णन का कोई प्रसंग छोड़ा नहीं है। उनके इस वर्णन में कल्पना और यथार्थ का मणि-कांचन योग है। कृष्ण-कथा वर्णन के सहारे उन्होंने अपनी काव्य प्रतिभा को सँवारा, उसका व्यापक फलक पर प्रदर्शन किया। वस्तुतः राम और कृष्ण कथा के चयन के पीछे उनकी लोक-सापेक्ष दृष्टि थी। लोक/जन का ही कल्याण अर्थात् जैन-धर्मोन्मुखता उनका काम्य था। उनकी यह मान्यता थी कि धर्म विमुखता के कारण ही मनुष्य कष्टमय जीवन व्यतीत करने के लिए विवश है। उसे इन कष्टों से तभी छुटकारा मिल सकता है जब वह राम और कृष्ण की भाँति जैन धर्म की शरण में आए।

दूसरी बात यह है कि इन कवियों ने भाषा का 'माडल' तो पेश किया ही, साथ ही काव्य-शिल्प का भी नया मॉडल प्रस्तुत कर दिया। अपभ्रंश का यह शिल्प आगे चलकर हिन्दी काव्य की थाती बनता है। शिल्प और भाषा की यह प्रौढ़ता पाठक को चमत्कृत कर जाती है और उनके अवदानों को भी अविस्मरणीय बना देती है।

चरित/कथा-काव्य तथा प्रेमाख्यानक और रहस्यवादी काव्य के पुरस्कर्ता : जैन कवि

अपभ्रंश साहित्य में चरित-काव्य की प्रधानता रही है। यह कहा जा सकता है कि इस काल में जितना चरित-काव्य लिखा गया उतना दूसरा नहीं। और अन्य काव्यों में भी मुख्यतः प्रधानता चरित की ही लक्षित होती है। इसके अन्तर्गत किसी भी राजा, राजकुमार या फिर तीर्थंकरों के जीवन को माध्यम बनाया गया है। और उसके जीवन में घटी घटनाओं को कल्पना के सहारे एक नवीन और आकर्षण मोड़ देते हुए चरितनायक की महत्ता दर्शाई गयी है। ऐतिहासिक व्यक्तियों के चरित्रों को उपजीव्य बनाकर लिखने की यह प्रथा देश में सातवीं शताब्दी के बाद तेजी से बढ़ती है। पौराणिक महाकाव्यों के उपरान्त पौराणिक चरित्र को केन्द्रबिन्दु बनाकर काव्य रचने की परम्परा चली जिसमें चरितनायक दिव्य कुलोत्पन्न या धीरोदात्त क्षत्रिय होता था। चरित काव्यों की ही भाँति खण्डकाव्यों में काव्यरूप एक जैसे प्रयुक्त हुए हैं। खण्डकाव्यों में भी एक चरित्र को केन्द्र बनाकर रचना की गई है। हरिवंश कोछड़ ने चरितकाव्यों को ही खण्डकाव्य के अन्तर्गत मानते हुए कहा है कि खण्डकाव्य में नायक के समग्र जीवन का चित्र उपस्थित न कर उसके एक भाग का चित्र अंकित किया जाता है...इसी तरह चरितकाव्यों में भी अनेकों ऐसे हैं जिनमें किसी महापुरुष का चरित्र किसी एक दृष्टि से ही अंकित किया गया है। और कवि की धार्मिक भावना की पूर्ति के लिए प्रस्तुत नायक के जीवन के इस रूप में उपलब्ध होने के कारण ऐसे चरितग्रन्थों की गणना खण्डकाव्यों में ही की गयी है।

जैन कवियों द्वारा रचित प्रमुख चरितकाव्य निम्नलिखित हैं—

पउमचरिउ : स्वयम्भू, णायकुमारचरिउ : स्वयम्भू, नेमिनाथचरित्र : अमरकीर्ति (गणी), णोमिणाह-चरित : हरिभद्र (सूरि), शान्तिनाथ चरिउ : महीन्दु, प्रद्युम्न-चरित्र : सिंह, नेमिनाथ-चरित्र : लक्ष्मण, बाहुबलि-चरित्र : धनपाल, चन्द्रप्रभ-चरित्र : यशःकीर्ति, पार्श्वनाथ-चरित्र : श्रीधर, सम्भवनाथ-चरित्र : तेजपाल, जम्बूस्वामी-चरित्र : सागरदत्त, शान्तिनाथ-चरित्र : शुभकीर्ति, पार्श्वनाथ-चरित्र : पद्मकीर्ति, पार्श्वनाथ-चरित्र : बुध असवाल, वर्धमान काव्य : हरिचन्द्र, वर्द्धमान-चरित्र :

श्रीधर, चन्द्रप्रभ-चरित्र :श्रीधर, बज्र स्वामि-चरित्र : वरदत्त, मेहेसर-चरित्र : रइधू, यशोधर-चरित्र : रइधू, नागकुमार-चरित्र : पुष्पदन्त, यशोधर-चरित्र : पुष्पदन्त, पार्श्वनाथ-चरित्र : देवदत्त, जम्बूस्वामि-चरित्र : देवदत्त, श्रोणिक-चरित्र : जयमित्रहल, शान्तिनाथ-चरित्र : ठाकुरसी, पार्श्वनाथ-चरित्र : देवचन्द, शान्तिनाथ-चरित्र : देवचन्द्र (सूरि), नेमिनाथ-चरित्र : दामोदर, चन्द्रप्रभ-चरित्र : दामोदर, मल्लिनाथ-चरित्र : जिनप्रभ (सूरि), वीर जम्बूसामि-चरित्र : वीरमहापुराण-कलिका आदि।

कथा काव्य

निम्नलिखित रचनाओं को कथाकाव्य की संज्ञा दी जाती है—भविसयत्त-कहा : धनपाल, जिनदत्त-कथा : लाखू, विलासवती-कथा : सिद्ध साधारण, श्रीपालकथा : रइधू, सिद्धचक्र-कथा : नरसेन, सप्तव्यसनवर्जन-कथा : माणिक्यचन्द्र (पण्डित), भविसयत्त-कहा : विबुह सिरिहर, सुकुमाल-चरित्र : श्रीधर, सनत्कुमार-चरित्र : हरिभद्र (सूरि), श्रीपाल-चरित्र : दामोदर, हरिषेण-चरित्र : अज्ञात।

प्रेमाख्यानक-काव्य

जिनदत्त-चउपई : रल्ह, पउम सिरि-चरिउ : घाहिल, सुदंसण-चरिउ : नयनन्दी, सुदर्शन चरित्र : माणिक्यनन्दी।

चरितकाव्यों की परम्परा के आरम्भ में सबसे पहले आते हैं—पुष्पदन्त। नागकुमार के चरित से सम्बद्ध इनके द्वारा रचित 'णायकुमार चरिउ' सबसे प्रसिद्ध चरित-काव्य है।

(क) चरितकाव्य/कथाकाव्य

णायकुमारचरिउ (नागकुमारचरित)

चरितकाव्यों की परम्परा की सर्वश्रेष्ठ कृति 'नागकुमारचरित' है। पुष्पदन्त की यह अमर कृति है। इसमें नागकुमार के चरित्र को प्रकाश में लाने के लिए कवि ने अपनी कल्पना तथा काव्यात्मकता का भरपूर उपयोग किया है। नौ सन्धियों में इसकी कथा कही गयी है। इसके विषय में यह भी उल्लेख मिलता है कि इसकी रचना श्रुतपंचमी का महात्म्य बतलाने के उद्देश्य से की गई है। कथानक की शुरुआत मगधदेश से होती है। वहाँ कनकपुर के राजा जयंधर की दो रानियाँ थीं। प्रथम रानी विशाल नेत्रा जिनका पुत्र श्रीधर था तथा दूसरी स्वयं पृथ्वी देवी जिनके पुत्र नागकुमार थे।

नागकुमार के नाम के विषय में भी एक कथा छिपी हुई है, व 'नागकुमार' नाम क्यों पड़ा? इसका कारण था कि एक बार राजा और रानी दोनों अपने पुत्र

(नागकुमार) को लेकर मुनिदर्शन के लिए गये थे, वहाँ वार्तालाप के दौरान उनका पुत्र कुएँ में गिर पड़ा जिसकी रक्षा नागदेव ने की। नागदेव की रक्षा के कारण ये जीवित बचे जिससे इनका नाम नागकुमार पड़ा। नागकुमार बहुत ही शक्तिशाली तथा बहादुर था, जिससे उसके सौतेले भाई श्रीधर को बहुत ईर्ष्या होती थी। उसने नागकुमार को छल से रास्ते से हटाने का प्रयास किया और उनकी जान भी लेनी चाही पर वे अपनी शक्ति और साहस के कारण हर बार बचते गये। नागकुमार अत्यन्त सात्त्विक विचारधारा के युवक थे। इसी सात्त्विक विचारों के कारण उनका जीवन सुखमय बीता। सुखमय जीवन व्यतीत करते हुए अन्तिम समय में इन्होंने वैराग्य ले लिया और धर्म की शरण में रहते हुए मोक्ष को प्राप्त हुए।

समस्त काव्य में नागकुमार से जुड़ी घटनाओं का ही उल्लेख हुआ है। कवि ने नागकुमार को ही केन्द्र बनाया है और समस्त कथा इसी चरित्र को उजागर करने में इर्द-गिर्द घूमती है। कवि ने नागकुमार में नायकोचित गुणों को बढ़ावा दिया है। तथा समय-समय पर सबकी आवश्यकता पड़ने पर उपयोगी भी दिखाया है। नागकुमार में धीरता, मातृभक्ति, शौर्य, साहस आदि गुणों की अभिव्यक्ति हुई है। कवि ने श्रीधर के 'णायकुमारचरिउ' को सामने रखकर नागकुमार के चरित्र को और भी उज्ज्वल और सफल बनाने का प्रयास किया है।

धार्मिक भावना का होना अच्छे चरित्र की कसौटी मानी जाती है। नागकुमार में वह पूर्वजन्म से ही व्याप्त थी जो संस्कार रूप में उनके व्यवहार में भी आयी है। और शायद यही कारण है कि अपने सात्त्विक गुणों के कारण ही वे हर जगह विजयी होते हैं। उसके साथ-साथ वीरता और श्रृंगारिकता भी नागकुमार के चरित्र में दिखाई देती है। नागकुमार के प्रेम-जनित स्थिति का वर्णन भी कवि ने जगह-जगह किया है, जिसमें अनेक सुन्दरियों के समर्पण को कवि ने इंगित किया है। युद्ध के वर्णन में भी कुमार के योद्धा का रूप चित्रण हुआ है।

काव्य-कुशलता की दृष्टि से कवि की अभिव्यक्ति आश्चर्यचकित कर देने वाली है। युद्ध के वर्णन में छन्द की गति और शब्द योजना द्वारा नाद सौन्दर्य को उत्पन्न कर वीरता की व्यंजना हुई है। ध्वन्यात्मक शब्दों के प्रयोग ने स्थिति की सजीवता को उजागर किया है। इस कथा में गौण रूप से धार्मिक भावना का प्रसार भी द्रष्टव्य है जिसके अन्तर्गत अनेक चमत्कारों का समावेश दिखाई देताहै।

प्रेम की विरहजन्य स्थिति का चित्रण कवि ने बहुत ही सुन्दर किया है। नागकुमार के कश्मीर जाने पर पुर वधुओं के हृदय की रतिपूर्ण भावनाओं का भी चित्रण कवि ने बड़ी बारीकी से किया है।

भाषा के प्रयोग में कवि ने कुशलता दिखाई है। तदनुसार शब्दालंकारों आदि का प्रयोग कवि ने परम्परानुसार किया है। राजगृह के वर्णन में कवि की भाषा

का रूप देखिए—

तहिं पुरवरइ णामें रायगिहु कणय रयणाकोडिहि घडिउ।
बलि वंड धरंत हो सुरवइहि णं सुरणयरूगयण पडिउ ॥

यहाँ कल्पना का चमत्कार द्रष्टव्य है। राजगृह साधारण स्थल नहीं है। वह अपने सौन्दर्य से देवलोक की बराबरी कर रहा है। इस चरितकाव्य के माध्यम से तत्कालीन सामन्ती व्यवस्था धार्मिक जीवन और सामाजिक व्यवस्था की झलक मिलती है।

जसहर-चरिउ (यशधर-चरित्र)

महाकवि पुष्पदन्त द्वारा रचित 'जसहर-चरिउ'; जिसे 'यशोधर-चरित्र' के नाम से भी जाना जाता है; की कथा चार सन्धियों में कही गयी है। यह पुष्पदन्त की तीसरी और अन्तिम कृति है। इसमें यशोधर के चरित्र का वर्णन है। इनके चरित्र के माध्यम से हिंसा से होनेवाले भयंकर परिणामों को दिखाकर हिंसात्मक कर्म से बचने के प्रयोजन को लेकर यह काव्य कृति प्रस्तुत है। प्रस्तुत रचना का कथानक इस प्रकार है—उज्जयिनी में यशोर्द्ध नामक राजा और चन्द्रमति रानी को यशोधर नाम का एक पुत्र हुआ। यशोधर विलासमय जीवन व्यतीत करता था। परन्तु एक दिन रात में दुःस्वप्न के कारण वह भोगमय जीवन से विरक्त हो गया तथा दूसरे दिन अपनी माता से वैराग्य लेने की आज्ञा माँगी। माता को पुत्र के अनिष्ट की शंका हुई इसलिए उन्होंने पूजा-पाठ तथा बलि-यज्ञ का आयोजन किया जिसमें पाप के भय से आटे का कुक्कुट बनाकर उसकी बलि दी गयी। इससे भी कुछ समाधान न हुआ तो यशोधर की पत्नी ने जो कि यशोधर के वन जाने से रुष्ट थी, यशोधर और उसकी माँ को विष दे दिया जिससे दोनों की मृत्यु हो गयी। चूँकि उन्होंने कृत्रिम जीव की भी बलि दी थी इसलिए हिंसा करने के कारण उन्हें विभिन्न योनियों—कुत्ता, मुर्गा, साँप, बकरी, मछली, मगरमच्छ आदि—के रूप में जन्म लेना पड़ा। कालान्तर में यशोधर का पुत्र जिसे अपने पिता तथा दादी के विषय में सब-कुछ ज्ञात था वह जैन धर्म में दीक्षित था इसलिए उसने उन्हें जन्म-जन्मान्तर की कथा बताते हुए जीवन से विरक्ति का उपदेश दिया। फलस्वरूप, अन्त में वे भिक्षु और भिक्षुणी का पावन जीवन व्यतीत करते हुए स्वर्ग को प्राप्त हुए।

उपर्युक्त कथा बड़ी ही पेचीदी और केले के पात-पात में पात की तरह एक-दूसरी से जुड़ी हुई है। और शायद ही ऐसी कहानी पूरे अपभ्रंश साहित्य में कहीं मिले। यह कथा मानवता के यथार्थ को उद्भासित करती है और उसके रहस्य को समझाती है। और पाप कर्म के कारण होनेवाले दुःखद परिणामों का

चित्रण करके मानव को हिंसा की ओर उन्मुख होने से रोकती है।

काव्यात्मकता की दृष्टि से जसहरचरिउ अपने उद्देश्य को अभिव्यक्त करने में पूर्णतया सफल रहा है। नगर, उपवन तथा राज्यादि का वर्णन अत्यन्त आकर्षक बन पड़ा है। यत्र-तत्र छन्दों और अलंकारों की न्यूनता दिखाई देती है। कृति की इतिवृत्तात्मकता के कारण इसकी भाषा भी अन्य महापुराणों की अपेक्षा सीधी और सरल है। रस की दृष्टि से देखा जाए तो इसमें न तो वीर रस की ही प्रधानता है और न तो पूर्णतया श्रृंगार की। बल्कि कवि का मूल प्रयोजन जगत के मिथ्यात्व तथा मानव जीवन की क्षणभंगुरता को वाणी देना है इसलिए कवि ने निर्वेद भाव की तीव्र अभिव्यंजना की है। कहीं-कहीं लोकोक्ति एवं मुहावरों का प्रयोग भी स्थिति को सजीव बनाने में सहायक हुआ है यथा—

विसभोयणेण किं तार जियंति। गो सिंगइं कि दुद्धइ सवंति।

अर्थात् क्या विषमय भोजन से नर जीते हैं? गो सींग से क्या दूध झरता है?

किं सुक्के रूक्खे सिंचिएण। अविणीयं किं संवोहिएण।

(शुष्क वृक्ष को सींचने से क्या लाभ? अविनीत को सम्बोधित करने से क्या लाभ?)

भाषा की दृष्टि से अनेक ऐसे शब्द भी मिलते हैं जिनका रूप परवर्ती हिन्दी से मिलता-जुलता है। यथा छिवइ>स्पर्श करना, टोप्पी (टोपी), अवंसि होसइ>अवश्य होगा, जिम्मइ>जीमना, खाना, साडी>साड़ी।

करकंडुचरिउ

मुनि कनकामर (1065) द्वारा रचित 'करकंडु चरित' अपभ्रंश भाषा में रचित प्रसिद्ध चरित-काव्य की परम्परा की महत्त्वपूर्ण कड़ी है। यह काव्य 10 सन्धियों में रचा गया है।

इसकी कथा महाराज करकंडु के जीवन-चरित्र पर आधारित है। इस चरित काव्य की सबसे बड़ी विशेषता है कि यह श्वेताम्बर और दिगम्बर दोनों सम्प्रदायों में मान्य है। कवि ने इस ग्रन्थ की रचना जैन धर्म की महत्ता दर्शाने के लिए की है। क्योंकि कवि ने अधिकांशतः जैन धर्म के अन्तर्गत होने वाली सदाचार युक्त जीवन को ही प्रस्तुत किया है जिससे साधारण जनता में जैन-धर्म का विकास सरलता से हो सके। इसके साथ-साथ पंचकल्याण विधि का महत्त्व भी इस कृति में द्रष्टव्य है। प्रस्तुत कृति की कथा इस प्रकार है—

करकंडु चंपा के राजा का पुत्र है। उसके हाथ में निरन्तर खुजली होते रहने के कारण उसका नाम करकंडु पड़ा। करकंडु का जन्म विचित्र परिस्थितियों में होता है। युवा होने पर वह दन्तिपुर के राजा बन जाते हैं। उनका विवाह मदनावती नामक राजकुमारी के साथ होता है। परन्तु पूर्वजन्म के श्राप के कारण

मदनावती को विद्याधर हर ले जाते हैं। पत्नी के वियोग में करकंडु बहुत दुःखी होता है। वह उसे ढूँढ़ने निकलता है परन्तु दुर्भाग्यवश एक विद्याधर द्वारा वो भी हर लिया जाता है जहाँ उन्हें उसकी पुत्री रतिवेगा से विवाह करना पड़ता है। रतिवेगा के साथ लौटते समय पुनः मगरमच्छ के आक्रमण के कारण वे एक-दूसरे से अलग हो जाते हैं जहाँ करकंडु को एक विद्याधरी पकड़ ले जाती है और अपने पति के रूप में वरण कर लेती है तथा पुनः पत्नी सहित वापस लौटने पर करकंडु चोल, चेर आदि राजाओं से युद्ध करते हैं परन्तु जिन की प्रतिमा के दर्शन होने पर वे उनका राज्य उन्हें वापस लौटा देते हैं।

सुखमय जीवन व्यतीत करते हुए उनके राज्य में एक मुनि का आगमन होता है। उनसे अपने जन्म-जन्मान्तर की कथा जानकर उन्हें वैराग्य उत्पन्न हो जाता है और वे सम्पूर्ण राज्य को अपने बेटे को सौंपकर रानियों सहित तपश्चर्या करके ज्ञान और मोक्ष का वरण करते हैं।

इस काव्य में मुख्य चरित-कथा के अतिरिक्त प्रसंगानुकूल अन्य नौ कथाएँ समाहित हैं। इन कथाओं का स्रोत कतिपय संस्कृत-साहित्य में द्रष्टव्य है। जैसे–आठवीं कक्षा में पढ़कर बाणकृत कादम्बरी के वैशम्पायन शुक का स्मरण हो जाता है। इन कथाओं के माध्यम से कवि ने कथा-वस्तु को रोचक बनाने का प्रयास किया है। चूँकि यह एक धार्मिक काव्य है। इसलिए घटनास्थल को और भी मार्मिकता प्रदान करने के लिए यत्र-तत्र अलौकिकता और काल्पनिकता का भी समावेश मिलता है। इस कृति का नायक पौराणिक है, परन्तु समसामयिक घटना के निर्माण से उसका सम्बन्ध दिखाकर इतिहास और पुराण का समन्वय कर दिया गया है। विभिन्न देश-देशान्तर के वर्णन के कारण भौगोलिकता का पुट अधिक है जिससे प्रकृति के बदलते परिवेश का चित्रण हुआ है। काव्यत्व की दृष्टि से वीर रस के अनेक प्रसंग मिलते हैं। तथा युद्धरत विभिन्न क्रिया-कलापों का चित्रण उचित शब्द योजना द्वारा प्रस्तुत किया गया है। शृंगार के दोनों पक्षों में संयोग और वियोग का चित्रण भी व्यापक रूप में मिलता है। दूसरी ओर आध्यात्मिकता का पुट देते हुए कवि ने संसार की असारता की ओर इंगित किया है। उनके अनुसार, मनुष्य स्वयं ही अपने कर्मों के लिए उत्तरदायी है। अन्तिम समय में सब साथ छोड़ देते हैं, कोई साथ नहीं देता।

चरित-काव्य में कवि की भाषा प्रभावोत्पादक है। संयोग-वियोग, धर्म-दर्शन, वीरता आदि प्रसंगों में इसका उदाहरण देखा जा सकता है। धर्म-दर्शन के सन्दर्भ में कवि ने छोटे-छोटे मगर हृदयस्पर्शी वाक्यों और सुभाषितों का प्रयोग किया है–

गुरुआण संगु जो जण वहेउ हिय इच्छिय संपइ सो लहेइ।

(अर्थात् जो गुरुजनों के साथ चलता है वह अभीष्ट सम्पत्ति प्राप्त करता है।)

इस चरित-काव्य में हिन्दी भाषा के विभिन्न रूप परिलक्षित होते हैं। इससे

हिन्दी की प्रौढ़ता सिद्ध होती है। यथा—हुयउ>हुआ, डाल>शाखा, फक्कार>पुकार, सयाणु>सयाना, कहाणी>कहानी।

इस काव्य के अध्ययन से तत्कालीन राज्य-व्यवस्था का रूप दिखाई देता है जिसमें राजा का पूर्णतया विलासी होना, बहुपत्नीक होना आदि का उल्लेख मिलता है। समाज में निम्न व्यक्तियों के हृदय में मानव-जीवन से मुक्ति की भावना और मुक्ति की पद्धति का प्रसार कवि का उद्देश्य है।

पउमसिरी-चरिउ (पद्मश्री-चरित)

घाहिल कवि द्वारा लिखा हुआ 'पउमसिरी-चरिउ' चार सन्धियों का क़ाव्य है। दिव्य दृष्टि धाहिल का ही एक उपनाम है। इस कृति में पद्मश्री के पूर्वजन्म का चित्रण है। ये विक्रम की आठवीं शताब्दी के बाद और बारहवीं शताब्दी के पूर्व ही हुए हैं ऐसा कोछड़ का मानना है। यह धार्मिकता के पुट में लिपटी प्रेमकथा है जो इहलौकिक पात्रों को लेकर कही गयी है। इसका कथानक इस प्रकार है—बसन्तपुर में जितशत्रु नामक राजा राज्य करता था उसकी पत्नी का नाम लीलावती था। उसी नगर में एक धनी सेठ रहता था उसके दो पुत्र थे, धनदत्त और धनावह और एक पुत्री थी पद्मश्री जो अतीव सुन्दर थी। पुत्री विधवा होने के कारण पिता और भाई के साथ रहते हुए धार्मिक पूजा-पाठ, दान आदि किया करती थी। परन्तु उसकी दानशीलता से उसकी भाभियों को ईर्ष्या होने लगी जिससे परस्पर कलह उत्पन्न हुआ। पद्मश्री ने भेद-भाव दूर किया तथा धार्मिकता का पालन करते हुए देवलोक को प्राप्त हुई। कर्मानुसार उन्हें पुनः जन्म लेना पड़ा जिसमें धनदत्त और धनावह भी मृत्यु को वरण कर दूसरी जगह अयोध्या के राजा अशोकदत्त और उसकी रानी चन्द्रलेखा के यहाँ क्रमशः समुद्रदत्त और वृषभदत्त नाम से उत्पन्न हुए और धनश्री हस्तिनापुर के राजा रानी के यहाँ पुत्री पद्मश्री के रूप में उत्पन्न हुई। युवा होने पर युवक समुद्रदत्त और पद्मश्री दोनों एक-दूसरे की ओर आकर्षित हुए और कालान्तर में विवाह हो गया। परन्तु गलतफहमी का शिकार समुद्रदत्त पद्मश्री को छोड़ देता है। पद्मश्री को पूर्वजनम के कर्मानुसार अनेक कष्टों का सामना करना पड़ा परन्तु व्रत तपश्चर्या आदि में दृढ़ रहने के कारण पद्मश्री मोक्ष को प्राप्त हुई। धार्मिकता का आवरण हटा देने पर यह प्रेम कहानी हमारे सम्मुख स्पष्ट हो जाती है। यह काव्य न ऐतिहासिक है न पौराणिक बल्कि मानव जीवन में नैतिक और पुण्य कार्य करते हुए मानव द्वारा मोक्ष-प्राप्ति को सहजगम्य दिखाया गया है।

प्रकृति चित्रण में भी कवि ने अनेक स्थलों का सरस चित्र उकेरा है। बसन्तपुर के वर्णन में कवि का काव्य-सौन्दर्य देखते ही बनता है। रस-परिप्रेक्ष्य

में कवि ने शृंगार के दोनों रूपों (संयोग-वियोग) का विवेचन अनेक स्थलों पर किया है जो कि पूर्णतया परम्परामुक्त है।

कवि की भाषा सरल है। इसमें प्राचीनता की कोई प्रवृत्ति लक्षित नहीं होती इसमें तत्कालीन अपभ्रंश की प्रचलित धारा प्रवाहित हुई है। स्थान-स्थान पर सुभाषितों का प्रयोग भी द्रष्टव्य है—

> उइदू चंदिकि तारिय यहँ—चन्द्र के उदय हो जाने पर तारों का क्या।
> कउ मित्त-विओउ न दुक्खु देइ—मित्र वियोग किसे दुःख नहीं देता।

तत्कालीन परिवेश को स्पष्ट करने में यह कृति सफल है। समाज में व्याप्त बहु-विवाह पद्धति का विस्तृत विवेचन, शृंगारिक साज-सज्जा, ज्योतिष विद्या पर विश्वास तथा सन्त महात्माओं का भली-भाँति सत्कार आदि प्रसंग इस ग्रन्थ में स्थान पाये हैं।

त्रिषष्ठि शलाका-पुरुषों के जीवन चरित्र को आधार बनाकर भी चरित-काव्यों की रचना हुई। इसमें अन्य चरित-काव्यों की भाँति कल्पना का पुट कम है और यथार्थता अधिक है। इसकी सबसे बड़ी विशेषता है कि इन चरित-काव्यों का शीर्षक नाम, इनमें वर्णित तीर्थंकरों के नाम पर ही हुआ है। इन चरित-काव्यों का विवेचन इस प्रकार है—

णेमिणाह-चरिउ (नेमिनाथ-चरित)

नेमिनाथ के चरित्र को केन्द्र बनाकर अनेकों रचनाकारों ने पृथक्-पृथक् चरित्रों की रचना की है। इसके रचनाकार लक्ष्मण देव हैं। इसका लेखन काल वि.सं. 1597 है परन्तु इसमें भी मतभेद है। इसकी 4 सन्धियों और 22 कड़वकों में 22वें तीर्थंकर नेमिनाथ का चरित्र अंकित किया गया है। इसमें नेमिनाथ के जन्म से लेकर निर्वाण तक कथा रोचक प्रसंगों के साथ मिलाकर प्रस्तुत की गयी है। कवि ने धार्मिकता का पुट देते हुए रचना समाप्त की है।

दूसरा नेमिनाथ चरित हरिभद्र ने भी लिखा है।

पार्श्वनाथ-चरित

पार्श्वनाथ-चरित श्रीधर द्वारा लिखा गया। यह चरित-काव्यों में सर्वाधिक प्रसिद्ध है। यह 12 सन्धियों में लिखा गया है। इसमें परम्परानुसार कथा प्रसंगों का वर्णन हुआ है। इसकी रचना रविवार सं. 1189 को हुई। सन्दर्भानुसार नगर, प्रकृति तथा युद्धादि का एवं शृंगारिक स्थलों का वर्णन कवि ने किया है।

महावीर-चरित

यह असग कवि द्वारा रचित जैन सम्प्रदाय के अन्तिम तीर्थंकर महावीर के जीवन चरित्र पर लिखा गया है। इसे वर्धमान-चरित्र या सन्मति-चरित्र भी कहते हैं।

बाहुबलि-चरित

यह चरित काव्य अभी तक प्रकाशित नहीं हुआ है। इसकी हस्तलिखित प्रति आमेर शास्त्र भण्डार जयपुर में सुरक्षित है। धनपाल द्वितीय द्वारा यह 18 सन्धियों में रचा गया है। जैन सम्प्रदाय के कामदेव माने जाने वाले बाहुबलि के जीवन चरित्र की घटनाओं का उल्लेख इस कृति में किया गया है। इनके साथ-साथ कवि ने चौबीसों तीर्थंकरों का भी विवेचन किया है। अनेक घटनाओं का उल्लेख भी इस कृति में किया गया है। अलंकार, छन्द और रस से रसादृत स्थल भी कुछ कम नहीं है।

चंदप्पह-चरिउ (चन्द्रप्रभचरित)

यशःकीर्ति की यह दूसरी महत्त्वपूर्ण कृति है। यह ग्यारह सन्धियों में पूर्ण हुई है। आठवें जिन चन्द्रप्रभ के चरित्र का वर्णन ही इस कृति का मुख्य उद्देश्य है। यह कथाप्रधान रचना है।

सुकौशल-चरित

रइधू द्वारा रचित रचना सुकौशल मुनि के चरित्र से सम्बन्धित है।

इसकी हस्तलिखित प्रति दिल्ली के पन्नालाल जैन अग्रवाल के यहाँ प्राप्त हुई थी। यह चार सन्धियों में पूर्ण हुई है। सुकौशल चरित में भूमिका की अधिकता है और मुख्य कथा संक्षिप्त रूप में मिलती है। इसका रचना काल वि.सं. 1496 में माना गया है। इसके अतिरिक्त रइधू ने अनेक चरित-काव्य लिखे हैं जैसे—आत्म संबोध काव्य, धनत्कुमार चरित, पद्मपुराण, मेघेश्वर चरित्र, श्रीपाल चरित्र, सन्मति जिन चरित। इन सबकी हस्तलिखित प्रतियाँ आमेर शास्त्र भण्डार में सुरक्षित हैं।

भविसयत्त-चरित

यह चरित काव्य श्रीधर द्वारा लिखा गया प्राप्त होता है इसकी 6 सन्धियों में भविष्यदत्त के चरित्र का वर्णन है। इसमें चरित्र वर्णन के साथ-साथ उसका धार्मिक पक्ष भी प्रधान है।

सुलोचना-चरित

यह चरितकाव्य अभी तक अप्रकाशित है। इसकी हस्तलिखित प्रति आमेर शास्त्र भण्डार में उपलब्ध है। आचार्य देवसेन द्वारा यह 28 सन्धियों में रचा गया है। सुलोचना कथा जैन कवियों का प्रिय विषय रही है। कवि ने सुलोचना के जीवन चरित्र का विवेचन किया है। काव्य पक्षीय विवेचन भी कथानुरूप है। शृंगार, वीर रसों, परम्परागत उपमानों तथा खण्ड्य, आरणाल, दोहय, मंजरी आदि छन्दों का प्रयोग किया गया है।

पज्जुण्ण-चरिउ (प्रद्युम्न-चरित)

यह रचना भी अप्रकाशित है। सिंह कवि द्वारा यह 15 सन्धियों में लिखी गयी है। प्रो. हीरालाल जैन और परमानन्द जैन का मत है कि सिद्ध कवि ने प्रद्युन चरित्र का निर्माण किया था परन्तु कालान्तर में नष्ट हो जाने के कारण सिंह कवि ने पुनः इसका सृजन किया। प्रो. हीरालाल जैन ने इसका रचना-काल 12वीं सदी का पूर्वार्द्ध माना है। इस चरित्र काव्य में रुक्मिणी-पुत्र प्रद्युम्न के जीवन चरित्र का वर्णन हुआ है। कथावस्तु की परिपूर्णता के साथ-साथ काव्य-रूपों की उदात्तता भी प्रशंसनीय है।

सनत्कुमार-चरित

नेमिनाथ-चरित का ही कुछ अंश सनत्कुमार-चरित नाम से मिलता है। परन्तु यह भी अप्रकाशित ही है।

जिणदत्त-चरिउ

जिणदत्त-चरिउ की रचना लक्खण या लाखू ने की थी। यह भी अन्य कृतियों की भाँति अप्रकाशित ही है। परन्तु इसकी हस्तलिखित प्रति आमेर के भण्डार में सुरक्षित है। यह एक प्रेम-कथा है जिसको कवि ने धर्म के आवरण में प्रस्तुत किया है। कहीं-कहीं कथानक को और भी चमत्कारिक बनाने के लिए घटनाओं को अलौकिक और चमत्कारिक बनाने का प्रयास किया गया है। काव्य सौन्दर्य की दृष्टि से बिम्ब की सजीवता, रस-छन्द और विभिन्न अलंकारों के प्रयोग से यह और भी श्रुतिसुखद बन पड़ी है। शृंगार वर्णन में सरलता और सादगी की झलक है।

उपर्युक्त रचित काव्यों के अतिरिक्त अनेक अन्य काव्य ऐसे भी हैं जो प्रकाश में नहीं आये और कुछ ऐसे हैं जिनके विषय में अभी तक कोई जानकारी नहीं मिली है। वैसे चरित-काव्य की दृष्टि से अपभ्रंश साहित्य सदैव से ही धनी

रहा है। कुछ चरित-काव्यों के नाम इस प्रकार हैं जिनके विषय में अल्प जानकारी ही प्राप्त हुई है। वे हैं—'सिरपाल-चरिउ' (नरसेन), वड्ढमाण-चरित (जयमित्र हल्ल), 'अमरसेन चरित' (माणिक्यराज), 'सुकुमाल-चरिउ' (पूर्णभद्र), 'णायकुमार-चरित (माणिक्यराज), शान्तिनाथ-चरित (महिन्दु)।

(ख) कथा-काव्य

जैन अपभ्रंश साहित्य का मुख्य उद्देश्य लोक मन में झाँकना और लोक मन तक अपनी बात पहुँचाना था। फलस्वरूप उन्होंने लोक जीवन की कथा को ही लिया। साथ ही उन कथाओं को अन्य कथाओं से मिलाकर सरस और मनोरंजक बनाने का प्रयास किया। मुख्य कथा के साथ अवान्तर कथा, फिर उसकी भी अवान्तर अर्थात् परत-दर-परत कथाओं का सन्निवेश इनकी रचनाओं में है। दिगम्बर सम्प्रदाय के पुराणों के अनुसार श्वेताम्बर सम्प्रदाय में भी अनेक चरित ग्रन्थ लिखे गये। इनमें अनेक महापुरुषों या धार्मिक पुरुषों का वर्णन न होकर किसी एक ही महापुरुष या तीर्थंकर का वर्णन किया गया है। और ये चरित-ग्रन्थ अनेक पूर्व जन्म की कथाओं तथा अनेक सरस उपदेशपरक कथाओं से भरे पड़े हैं। पुराण और चरित ग्रन्थों की शैली से भिन्न कतिपय कथा-ग्रन्थ ऐसे भी मिलते हैं जो संस्कृत साहित्य के 'वासवदत्ता', 'दशकुमार चरित' आदि लौकिक कथा ग्रन्थों के ढंग पर रचे गये। इस प्रकार के कथा-ग्रन्थों में किसी लोक प्रसिद्ध पुरुष या स्त्री की किसी जीवन्त घटना को केन्द्र बनाकर उसका काव्यमय भाषा में श्रृंगार आदि रसों से युक्त वर्णन किया गया है। इनमें विभिन्न रसों का समावेश है। पर प्रधानता वीर और श्रृंगार रस की है। और अन्त में भक्ति रस का प्रवाह है। नायक, नायिका के अतिरिक्त उपनायक, उपनायिका, प्रतिनायक की कथा भी कुछेक ग्रन्थों में जोड़ दी गयी है। कथा-प्रवाह में पात्रों के पूर्वजन्म के कर्मों का निर्देश कर कर्म फल के अनुकूल अन्त में सद्गति या दुर्गति का चित्र प्रस्तुत कर कथा समाप्त होती है। ऐसी रचनाओं में कुछ व्रत ग्रन्थों में एक ही कथा का विस्तार है और कुछेक में भिन्न-भिन्न स्वतन्त्र कथाओं द्वारा धार्मिक कथा भावना या श्रावक या गृहस्थ के किसी सद्धर्म का व्याख्यान किया जाता है।

डॉ. हरिवंश कोछड़ के अनुसार—"कथा-साहित्य, जैन साहित्य का विशेष अंग रहा है। जैन कथाकारों का एक-मात्र लक्ष्य सद्भाव, सद्धर्म, और सन्मार्ग प्रेरक सत्कर्म का जन-समुदाय में प्रचार कर उसके नैतिक और सदाचार मय जीवन के स्तर को ऊँचा करना था। इस उच्चता द्वारा व्यक्ति लौकिक और पारमार्थिक सुख का भोक्ता बनता है। इन कथाकारों ने व्यक्ति के जीवन विकास के लिए सद्धर्म और सन्मार्ग के जिन प्रकारों का उल्लेख किया है वे सर्वसाधारण के लिए हैं। कोई व्यक्ति, किसी धर्म का मानने वाला, किसी विचारधारा का, किसी देश

और किसी जाति का हो, आस्तिक हो या नास्तिक, धनी हो या गरीब सबके लिए यह मार्ग लाभप्रद और कल्याणकारी सिद्ध होता है। मानव के नैतिक स्तर को ऊँचा उठाने की दृष्टि से इन कथा-ग्रन्थों का अधिक महत्त्व है।

इन कथा-ग्रन्थों में अनेक प्रकार के पात्रों का, उनके आचार-व्यवहार का, उनकी विचार परम्परा का और उनके बहुमुखी जीवन का चित्र होने से तत्कालीन समाज एवं तत्कालीन संस्कृति का आभास मिल सकता है। और तत्कालीन समाज के इतिहास की रूपरेखा पर यत्किंचित् प्रकाश भी पड़ सकता है। इस दृष्टि से इस कथा-साहित्य का सांस्कृतिक और ऐतिहासिक महत्त्व भी है।

कथा-कहानी का मानव जीवन में अत्यधिक महत्त्व है। कथा-साहित्य वैसे भी मानव-जन्म के काल से चला आ रहा है। वाङ्मय के प्रारम्भ से ही किसी-न-किसी रूप में साहित्य की यह विधा भी दिखाई देती है।

जैनागमों में वाङ्मय के चार भाग किए गये—प्रथमानुयोग, करणानुयोग, चरणानुयोग और द्रव्यानुयोग। प्रथम में सदाचारी पुरुषों का जीवन वर्णित है। किस धार्मिक विधान को किस व्यक्ति ने किस प्रकार आचरित किया विभिन्न विघ्नों और बाधाओं के बावजूद उसने सदाचार की प्रतिज्ञा को निभाया और परिमाणतः उसे कौन-सा फल मिला इसका चित्रण प्रथमानुयोग में दिया जाता है। उच्च शिक्षा से रहित सामान्य मनुष्य इस अनुयोग को ही महत्त्वपूर्ण मानता है। जैन-साहित्य में धर्म-चर्चा को ही धर्म-कथा और इतर-कथाओं को भी कथा कहा गया है। जैन विद्वानों ने लोकरुचि के अनुरूप ही जन-साधारण में प्रचलित कथानकों, दान, पूजा, शील, व्रतकथा, धार्मिक अनुष्ठानों आदि के महत्त्व प्रदर्शन पर भी सैकड़ों कथाएँ लिखीं। जैन कवियों द्वारा संस्कृत और प्राकृत में भी कथा-ग्रन्थ रचे गये। और अपभ्रंश में भी इस परम्परा का विकास होता है। सिद्धर्षि कृत 'उपमिति भाव प्रपंच कथा' (106 ई.), धनपाल कृत 'तिलक मंजरी' आदि ग्रन्थ संस्कृत में लिखे गये। पादिलिप्त सूरि की 'तरंगवती', 'तरंगलीला', संघदास गणी की वसुदेव हिण्डी (छठी शती से पूर्व), हरिभद्र (8वीं शती से पूर्व), की 'समराइच्च कहा', उद्योत्तन सूरि की 'कुवलयमाला कथा' (779 ई.), विजयसूरि की 'भुवन सुन्दरी' कथा महेश्वर सूरि की 'ज्ञानपंचमी कथा', जिनेश्वर सूरि का 'कथाकोश प्रकरण' आदि अनेक ग्रन्थ लिखे गये। भविसयत्त कहा, पउजुष्ह कहा, पउमसिरि चरिउ आदि अपभ्रंश के प्रख्यात महाकाव्य और खण्डकाव्य है। इसमें कथांश के साथ काव्यत्व भी पर्याप्त है। यहाँ उन ग्रन्थों का परिचय प्रस्तुत है, जिसमें अपभ्रंश के रचनाकारों ने भिन्न-भिन्न कथाओं द्वारा धार्मिक और उपदेशात्मक भावना का प्रचार किया। इनमें कई तो छोटी-छोटी कथाओं के संग्रह हैं जिनमें काव्य की अपेक्षा उपदेशात्मकता ही अधिक है।

धम्म-परिक्खा (धर्म-परीक्षा)

इसके रचयिता हैं—हरिषेण। इसमें 11 सन्धियाँ हैं। ग्रन्थ की रचना विक्रम संवत् 1044 की मानी जाती है। कवि ने अपने पिता, वंश, कुल आदि का परिचय दिया है। कवि ने काव्य का आरम्भ जिन अस्तित्व और गुरु वन्दना से किया है। कवि ने अपने पूर्व जयराम की गाथा छन्दों में विरचित-प्राकृत भाषा की धर्म परीक्षा का उल्लेख किया है। अमितगत की 'धर्म-परीक्षा' हरिषेण से 26 वर्ष बाद लिखी गयी। किन्तु दोनों में अनेक समानताएँ हैं। अनेक कथाएँ, पद्य और वाक्य दोनों में समान रूप में मिलते हैं। इस समानता का आधार जयराम की धर्म-परीक्षा को माना जाता है जिससे दोनों ने सामग्री ग्रहण की है।

हरिषेण ने ब्राह्मण धर्म पर गहरा व्यंग्य किया है। ब्राह्मण धर्म के अनेक पौराणिक आख्यानों और घटनाओं को असंगत बताया है। जैन धर्म के प्रति आस्था और श्रद्धा उत्पन्न करना ही उनकी इस रचना का लक्ष्य है। इस ग्रन्थ में जम्बूद्वीप के अन्तर्गत भरतक्षेत्र का काव्याणत्मक वर्णन है। मध्यप्रदेश में बैताढ्य पर्वत के वैजयन्ती नगरी के राजा की रानी का नाम 'वाउवेय' (वायुवेगा) था। उनके 'मनवेग' नामक एक धार्मिक पुत्र था। उसका एक मित्र 'पवनवेग' भी धर्मात्मा तो था ही पर ब्राह्मणानुमोदित पौराणिक धर्म के प्रति आस्थावान था। मनवेग विद्वान ब्राह्मणों की सभा में कुसुमपुर गया। पवनवेग भी उसके साथ था। तीसरी सन्धि में राजा शेखर से सम्बद्ध कथा और पौराणिक उपाख्यानों का वर्णन है। चौथी सन्धि में अवतारवाद पर व्यंग्य है। वहीं विष्णु के दस जन्म, शिव के जाह्नवी और पार्वती प्रेम एवं गोपी कृष्ण-लीला पर भी व्यंग्य है। पाँचवीं सन्धि में ब्राह्मण धर्म की अनेक अविश्वसनीय बातों की ओर निर्देश कर ब्राह्मणों को मनवेग निरुत्तर करता है। उसका प्रश्न है कि राम को तो सब बातें मालूम थीं फिर सीता-हरण के सन्दर्भ में राम कैसे अज्ञानी हैं? कुन्ती से कर्ण की उत्पत्ति और रामायण की कथा पर भी व्यंग्य है। श्राद्ध धर्म की अनावश्यकता का भी प्रतिपादन है। वस्तुतः यह काव्य ब्राह्मण धर्म और मान्यताओं पर व्यंग्य करने के हेतु ही रचा गया जान पड़ता है। स्थान-स्थान पर इस धर्म के आख्यानों पर गहरे व्यंग्य किए गये हैं। और परिणामस्वरूप जैन धर्म के प्रति रुचि जागृत की गयी है। कृति में धार्मिक तत्त्व की प्रधानता होने के कारण कवित्व अधिक प्रस्फुटित नहीं हो सका। कवित्व की दृष्टि से पहली और ग्यारहवीं सन्धियाँ उल्लेखनीय हैं।

कवि की कविता का उदाहरण निम्नलिखित उद्धरणों में देखा जा सकता है। कवि वैजयन्ती नगरी का वर्णन निम्नलिखित शब्दों में करता है—

> तहिं पंचासह मज्झि सुरिद्धी, णयरी वइजयंति सुपसिद्धी।
> कामिणि ण्व जा णयण पियारी, जहिं दीसइ तट्टिं सुहय जणेरी।

जा सुरतरु व वणेण विमालें, अइरेहइ णेत्तेण व णीलें।
परिहइ सारस हंस खालए, मेहलाइ णं किंकिणि मुहलाए।
सिय पायार भित्ति कुंच लियए, पंच वण्ण धयमाल धुलियए।
उप्परियण सोहइ सोहंती, कणय कलस उरोज दरिसंती।
गोउरेण (हि) णं रुंदें वयणें, हसइ व तोरण मोत्तिय रयणें।...

जहाँ कवि का मन नगर के सौन्दर्य निरूपण में रमा है, वहीं कवि ने इस नगरी को सुराधिय की नगरी से भी बढ़कर बताया है। किन्तु वर्णन में शब्द उसका साथ देते नजर नहीं आते।

वाउवेय रानी के सौन्दर्य वर्णन में कवि ने परम्परागत उपमानों का ही सहारा लिया है—

तहि जोण्वणु जणि णं वहु विहाइ, अरुण छवि णं अंकुरिउ भाइ।
अइ रत्त पाणि पल्लव चलंतु, विल्लहल बाहु वल्ली ललंतु।
कोमल जंघा रंभा सहंतु, सिय असिय णयण कुसुमइ बहंतु।
पिहु पीण पउहर फलणवंतु, अलयावलि अलि उल सोह देंतु।
सत्ताहर बिंवीहल फुरंतु, असच्छाउ (सज्जाउ) सविज्झभु तिलयवंतु।
चंदण कप्पूरहिं महमहंतु, खयर वर विसय वर (सुह) दिहिं जणंतु।

कवि का मेवाड़ देश वर्णन भी पारम्परिक वर्णन मात्र है।

लेखक ने सरल और सरस भाषा में अपने भावों को अभिव्यक्त करने का प्रयास किया है। भाषा में अनुरणात्मक शब्द भी प्रयुक्त किए गए हैं। यथा—

... धव घव घवंत बहु घग्घराइं।
गाइय सरिगमपधणी सराइं, मणिमय कणंत किंकिणि सराइं।
फुल्ल हर भमिर महुयर उलाइं, टण टण टणंत घंटा उलाइं ॥

कवि ने उपमा, उत्प्रेक्षा, रूपक के साथ विरोधाभास अलंकार का सुन्दर प्रयोग किया है। विरोधाभास का उदाहरण निम्नलिखित उद्धरण में देखा जा सकता है। कवि वैजयन्ती नगरी के राजा के विषय में कहता है—

...असिरीहरो वि लच्छी सणाहु।
अफरंदरो वि विबुहयणह इट्ठु,
अकुमारु वि जो सत्ती पयासु, वंधव परियण परिपूरियासु।
आदिसागउ वि अणवरय दाणु, अदिणेसु वि उग्गपयाव थाणु ॥

कथाकोश

कथाकोश श्रीचन्द कृत 53 सन्धियों की रचना है। हर सन्धि में एक कथा इसकी विशेषता है। ये सब कथाएँ धार्मिक एवं उपदेशप्रद हैं। राजा श्रेणिक, मगध देश, पाटलिपुत्र और राजगृह से सम्बद्ध अनेक कथाएँ इसमें संगृहीत हैं। इस कथा में पशु-पक्षी भी पात्र रूप में प्रयुक्त हुए हैं। यथा—

मगहा मंडल पय-सुहयरम्मि, पयपालु राउ पायलि पुरम्मि।
तत्थेव एक्कु कोसिउ उयारि, निवसइ मायावि गोउर-दुवारि ॥1॥
स कयाइ रायहंसह समीवु, गउ विहरमाणु सुर सरिहे दीवु।
एक्केण तथ्य कय-सागएण, पुच्छिउ हंसे वयसागएण ॥2॥
भो भित्त, तं सि को कहसु एत्थु, आऊमि पएसहो कहो किमत्थु।
धयरट्ठहो वयणु सुणेवि, घूउ, भासइ हउँ उत्तम कुल पसूउ ॥3॥
कय-सावाणुग्गह-विहि-पयासु, आयहो पहु पुहइ मंडलासु।
वसवत्ति सण्व सामंत-राय, महुं वयणु करंति कयाणु राया ॥4॥
कीलाइ भमंतउ महिपसत्थ, तुम्हइं निएवि आऊमि एत्थ।
इस वयणहिं परिऊसिउ मरालु, विणएण पयंपि उमह विसालु ॥5॥

अर्थात् मगध देश के सुखकर एवं सुन्दर पाटलिपुत्र नगर में प्रतिपाल नामक एक राजा था। वहीं एक उजड़े गोपुर द्वार में एक मायावी उल्लू रहता था। वह एक बार विहार करता हुआ सुरसरि द्वीप में राजहंसों के पास गया। वहाँ एक वयोवृद्ध हंस ने उसका स्वागत किया और पूछा—हे मित्र तुम कौन हो? कहाँ से आये हो? किसलिए आये हो? हंस के वचन सुन उल्लू बोला—मैं उत्तम कुल में उत्पन्न हुआ हूँ। मुझ पर सबका अनुग्रह है। मैं राजा के पास से आया हूँ। सब सामन्त मेरे वशवर्ती हैं और वे मेरे प्रति प्रेम से मेरा ही कहा करते हैं। क्रीड़ा से भ्रमण करता हुआ, राजाओं के साथ, मैं भी यहाँ तुम्हारे पास आ गया। इन वचनों को सुन हंस प्रसन्न हुआ और वह उसके पैरों में गिर पड़ा। अनन्तर उल्लू ने अपना मायावी रूप प्रकट किया।

इन सब कथाओं का उद्देश्य मनुष्य-हृदय में निर्वेद भाव जाग्रत कराना है।

पदयोजना संस्कृत और प्राकृत के अनुरूप है। यद्यपि कवि ने छन्दों में संस्कृत के वर्णवृत्तों का भी प्रयोग किया है किन्तु इस प्रयोग में कवि की नवीनता झलकती है। यथा—

"विविह रस विसाले। णेय कोऊ हलाले।
ललिय वयण माले। अत्थ संदोह साले।

भुवण-विदिद-णामे। सव्व-दोसो वसामे।
इह खलु कह कोसे। सुंदरे दिण्ण तोसे ॥"

यह संस्कृत का मालिनी छन्द है।

रत्नकरण्ड-शास्त्र

यह भी श्रीचन्द कवि का 21 सन्धियों में लिखा काव्य-ग्रन्थ है। इसमें भी कथा कोश के समान अनेक उपदेश-प्रधान धार्मिक और नैतिक कथाएँ प्रयुक्त हुई हैं। यह स्वामी सामन्त भद्र की सुप्रसिद्ध कृति 'रत्नकरण्डश्रावकाचार' का विस्तृत व्याख्यान है। यह एक आचार-ग्रन्थ है। इसमें मंगलाचरण के पश्चात् 24 तीर्थंकरों का स्तवन है। छन्द प्रयोग में कवि ने पद्धड़िया छन्द को प्रमुखता प्रदान की है।

स्थूलिभद्र-कथा

यह सोमप्रभाचार्य कृत एक छोटी-सी कथा है। इसमें कवि ने ब्रह्मचर्य व्रत कथा का माहात्म्य चित्रित किया है।

पाटलिपुत्र नगर में नवम चन्द्र राजा राज्य करता था। उसका शकटार नामक मन्त्री था। मन्त्री के ज्येष्ठ पुत्र का नाम स्थूलिभद्र था। स्थूलिभद्र अतीव सुन्दर रूपवान् युवक था। एक बार बसन्त समय में, जब सर्वत्र उल्लास छाया हुआ था, स्थूलिभद्र कोशा नामक वारवनिता के प्रासाद में गया। गवाक्ष स्थित परम सुन्दरी कोशा को देखकर स्थूलिभद्र मुग्ध हो गया और उसे ऐसा प्रतीत हुआ—

"रयणालंकिय-सयल-तणु उज्जल-वेस-विसिठ्ठ।
नं सुर-रमणि विमाण-गय लोयण विसइ पविठ्ठ" ॥7॥

मानो विमान-स्थित कोई सुर-रमणी उसकी आँखों के आगे आयी हो। उसके अंग-प्रत्यंग की सुषमा से स्थूलिभद्र का हृदय विचलित हो उठा—

निम्मल-मुत्तिय-हार मिसि रइय चउक्कि पहिट्ठु।
पढमु पविट्ठउ-हिय तसु पच्छा भवणि पविठ्ठु ॥13॥

उसके भवन में प्रवेश करने से पूर्व ही वह उसके हृदय में प्रवेश कर गया। इस प्रकार बारह वर्ष तक स्थूलिभद्र कोशा के साथ भोग-विलास में लीन रहा।

शकटार की मृत्यु के पश्चात् मन्त्री बनाने की समस्या सामने आयी।

स्थूलिभद्र की विलासिता और आचरण के कारण उसके भाई श्रीपक को मन्त्री पद का सन्देश मिला। किन्तु बड़े भाई के रहते, उसकी अनुमति के बिना छोटे भाई ने मन्त्रिपद स्वीकार करने में आपत्ति की। तब स्थूलिभद्र के पास राजा का आमन्त्रण पहुँचा। आमन्त्रण मिलने पर स्थूलिभद्र कोशा के रंगभवन से बाहर निकला और एक उद्यान में जाकर ध्यानमग्न हो गया। यहीं उसे सांसारिक जीवन से विरक्ति होती है। वह मन्त्री पद छोड़कर आचार्य संभूति विजय से जैन धर्म में दीक्षा लेकर कठोर तपस्या में लीन हो जाता है। कालान्तर में चतुर्मास में कोशा के घर वह पुनः आया, पर कोशा का सौन्दर्य, तीक्ष्ण कटाक्ष उस पर कोई असर न डाल पाये। फलस्वरूप वह अखण्ड-ब्रह्मचर्य का आदर्श बन जाता है। ब्रह्मचर्य के माहात्म्य वर्णन के साथ ही कथा समाप्त हो जाती है।

कृति में सरस और सुन्दर वर्णन उपलब्ध होते हैं। प्रकृति और मानव दोनों का अनुपम से वर्णन किया गया है। वसन्त का वर्णन करता हुआ कवि कहता है—

"अह पत्तु कयाइ वसन्त समओ,
संजणिय-सयल-जण-चित्त-पमओ,
उल्लासिय-रूक्ख पवाल-जालु,
पसरंत-चारु-चच्चरि व्व मालु ॥1॥
जहिं वण-लय-पयडिय-कुसुम-वरिस,
महु-कंत सभागय जणिय हरिस।
पवमाण-चलिर-नव-पल्लवेहिं,
नच्चंति नाइ कोमल करेहिं ॥2॥
नव-पल्लव-रत्त-असोअ-विडवि,
महु-लच्छिहि सउं परिणयणु घडवि।
जहिं रेहहिं नाइ कुसुंभरत्त,
वत्थेहिं नियंसिय सयल गत्त ॥3॥
हसइ व्व फुल्ल-मल्लिय-गणेहिं,
नच्चइ व्व पवण-वेविर-वणेहिं।
गायइ भमरावलि रविण नाइ,
जो सयमवि मयणुम्मत्तु भाइ" ॥4॥

वर्णन में स्वाभाविकता है। प्रकृति में चेतना अनुप्राणित करते हुए कवि ने चराचर में बसन्त के प्रभाव की व्यंजना की है।

कवि कोशा का सौन्दर्य वर्णन करता हुआ कहता है—

"जसुवयण विणिज्जउ णं ससंकु।
अप्पाणु निसिहिं दंसइ ससंकु।

जसु णयण-कंति-जिय-लज्ज-भरिण,
वण-वासु पवन्नय नाइ हरिण ॥8॥
जसु सहहिं केस-घण कसण-वन्न,
नं छप्पय मुह पंकय पवन्न।
भवणिक्क-वीर-कंदप्प-धणह,
सुंदरिम विडंबहि जासु भमुह ॥9॥
जसु अहर हरिय-सोहग्ग-सारु,
नं विद्दुम सेवइ जलहि खारु।
जसु दंतपंति सुंदेरु रुंद,
नहु सीओसहं तु वि लहइ कुंदु ॥10॥
असणंगुलि पल्लव नहपसूण,
जसु सरल भुयाउ लयाउ नूण।
घण-पीण-तुंग-थण-भार-सत्तु।
जसु मज्झु तणुत्तणु नं पवत्तु" ॥11॥

उपर्युक्त अंशों में कवि ने कोशा के मुख से चन्द्रमा को पराजित और रात को संशकित दिखाया है। केश, नेत्रों, भृकुटि, अधरों, सघन उत्तुंग स्तम्भ भार के साथ कटि का वर्णन ही नहीं, अपितु समूचे नख-शिख का वर्णन हमें यहाँ दिखाई देता है।

इस वर्णन में प्राचीन परम्परा का अनुकरण है। भाषा सामासिक और साहित्यिक है। छन्दों में रड्डा, पद्धड़िया और धत्ता की ही प्रधानता है।

छक्कम्मोवएस (षट्कर्मोपदेश रत्नमाला)

14 सन्धियों में रचित यह अमरकीर्ति की रचना है। इसमें कवि ने गृहस्थ धर्म का उल्लेख करते हुए गृहस्थों के लिए छः प्रकार के कर्तव्यों का उल्लेख किया—देवपूजा, गुरुसेवा, शास्त्रसेवा, संयम, तप और ध्यान। इन कर्तव्यों के अनुपालन हेतु अनेक प्रकार की कथाओं का संयोजन है। धार्मिक तत्त्व और उपदेशों की प्रधानता के कारण इसमें काव्य सौन्दर्य का अभाव है। षट्कर्म का माहात्म्य बताते हुए कवि कहता है—

"छक्कम्मिहिं सावउ जाणिज्जइ, छक्कम्मिहिं दिणदुरिउ विलिज्जइ।
छक्कम्मिहिं सम्मत्तु वि सुज्झइ, छक्कम्मिहिं घरकम्मि ण मुज्झइ।
छक्कम्मिहिं जिणधम्मु मुणिज्जइ, छक्कम्मिहिं णरजम्मु गणिज्जइ।...
छक्कम्मिहिं वसि जायहिं णरवर, छक्कम्मिहिं देववि आणायर।
छक्कम्मिहिं वंछिउ संप्पज्जइ, छक्कम्मिहिं सुरदुंदुहि वज्जइ।
छक्कम्मिहिं उप्पज्जइ केवलु, छक्कम्मिहिं लब्भइ सुहु अवियलु।

अणुवयरयण-पईउ (अणुव्रतरत्न-प्रदीप)

कवि ने इसे महाकाव्य कहा है। पर यह महाकाव्य की कसौटी पर खरा नहीं उतरता। इसके रचनाकार लक्खण (लक्ष्मण) माने जाते हैं। इस ग्रन्थ में कवि ने श्रावकों के पालन करने योग्य व्रतों और गृहस्थ धर्म का उल्लेख किया। विषय प्रतिपादन के लिए अनेक कथाओं का आश्रय लिया गया है। धार्मिक प्रवचनों की प्रधानता कवि को कविता से दूर करती है। श्रेष्ठ कल्पना, अलंकार का सुन्दर संयोजन, चमत्कार का अभाव है। निम्नलिखित अंश इस बात का समर्थक है, जिसमें कवि ने अपनी धार्मिक भावना के अनुकूल रानी की उपमा पार्वती से की है। यह श्रृंगारिक वर्णन के स्थान पर रानी के सद्गुणों का बखान है–

गंगा तरंग कल्लोल माल समकित्ति भरिय ककुहंतराल।
कलयंठि कंठ कल महुर वाणि गुण गरुव रयण उप्पत्ति खाणि।
अरि राय विसह संकर हो सिट्ठ सोहग्ग लग्ग गोरि ण्व दिट्ठ।

इसके अतिरिक्त प्रो. हीरालाल जैन, अगरचन्द नाहटा और कामता प्रसाद जैन ने निम्नलिखित कथा-ग्रन्थों का उल्लेख किया है–

प्रो. हीरालाल जैन ने निम्नलिखित दस कथा ग्रन्थों का निर्देश किया है :

1. सुअंध दसमी कहा
2. रोहिणि विधान कथा
3. मुक्तावलि विधान कथा
4. अनन्त व्रत कथानक
5. निर्दोष सप्तमी कथानक
6. पाश पइ कहा
7. जिन पुरन्दर कथा
8. उद्धरण कथा
9. जिन रात्रि विधान कथानक
10. सोलह कारण जयमाल

ये दस अपभ्रंश ग्रन्थ उत्तर प्रदेश के जसवन्त नगर में एक जैन मन्दिर में सुरक्षित 37 संस्कृत प्राकृत हस्तलिखित ग्रन्थों के साथ मिले। इनमें से प्रथम दो, दो-दो सन्धियों के हैं शेष सब इन से भी छोटे हैं। रोहिणि विधान कथा के रचयिता देवनन्दि मुनि हैं। अन्यों के विषय में कुछ ज्ञात नहीं।

सुअंध दसमी कहा का एक उद्धरण देखिए–

"जिण चउवीस णवेप्पिणु, हियइ धरेप्पिणु, देवत्तहं चउवीसहं।
पुणु फलु आहासमि, धम्मु पयासमि, वर सुअन्ध दसमिहिं जंहं।

पुच्छिउ सेणिएण तित्थंकरु, कहहि सुअंध दसमि फलु मणहरु।
भणइं जिणिंदु णिसुणि अहो सेणिय, भव्वरयण गुणरयणि णिसेणिय ॥''

रोहिणि विधान कथा का एक उद्धरण देखिए–

''जिणवरु वंदेविणु, भाउ धरेविणु दिण्ववाणि गुरु भत्तिए।
रोहिणि उववासहो, दुरिय विणास हो, फलु अक्खमि णिय सत्तिए ॥

श्री अगरचन्द नाहटा ने निम्नलिखित दिगम्बर जैन व्रत कथाओं का निर्देश किया है–

गुणभद्र लिखित पुष्पांजलि, आकाश पंचमी, चन्दन षष्ठि और दुधारसी।

पं. परमानन्द जैन ने निम्नलिखित कथाग्रन्थों का भी उल्लेख किया है–

1. पुरन्दर विहाण कहा : रचयिता भट्टारक अमरकीर्ति, वि.सं. 1847।
2. णिज्झर पंचमी विहाण कहाणक : रचयिता विनय चन्द्र। विनय चन्द्र ने चूनड़ी और कल्याणक रासु नामक दो अन्य ग्रन्थ भी लिखे।
3. णिद्दुह सत्तमी कहा : रचयिता विनय चन्द्र के गुरु मुनि बालचन्द्र।
4. जिनरत्ति कहा : दोनों के कर्त्ता यशःकीर्ति हैं। यह यशःकीर्ति वही हैं
5. रविबउ कहा : जिन्होंने हरिवंश पुराण और पाण्डव पुराण की भी रचना की थी।
6. अणथमी कहा : इसमें रयधू ने रात्रि भोजन के दोषों और उनसे उत्पन्न होने वाली व्याधियों का उल्लेख किया है।
7. पुण्णासव कहा : रयधू ने पुण्य का आश्रव करनेवाली व्रत कथाओं का तेरह सन्धियों में वर्णन किया है।
8. अणथमी कहा : हरिचन्द लिखित 16 कडवकों की कथा।
9. सोखवई विहाण कहा : रचयिता विमलकीर्ति।
10. सुअंध दसमी कहा : रचयिता देवदत्त।
11. रवि वउ कहा :
12. अणंत वय कहा : दोनों के रचयिता मुनि नेमिचन्द्र हैं।

श्री कामता प्रसाद जैन ने विनय चन्द्र कृत 'उवएस माल कहाणय छप्पय' का भी उल्लेख किया है। रचना छप्पय छन्द में है। एक उदाहरण देखिए–

''इणि परि सिरि उवएसमाल सु रसाल कहाणय,
तव संजम संतोस विणय विज्जाइ पहाणय।
सावय सम्भरणत्थ अत्थपय छप्पय छन्दिहिं,
रयण सिंह सूरीस सीस पभणइ आणंदिहिं।
अरिहंत आण अणुदिण उदय, धम्मल मत्थयू हउं।
भो भविय भत्तिसत्तिहिं सहल सयल लच्छि लीला लहउस ॥

यह पहले ही स्पष्ट किया जा चुका है कि भविसयत्त कहा (धनपाल) एक दूसरी श्रेणी की रचना है। पर यह रचना भी अपभ्रंश की कथा-काव्य-परम्परा का ही अंग है। हाँ, थोड़ी भिन्न अवश्य है। निश्चय ही 'भविसयत्त कहा' की चर्चा के बिना यह चर्चा अधूरी रहेगी।

भविसयत्त-कहा (भविष्यदत्त-कथा)

कवि धनपाल ने भविसयत्त कहा लिखकर परम्परागत ख्यातकृत नायक की पद्धति को तोड़ा है। इस कथा में आदर्श और यथार्थ का मिश्रित चित्रांकन हुआ है। लौकिक कथा की भाँति इसमें भी श्रुत पंचमी व्रत के माहात्म्य को उद्‌घाटित किया गया है। भविष्यदत्त को साधारण मनुष्य के रूप में प्रस्तुत करने का कवि-प्रयास सफल रहा है। भविष्यदत्त की व्याकुलता का एक दृश्य द्रष्टव्य है। यहाँ भविष्यदत्त की स्थिति अत्यन्त कारुणिक है। यह अभिव्यक्ति साधारण मनुष्य की मनोदशा को उसकी व्याकुलता के साथ अभिव्यक्ति प्रदान करने में पूर्णतया सक्षम है–

> गये णिप्फलं ताम सव्वं वाणिज्जं हुवं अम्ह गोत्तम्मि लज्जावणिज्जं।
> ण जत्ता ण क्तिं ण मितं ण गेहं ण धम्मं ण कम्मं णजीयं ण देहं
> ण पुत्तं कलत्तं ण इट्ठं पि दिट्ठं गयं गउउरे इरदेसे पइट्ठं।
> खयं जाइ नूणं अहम्मेण धम्मं विणट्ठेण धम्मेण सव्वं अकम्मं।

भविष्यदत्त के व्यक्तिगत स्वभाव को उभारते हुए कवि ने कहीं भी उसके जातिगत स्वभाव की उपेक्षा नहीं की है। इस कथा में कवि ने नायक को न तो प्रेमासक्त रूप में देखा है और न भक्त रूप में अपितु एक नयी सर्जना करते हुए उसे कर्म के प्रति सजग व्यक्तित्व के रूप में प्रस्तुत किया है।

पुत्र वियोग में अथवा पुत्र के बिछुड़ने मात्र की आशंका से माँ की क्या स्थिति होती है उसकी मनोदशा किस प्रकार की हो जाती है यदि इन सबको कहीं 'सूक्ष्म रूप में' देखना है तो हमें भविष्यदत्त की माँ कमलश्री के चित्रण को पढ़ना होगा। रचनाकार धनपाल का यह चित्रण जहाँ उनकी कुशलता का परिचायक है वहीं उनके मनोवैज्ञानिक विश्लेषक व्यक्तित्व का भी साक्षी है। धनपाल माँ के हृदय में गहरे पैठकर सूक्ष्म-से-सूक्ष्म मनोभावों की अभिव्यक्ति कर देते हैं। निम्नलिखित अंश मेरे इस कथन का प्रमाण है–

> हा हा पुत्त उक्कंठियइं घोरंत रिकालिशरिट्ठियइं
> को पिक्खिवि मणु अब्भुद्दराभि महि विवरू देहि जिबइसरभि
> हा पुव्वजम्मि किउ काइं मइं णिहि दंसहि जं णयणइं हथइं।

एक माँ पुत्र के साथ संयोगावस्था में किस प्रकार की भावना से आपूर्ण है तथा उसी माँ की पुत्र-वियोग में क्या स्थिति होती है? यदि इसका तुलनात्मक चित्र और मनोहारी झाँकी देखनी है तो धनपाल की भविसयत्त कहा में हमें यह रूप दिखाई देगा।

अपनी इस कृति में कवि ने नायक के सद्‌गुणों का विकास प्रेमजन्य या भक्तिजन्य रूप में न दिखलाकर उसकी कर्म भावना में प्रदर्शित किया है।

(ग) प्रेमाख्यानक काव्य

प्रेमाख्यानक एक समस्त पद है। प्रेम के लिए प्रेमाख्यानक शब्द का प्रयोग आधुनिक आलोचकों की ही देन है। प्रेमाख्यानक में दो तत्त्व समाहित हैं—प्रेम और आख्यान। प्रेम से तात्पर्य वर्ण्य से है और आख्यान का अर्थ है--माध्यम। दूसरे शब्दों में प्रेम उनकी आत्मा एवं आख्यान को शरीर कहा गया है। जैनियों में ये प्रेमाख्यानक काव्य कहीं गाथा-बद्ध रूप में तो कहीं धार्मिक कथाओं के रूप में मिलते हैं। परन्तु सभी प्रेमकथाओं में परिचित साहसपूर्ण प्रेमकथाओं को ही अधिक स्थान मिला है।

जैन प्रेमाख्यानक रचनाओं में जैन धर्म में निहित साधनाओं के महत्त्व तथा कर्मवाद के प्रभावों पर महत्त्व दिया गया है। जिसमें प्रत्येक आख्यानक में एक प्रधान कथा के साथ अनेक उपकथाएँ साथ-साथ चलती हैं। अन्त में परिणाम मुख्य कथा के ही अनुकूल निकलता है। कभी-कभी ऐसा होता है कि जो कथा देखने में सीधे-सादे ढंग में रहती है वही जैनियों के यहाँ धर्म का आवरण पहनकर एक अद्‌भुत रूप धारण कर लेती है जो बहुत ही मार्मिक और आकर्षक होता है।

मोटेतौर से इन प्रेमाख्यानक काव्यों के भी दो रूप हो सकते हैं—प्रथम वह हैं जिसमें श्रेष्ठ चरित्रों के गम्भीर पक्ष का भी ध्यान रखा गया है और कहीं-कहीं आध्यात्मिकता को जीवन के महत्त्वपूर्ण अंग के रूप में महत्ता दी गई है। दूसरे पक्ष के अन्तर्गत प्रेम की कठिनतम परीक्षा देते हुए अन्त में प्रेमी-प्रेमिका के सुखपूर्ण संयोग का चित्रण हुआ है। प्रेमाख्यानक परम्परा की कतिपय महत्त्वपूर्ण कृतियों का विवेचन अग्रवर्णित है—

पउमसिरि-चरिउ

घाहिल द्वारा रचित यह काव्य एक ओर चरित काव्य की परम्परा में अपनी महत्त्वपूर्ण भूमिका रखता है तो दूसरी ओर प्रेमाख्यानक काव्यों में भी अग्रणी है। इसमें सम्पूर्ण प्रेमकथा को धार्मिकता के झीने आवरण में प्रस्तुत किया गया है।

इसकी कथा का केन्द्र मध्यदेश का बसन्तपुर है जिसमें जितशत्रु नामक राजा थे। उसी राज्य में एक सेठ भी था जिसके दो सन्तान थी, धनावह नामक पुत्र और धनश्री नामक पुत्री थी। धनश्री युवावस्था में विधवा होने के कारण भाई के साथ ही रहती है। उसके सात्विक विचारों और तपोमय जीवन को देखकर उसकी भाभी को उससे ईर्ष्या हो जाती है जिससे आपस में कलह होता है। इसी प्रकार जीवन व्यतीत करते हुए वे लोग मृत्यु के पश्चात् दूसरी योनि को प्राप्त होते हैं। धनश्री, पद्मश्री के नाम से रानी शीलवती के यहाँ जन्म लेती है और बाद की दूसरी कथा पद्मश्री के जन्म से लेकर युवावस्था का चित्रांकन है। पूर्वजन्म के संस्कार के कारण पद्मश्री का समुद्रगुप्त से प्रेम होता है तथा पुनः विषाद भी होता है और वह दुःखी और जीवन से विरक्त ज्ञानाग्नि से कर्मों का दाह कर धर्मोपदेश करती हुई मोक्ष को प्राप्त होती है। यह सम्पूर्ण कथा धार्मिकता के पुट में है यदि इसका धार्मिक आवरण हटा दिया जाए तो पूरी प्रेमकथा सीधे-सीधे सामने आ जाती है।

काव्यात्मक दृष्टि से कथानक को और अधिक आकर्षक बनाने में काव्य विधाओं का प्रयोग सहायक सिद्ध हुआ है।

कथा में रतिभाव की प्रधानता होने के कारण शृंगारिकता ही झलकती है। विवाह के वर्णन में, उसकी धूमधाम, सजावट आदि से तत्कालीन वैवाहिक स्थिति का चित्रण मिलता है। पूर्वानुराग का विवाह रूप में परिणत होना तत्पश्चात् वियोग के कारण होने वाली व्याकुलता का भी स्वाभाविक चित्रण कवि ने किया है। शृंगारिक वर्णन स्थलों पर कवि की रचना-वैविध्यता देखते बनती है। पद्मश्री में प्रेमभाव उत्पन्न होने पर धनदत्त में अमर्ष भाव की व्यंजना भी अभीष्ट है। संयोग के साथ वियोग की वेदनानुभूति से विक्षुब्ध हृदय का अंकन भी आकर्षक है।

एक स्थल पर कवि ने पद्मश्री के सौन्दर्य का वर्णन किया है—

> रूइ रूओहामिणि सुंदर कामिणि नवजोवण-सज्जिय रहहु।
> खंडिय सुर-दप्पहु गुरु महाप्पहु हत्थि भल्लि न वम्महु ॥

अर्थात् रति के रूप का उपहास करनेवाली वह सुन्दरी नवयौवन रूपी सज्जित रथ वाले देवताओं के दर्प को खण्डित करने वाले अतिशय महात्म्य वाले कामदेव के हाथ में मानो भाले के समान थी।

वियोग वर्णन में भी कवि नहीं चूका। एक स्थल का वर्णन बहुत ही मार्मिक है—

> अच्छेइ वाल जिह वुन्न हरिणि, नर कलुणइं? झत्ति विहाइ रयणि
> पउमसिरि सरीरह जेम्ब कंति, णक्खत-निवह नयहलि गलंति
> इंदिय-सुहं व नासइ तमोहु, कुक्कुडउ-रउ पसरइ नाइ मोहु।
> गयणे विचंदु विच्छाउ जाउ, सोये विव विइंयश चक्रकवा

नयणा इव कुमुयइँ संकुयंति, आसा इव दीइउ दिसउ होंति।
उग्गमइ अरुणु संताउ नाइ, रवि बुद्धि जेम्ब निसि खयहु जाइ

धत्ता–

हरिसो इव निग्गउ कुमरू संदेसहु पट्ठियउ।
दोहग्गु जेम्ब पर वालहि उयलि? मही यलि सँठियउ।

अर्थात् वह वाला दुःखिनी हरिणी के समान थी। जैसे पद्मश्री के शरीर में से वैसे ही आकाश में से चन्द्र नक्षत्र की कोटि लुप्त हो गई। मोह मुर्गों के शब्द के समान फैलने लगा। आकाश में चन्द्र समान वह निस्तेज हो गई। जिस प्रकार उसका शोक बढ़ता जाता उसी प्रकार चक्रवाक का आनन्द उसकी आँखों के समान कुमुद संकुचित होने लगे। जिस प्रकार से उसकी आशा दीर्घ हुई उसी प्रकार दिशाएँ दीर्घ हो गयीं। उसके सन्ताप के समान सूर्य उदित हुआ। ज्यों-ज्यों दिन बढ़ता या बीतता जाता है विरहिणी रात्रि की भाँति छिपती जाती है।

प्रकृति चित्रण भी संयोग और वियोग के अनुसार ही रूप लेता गया है और वर्णन के अनुसार बिम्ब और प्रतिबिम्ब भाव से भी अंकित की गयी है। प्रकृति-वर्णन में कहीं-कहीं उपदेश भावना भी मिलती है। सूर्योदय का वर्णन देखें–

परिगलय रयणि उग्गमिउ भाणु उज्जोइउ माजिझम भुयण भाणुं
विच्छाय कति ससि अत्थमेइ सकलंकह किं थिरू उदउ होई ॥
मउलंति कुमुय महुयर मुयंति थिर नेहमा लिण किं कह विहुंति।

अर्थात् रात बीत गई सूर्य उदित हुआ...मन्द कोटि वाला चन्द्रमा अस्त हो रहा है। कलंकित का उदय क्या स्थिर रह सकता है? कुमुद मुकुलित हो रहे हैं। मधुकर उन्हें छोड़ उड़ रहे हैं–क्या मलिन कालें कहीं स्थिर प्रेमी होते हैं।

प्रायः रचना अपने समाज का प्रतिबिम्ब होती है। उसमें तत्कालीन परिवेश का चित्रण होता है। इस कृति के अध्ययन से भी उस समय की झलक मिलती है। उस समय समाज में बहु विवाह की प्रथा थी। समुद्रगुप्त का पद्मश्री को परित्याग कर कान्तिमति से विवाह करना इस बात का स्पष्ट प्रमाण है। दूसरी ओर समुद्रगुप्त का विवाह करने के समय हाथी पर चढ़कर आना (2.20) विवाह के समय वधू का श्वेत वस्त्र पहनना तथा विवाह के समय स्त्रियों का नाच-गाना उस समय के पारम्परिक परिधानों तथा उत्सवों की झलक प्रस्तुत करता है।

प्रेमाख्यानक काव्य की यह परम्परा आगे चलकर हिन्दी साहित्य में अपने पूर्ण रूप में मिलती है। इतिहास और कल्पना का समन्वय कर हिन्दी कवियों ने इस परम्परा को एक नया रूप दे दिया है। इस प्रेम-कथा को और भी रुचिकर बनाने के लिए चमत्कार और रहस्यमयी घटनाओं की भी सहायता ली गई है। हिन्दी साहित्य की प्रेमाख्यानक परम्परा में कई मुख्यतः प्रेमाख्यानक काव्य आते हैं।

जैसे—जायसी कृत पद्मावत, चतुर्भुजदास कृत मधुमालती, गणपति कृत माधवानल काम कन्दला, और ढोला मारूरा दोहा आदि। इनमें अपभ्रंश साहित्य की प्रेमाख्यानक रचनाओं का पूरा-पूरा कलेवर मिलता है। इतना सब होते हुए भी ये रचनाएँ महाकाव्य या प्रबन्धकाव्य की परम्परा में नहीं रखी गयी हैं। महाकाव्यों के लिए अपेक्षित महाकाव्यात्मक रचनाओं की जटिलता और भव्यता, वर्णनों की उत्कृष्टता और फिर एक सुसम्बद्ध प्रबन्ध पटुता इन प्रेमाख्यानों में नहीं प्राप्त होती। अपभ्रंश से लेकर हिन्दी तक जितनी प्रेमकथा मिलती है वे सब कल्पना पर ही आधारित है।

(घ) जैन कवियों द्वारा रचित रहस्यवादी काव्य

रहस्यवादी काव्यधारा भारतीय वाङ्मय की विशिष्टता रही है। जैन-धर्म में भी अन्य भारतीय धर्मों के समानान्तर यह रहस्यवादी चेतना प्रवाहित होती रही है जिसका प्रभाव हिन्दी की भक्तिकालीन धारा में सहज ही दिखता है। जैन धर्म में भी एक रहस्यवादी चेतना थी और यह एक विशिष्ट चेतना थी। अपभ्रंश में इस धारा का बहुत अधिक साहित्य नहीं मिलता परन्तु काल के क्रूर पंजों से बचकर जो सुरक्षित रह सका है, वह निःसन्देह विशिष्ट है।

हिन्दी का निर्गुण सन्त साहित्य कबीर की रहस्यवादी हृदयतन्त्री से झंकृत है, किन्तु इसकी स्वरलिपियों के निर्माता अभी तक रहस्यवादी बौद्ध सिद्धों के प्रभावों का ही संयोग बिठा पाये हैं। कबीर, दादू आदि सन्तों के साहित्य में जो निरंजन, सुरति, निरति, प्रेम पीड़ा और आत्मनिवेदन यहाँ तक कि बाह्याडम्बर विरोध और रूढ़ि खण्डन की प्रवृत्तियाँ हैं वे भी जैन रहस्यवादी अपभ्रंश कवियों से केवल जुड़ी ही नहीं अपितु जैन कवियों के भावों का विकासमात्र है। मुनि रामसिंह इस लोकभाषा के व्यक्त रहस्य चेतना के स्वप्नद्रष्टा महान पुरोधा थे।

रहस्यवाद शब्द सदैव से ही आलोचकों के विवाद का विषय रहा है। रहस्यवाद अपने आप में ऐसा शब्द है जिसकी केवल अनुभूति की जा सकती है। इसे शब्द से नहीं व्यक्त किया जा सकता है। इसके अन्तर्गत आत्मा परमात्मा का निगूढ़ सम्बन्ध आता है जो कि एक रहस्य ही है और इस सम्बन्ध को स्थापित करना रहस्यवाद है। एवालिन अण्डरहिल ने इस रहस्यवाद को प्रेम पद्धति माना है। उनके अनुसार यह छिछला राग अथवा संवेग नहीं है वरन् प्राणमयी धारा है। अन्तर्विरोधों से छिपा परमतत्व केवल प्रेम से ही प्राप्त है, न वह तर्क से श्रेय है और न विचार-गम्य है।

जैन-धर्म में रहस्यवाद के प्रवर्तक के रूप में ऋषभदेव सामने आते हैं। प्रो. रानाडे ने इन्हें प्रवर्तक रूप में स्वीकारा है।

रहस्यवाद से सम्बन्धित रचनाएँ हमें दो रूपों में प्राप्त होती हैं जैन मुनियों द्वारा लिखा काव्य और दूसरा सिद्ध कवियों द्वारा लिखा गया काव्य। सिद्ध साहित्य

को भी हम दो रूपों में देख सकते हैं। पहले वे रचनाएँ हैं जिनमें धर्म के सिद्धान्त, मतवाद, तत्त्व आदि का विवेचन हुआ है और दूसरे वे रचनाएँ हैं जिनमें बाह्याडम्बर का खण्डन, तन्त्र-तन्त्र आदि विधि की व्याख्या की गयी है। इन्होंने अपनी रचना का विषय ही रहस्यमयी भाषा, सिद्धान्त, धर्म प्रतिपादन, तन्त्र मन्त्रादि को चुना।

जैन मुनियों ने भक्ति के अन्तर्गत प्रेम और श्रद्धा को प्रधान माना है। इसके लिए परमात्मा से सम्बन्ध जोड़ने के लिए आत्मा को शृंगारिक प्रतिक्रियाओं से होकर भी गुजरना पड़ता है। जैनियों के काव्य में सिद्धों की भाँति अश्लीलता का समावेश नहीं है। नारी पूजा का भी रूप जैनों में मिलता है।

इस प्रकार जैन रहस्यवाद अपनी निजी परम्परा रखता है। इसमें निहित कुछ प्रमुख रहस्यवादी रचनाओं का उल्लेख निम्नतम है। जैन सन्तों ने अत्यन्त सरल आडम्बर हीन भाषा और शैली में अपने साधना-पथ तथा उपदेशों को प्रकट किया है। इस धारा के ज्ञात कवियों में योगिन्दु सबसे प्राचीन हैं।

1. परमात्मप्रकाश (योगिन्दु)

योगिन्द्राचार्य रहस्यवादी काव्य धारा के प्रमुख आचार्य के रूप में सामने आते हैं। इनके द्वारा रचित कृति परमात्मप्रकाश और योगसार है। जोइन्दु ने अपने शिष्य प्रभाकर भट्ट के प्रश्नों की जिज्ञासा को शान्त करने हेतु इस ग्रन्थ की रचना की थी। यह कृति दो महाधिकारों में बँटी हुई है। प्रथम अधिकार में बहिरात्मा, अन्तरात्मा और परमात्मा का स्वरूप विकल परमात्मा और सकल परमात्मा का स्वरूप जीव के स्व-शरीर प्रमाण की चर्चा और द्रव्य, गुण, पर्याय, कर्म निश्चय सम्पन्न दृष्टि, मिथ्यात्व आदि विषय की चर्चा है जो द्वितीय में मोक्ष स्वरूप, मोक्ष फल, मोक्ष मार्ग, अभेद, रत्नत्रय, समभाव पाप-पुण्य की समानता और परम समाधि का वर्णन है।

आत्मा के सम्बन्ध में जोइंदु का मानना है कि यह सर्वगत है, जड़ भी है, चेतन भी है, प्रमाण भी है और शून्य भी है और यह देह उस आत्मा से भिन्न है परन्तु भिन्न होते हुए भी वह परमात्मा इसी देह में स्थिर है। जो साधक परम समाधि में स्थित इस देह और आत्मा को भिन्न देखता है वही सच्चा पण्डित है–

देहं विभिण्णउ णाणमउ जो परमप्पु णिएइ।
परम समाहि परिट्ठिपउ पंडिउ सो जि हवेइ ॥

कवि ने उस अन्तःस्थित परमात्मा को स्वयं के भीतर ही देखा और अनुभव किया है। इसलिए वे उसे बाहर ढूँढ़ने से मना करते हैं–

अण्णु जि तित्थु म जाहि जिय अण्णु जि गुरुअ म सेवि।

अण्णु जि देउ म चिंति तुहुँ अप्पा वियलु मुएवि ॥

योगिन्दु के पद्यों में आडम्बर हीन सरल वातावरण प्राप्त होता है। ये आत्मा और परमात्मा में कोई भेद नहीं मानते इसमें जो भिन्नता लक्षित होती है वह कर्मों के कारण होती है जिससे यह आत्मा पराधीन रहती है। पर जब इसे अपने सत् स्वरूप का ज्ञान होता है तो स्थिति पलट जाती है और वह स्वयं को परमात्मा जान लेती है। मोक्षमार्ग के लिए कवि ने चित्त की पवित्रता और संकल्पों की शुद्धि को प्रधान माना है और यही मोक्षप्राप्ति का एकमात्र उपाय भी है–

जहिं भावइ तहिं जाहि। जिय जं भावइ करि तंजि।
केम्वइ मोक्खु ण अत्थि पर चित्तहं सुद्धि ण जं ॥

सांसारिक विषयों का जो त्याग करता है उसके क्षणभंगुर आकर्षण में जो न फँसकर उस चिर आनन्द का अनुभव कर लेता है वही कवि को प्रिय है–

संता विसय जु परिहरइ वलि किज्जउँ हउँ तासु।
सो दइवेण जि मुंडियउ सीसु खडिल्लउ जासु ॥

कवि की सम्पूर्ण कृति में सामान्य साधना का भाव प्रकट हुआ है। मोक्ष जैसे अगम्य लक्ष्य को भी कवि ने सहज और सरल ढंग से प्रस्तुत कर प्राप्तव्य बताया है। इसमें कहीं भी धार्मिक संकीर्णता नहीं है अपितु विषयों की निस्सारता तथा जगत को मिथ्या, क्षणभंगुर सुख और कांचन, कीर्ति तथा कामिनी से बचाने का प्रयास किया है।

भाषा की दृष्टि से भी कवि की रचना अत्यन्त सरल और बोधगम्य है। कवि ने अपने उपदेशों को सरल शब्दों, उपमाओं तथा सामान्य जीवन से लिए गए दृष्टान्तों के माध्यम से प्रस्तुत किया है। जैसे–

राए रंगिए हियवडए देउण दीसइ संतु।
दप्पणि मइलए बिबुं जिम एहुउ जाणि णिभंतु।

अर्थात् राग रंजित हृदय में शान्त देव उसी प्रकार नहीं दिखता जिस प्रकार मलिन दर्पण में प्रतिबिम्ब। कवि ने तत्काल ही प्रभाव डालने के लिए समाज में प्रयुक्त लोकोक्तियों का भी प्रयोग किया है–

बहुएं सलिल विरोलियइं करू चोप्पडउ ण होई
(बार-बार पानी मथने से हाथ चिकने नहीं होते)

यथास्थान परसर्ग, छन्द आदि का प्रयोग भी सहायक हुआ है।

योगसार

नामवर सिंह ने योगसार को परमात्मप्रकाश की अपेक्षा अधिक सरल माना है। इसका विषय भी आध्यात्मिक ही है। कवि का उद्देश्य जीव को परमात्म-शक्ति की ओर आकर्षित करना है। इसमें कवि की भाषा और सरल हो गयी है। कवि का किसी भी जाति विशेष के प्रति कोई आग्रह नहीं है। वह तो सामान्य जन को पाप तथा पुण्य दोनों ही कर्मों का त्याग करने का उपदेश देता है। क्योंकि सब दुःखों की जड़ कर्त्तापना होती है फिर चाहे वह अच्छे हों या बुरे। इसलिए कवि इस कर्तापने को ही त्यागने की बात कहता है। अकर्तामय जीवन जीना ही सच में जीना है—तभी मोक्ष है—

पुणिण पावइ सग्ग जिउ पावएं णरयविवासु
वे छंडिवि अप्पा मुखइ तो लब्भमइ सि-थासु

कवि ने सब जीवों में एक ही तत्त्व की प्रधानता मानी है। उसके अनुसार वही एक तत्त्व सबके भीतर है, भले ही ऊपर से सब भिन्न-भिन्न हैं—

सो सिउ संकर विण्हु सो, सो रूद्धवि सो बुद्ध।
सो जिणु इंसरू बंभु सो सो अणंतु सो सिद्धु ॥

योगिन्दु की दोनों रचनाओं का विषय एक ही है इसलिए कहीं-कहीं पुनरावृत्ति भी हुई है। दोहा छन्द में ही उन्होंने रचना की है। कवि की रचना में लोकभाषा का रूप मिलता है। यह कुल मिलाकर 108 छन्दों की छोटी-सी रचना है।

पाहुडदोहा

इस ग्रन्थ का नाम दो सार्थक शब्दों के योग से बना है—पाहुड+दोहा। यहाँ दोहा शब्द जो ग्रन्थ के नाम के साथ दिखाई पड़ता है वह उसके छन्द का द्योतक है। पाहुड का संस्कृत रूप 'प्राभृत' होता है। इसका अर्थ है उपहार या भेंट। डॉ. हीरालाल ने पाहुड़ का प्रभृत अर्थात् उपहार अर्थ मानकर प्रस्तुत ग्रन्थ के नाम का अर्थ 'दोहों का उपहार' किया है। इसके रचयिता रामसिंह जी हैं। कहीं-कहीं इसमें भी मतभेद है। इस कृति में मानवता की स्थापना के नुस्खे भरे पड़े हैं। जो मानव को भौतिक भोग की प्रवृत्ति से निकालकर मानव जीवन की सच्ची मार्मिकता को समझने में सहायक हुई है। और समय-समय पर ऐसे उदारमना चिन्तक कवियों का आविर्भाव हुआ है जो अपनी तेजस्वी वाणी और सत्य की पावन अनुभूति के बल पर समाज में व्याप्त रूढ़ियों, परम्पराओं और

अन्धविश्वासों का विरोध करते हुए सत्य, सरलता की नवोन्मेषशालिनी शक्तियों को विकसित करते हैं। उनके द्वारा अभिव्यक्त दोहे में इसी की अभिव्यक्ति है जो मानवता का आदर्श प्रस्तुत करती है। और ऐसे अंधकारमय जीवन को रास्ता दिखाने वाली प्रकाश की किरण ही गुरु के समान हो जाती है–

गुरु दिणयरू गुण हिमकरणु गुरु दीवउ गुरु देउ।
अप्पापरहं परंपरहं जो दरसावइ भेउ ॥

कवि ने बाह्य तप की अपेक्षा अन्तःकरण की सरलता, शुद्धता और पवित्रता को आवश्यक माना है जिसका अन्तःकरण पवित्र नहीं है वह कितना भी पूजा-पाठ कर ले सब व्यर्थ है–

सप्पि मुक्कि कंचुलिय जं विसु तं ण मुएइ।
भोयहं भाउ ण परिहरइ लिंगग्गहणु करेइ ॥

इसी प्रकार अन्दर से आसक्ति नहीं छूटती तो बाहर वेशभूषा बनाने से कुछ सिद्ध नहीं होगा–

मुंडिय मुंडिय मुंडिया सिरू मुंडिउ चित्तु ण मुंडिया।
चित्तहं मुंडणु जिकियंउ संसार रहं खंडणु तिं कियउ ॥

कबीर ने भी बाह्याडम्बर का ऐसे ही विरोध किया था।

आत्मा द्वारा परमात्मा की स्थिति प्राप्त करने को समरस कहा गया है। इसमें आत्मा-परमात्मा मिलकर एक हो जाते हैं। यही अवस्था समरस कहलाती है–

जो परमप्पा सो जिहउँ जो हउँ सो परमप्प।

यही परम ज्ञान तथा मोक्ष है, क्योंकि ज्ञान ही मोक्ष है–णाणिं मुष्ख न भंति।

कवि की भाषा बोलचाल की अपभ्रंश है जिससे कवि ने अत्यन्त गूढ़ रहस्यों को भी सरल सहज शब्दावली में बताया है। इसका अनुभव साधारण जन भी करने में सक्षम है। डॉ. हीरालाल जैन का कथन है कि–''इनका उपदेश खासकर उन मूर्ख व्यक्तियों के लिए है जो बिना आत्म संयम का अभ्यास किए बिना व बिना आत्म कल्याण के सच्चे मार्ग को जाने ही 'जोगिया' बन जाते हैं।''

इस ग्रन्थ में और परमात्मप्रकाश में पर्याप्त समानता दिखाई देती है। ऐसे दोहे हैं जो सबमें एक ही समान हैं। समरसता का उपदेश, आत्मा परमात्मा की एकता, जरा-मरण से मुक्ति ये सभी उद्देश्य एक ही हैं। गुरु की महत्ता भी

रहस्यवादियों में पाई गई है। पाहुड़ दोहाकार ने तो उन सबको गुरु की संज्ञा दी है जहाँ से उसे गुणग्राही शिक्षा प्राप्त हुई है; जहाँ से उसे जीवन के अँधेरे पक्ष में सत् की रोशनी मिली है। इस प्रकार पाहुड़ दोहा पूर्णतया रहस्यवादी काव्य परम्परा को अपने में समेटे हुए एक सफल उपदेशात्मक कृति है।

वैराग्यसार

यह आचार्य सुप्रभाचार्य द्वारा रचित उपदेश प्रधान रचना है। इसमें 77 पद्यों में वैराग्यपूर्ण वातावरण की ही प्रस्तुति की गई है। ये दिगम्बर जैन थे। कवि ने आरम्भ में ही जगत के सुख-दुःख, हर्ष-विषाद से बचने का एकमात्र रास्ता वैराग्य ही बताया है–

> इक्कहिं धरे बधामषा अणहिं धरि धाहहिं रोविज्जई।
> परमत्थइ सुप्पउ भणइ किम वइरायभाउण किज्जइ ॥

इसमें कवि ने मनुष्य को परोपकार करने के लिए प्रेरित किया है। क्योंकि यही मनुष्य के जीवन में सत्य है। बाकी सारा संसार क्षणिक और सूर्य के समान अस्त होने वाला है। इसमें सब अस्थिर और अपूर्ण हैं। बन्धु-बांधव जितने भी सगे सम्बन्धी हैं सब मरने वाले हैं तो भला इनके लिए धन संचय करने से क्या लाभ?

> जसु काणि धणु संचई पाप करेवि गहीरू।
> तं पिछहु सुप्पउ भणइ, दिणि दिणि गलइ सरीरू ॥

इनके दोहों में माया, ममता के त्याग और वैराग्य सेवन को जीवन सार बताया गया है। इन सरल सहज दोहों के माध्यम से रचयिता उदार साधक के रूप में हमारे सामने आता है जो किसी भी जाति या सम्प्रदाय का पक्षपाती प्रतीत नहीं होता। कवि संस्कृत भाषा का भी ज्ञाता था निम्न दोहे से ज्ञात होता है–

> सुप्पउ वल्लह मरण दिणि। जेम विरचै (विरज्जइ) चित्तु
> सव्वावत्थहं तेम जइ। जिम (4) विव्वाण पहुत्तु (24)

कवि के वर्णन की सबसे बड़ी विशेषता यह है कि उसके प्रत्येक दोहे में अपना नाम दिया है और यही परिपाटी हिन्दी साहित्य में भी 'कहे-कबीर'; 'कहे गिरधर कविराय' के रूप में लक्षित होती है। भावात्मक दृष्टि से ये रामसिंह की परम्परा में आते हैं। पर भाषा का जो परिवर्तनशील रूप दिखाई देता है उसके आधार पर उनका समय 1000 ई. के आसपास ठहरता है।

आनन्दा-आनन्द स्तोत्र

इस कृति का उल्लेख रामसिंह तोमर ने किया है। यह रचना महाणंदि या आनन्द द्वारा 43 पद्यों में मिलती है। इसमें साम्प्रदायिक भेद-भाव से रहित सहज धार्मिकता का निर्देश किया गया है। अन्य उपदेशक ग्रन्थों की भाँति इसमें भी बाह्य कर्मकाण्डों के विरोध के साथ आत्मा की निष्ठा तथा गुरु की महत्ता का वर्णन हुआ है। कवि ने देह को आत्मा का वास-स्थान माना है जिसका उल्लेख सहज कल्पना से साथ चित्रित है—

जिम वइसाणर कट्ठ महिं कुसुमई परिमलु होइ।
तिह देहमइ वसइ जिव आणंदा, विरला बूझइ कोइ।

और उस आत्मा की उपलब्धि गुरु कृपा से ही सम्भव है—

हरि हर वंभु वि सिव णही। मणु बुद्धि लण्खिउ णजाही।
मध्य सरीरहे सो बसइ, आणंदा लीजहिं गुरुहिं पसाई।

इनके दोहों की समानता अन्य रहस्यवादी कवियों से मिलती-जुलती है।

दोहा-पाहुड

यह कृति मुनि महचन्द द्वारा 333 दोहों में रची गई है। इसकी हस्तलिखित प्रति आमेर शास्त्र भण्डार में सुरक्षित है। इसका विषय भी रहस्यवाद ही है। इसमें विषयों की निन्दा, पंचव्रत धारण तथा आत्मा के स्वरूप की व्याख्या की गयी है।

उपर्युक्त काव्य कृतियों के विवेचन से हमें जैनियों के रहस्यवाद की समृद्ध परम्परा का आभास मिलता है। इनकी रचनाएँ सरल और सर्वग्राह्य हैं। आत्मा के गूढ़ रहस्य को इन्होंने सरलतम अनलंकृत भाषा में प्रस्तुत किया है। रस-छन्द, अलंकार के प्रयोग में कोई बाध्यता नहीं है। सहजता से जो प्रयुक्त हो गया है वह ठीक है। आगे परवर्ती काल में यही धारा साधकों की लोक भाषाओं में नाथ-पन्थ, सिद्ध जैनियों, निरंजनी, कबीर पन्थी आदि सभी सम्प्रदायों का स्रोत है। यह सभी सम्प्रदायों में अपने ही अन्तःस्थल में उस अनन्त सत्ता को ढूँढ़ने का उपदेश देती है।

उपदेशात्मक धारा

ये रचनाएँ अधिभौतिक मानी गयी हैं जिसमें सर्वसाधारण के लिए उपदेश, नीति सदाचार सम्बन्धी उपदेश दिए गए हैं। इसमें प्रमुख है—देवसेन कृत सावयधम्म दोहा।

इसमें देवगुरुओं की वन्दना, दुर्जनों की निन्दा, मानव जीवन की दुर्लभता तथा प्रतिपादित धर्म की ओर संकेत है। इस ग्रन्थ की रचना 990 के लगभग हुई थी। ये दिगम्बर आचार्य माने जाते हैं। इनके दोहों में जातिभेद की भावना नहीं है। कवि ने अपनी कृति में सरल चलती भाषा में दैनिक जीवन की दिनचर्या को व्यक्त किया है जिसकी परिपुष्टि दैनिक रहन-सहन के वातावरण से ही हुई है।

उपदेश रसायन रास

यह जिनदत्तसूरि की उपदेश प्रधान धार्मिक कृति रही है। जिनदत्तसूरि संस्कृत, प्राकृत और अपभ्रंश तीनों भाषा के जानकार थे। इनके बचपन का नाम दूसरा था। यह नाम इन्हें मरणोपरान्त दिया गया। इसकी रचना 80 पद्यों में हुई है। इसमें गृहस्थ के विषय में चर्चा है। जीवन लक्ष्य प्राप्त करने में गुरु का माहात्म्य प्रतिपादन इस ग्रन्थ का लक्ष्य है, और वह भी सतगुरु का। इनकी भाषा साहित्यिक पश्चिमी शौरसेनी अपभ्रंश है। अपभ्रंश के अतिरिक्त अन्य भाषाओं में भी इन्होंने रचना की।

कालस्वरूप-कुलक

यह भी जिनदत्तसूरि रचित मानी गयी है। इसका विषय भी मनुष्य के जीवन का उद्धार करना ही है। इसमें मानव कर्तव्यों का पालन करते हुए जीवन्त जीवन व्यतीत करने की प्रेरणा दी गयी है। इसमें उपदेश भरा पड़ा है इसलिए इसे उपदेशकुलक भी कहा जाता है। यह 32 पद्यों की कृति है। जीवन को सत्य धर्म के रास्ते पर अग्रसर करना तभा आदर्शमय बनाना ही इस कृति का एकमात्र उद्देश्य है।

भावना सन्धि प्रकरण

यह जयदेव मुनि कृत 62 पद्यों में रचित एकमात्र प्रकाशित रचना है। इसका उद्देश्य जीवन में नैतिकता और धार्मिकता की भावना को बढ़ावा देना है। सत्कर्मों का विकास, दुष्कर्मों के त्याग और सम्पूर्ण जीवों के प्रति मैत्री भाव के उपदेश से रचना समाप्त हुई है। कहीं-कहीं पाण्डित्यमय भाषा का भी रूप मिलता है। सुभाषितों और वाग्धाराओं का प्रयोग भी यत्र-तत्र मिलता है।

द्वादश भावना

सोमप्रभाचार्य ने इस कृति की रचना धार्मिक उपदेश देने के उद्देश्य से की थी।

इसमें जीवन की क्षणभंगुरता को लक्षित किया गया है जिसमें सारी स्थितियाँ नष्ट होने वाली दिखाई गयी हैं। इससे मुक्ति पाने का एकमात्र रास्ता धैर्य की शरण है। 14 पद्धड़ियों में इसकी रचना हुई है।

संयम-मंजरी

35 दोहों में रचित यह रचना जीवन संयम की महत्ता से युक्त महेश्वर सूरि की लघु कृति है। इसमें जीवन संयम और सुजागी से व्यतीत करने का परामर्श है। इसमें मानव जीवन में 17 प्रकार के संयम का उल्लेख है।

चूनड़ी

यह कृति भट्टारक विनयचन्द्र मुनि द्वारा रचित है। इसमें धार्मिक भावनाओं और सद्गुणों से रंगी चूनरी ओढ़ने की शिक्षा दी गयी है। यह 31 पद्यों की छोटी-सी रचना है। इसे दीपचन्द पाण्डिया ने सम्पादित किया है। इसमें मुग्धा नायिका अपने पति से ऐसी चूनरी की प्रार्थना करती है जिसे ओढ़कर जिन शासन में विचक्षणता प्राप्त कर सके। जो सद्गुण, प्रेम, नम्रता, सत्य, सरलता के बेल-बूटे से सुसज्जित हो। यह कबीर के झीनी-झीनी बीनी चदरिया से मिलता-जुलता है।

इस प्रकार रहस्यवादी रचनाओं से ही मिलती-जुलती यह धारा भी अपने आप में समृद्ध है तथा परवर्ती हिन्दी साहित्य पर अपना पक्का प्रभाव डालती है जो सन्त कवियों और नीतिकारों में थोड़े परिवर्तित रूप में दीखती है।

जैन मुनियों की भाँति ही सिद्धों, बौद्धों ने भी रहस्यवादी काव्य की रचना की। इसके अन्तर्गत 84 सिद्धों की रचनाएँ आती हैं। इन्होंने भी उपदेश के लिए लोक प्रचलित अपभ्रंश को ही आधार बनाया और सरल तथा मुक्त दोहों में उपदेश किया। इनका उद्देश्य भी जैनियों की भाँति था। परन्तु इन्होंने अपनी बातें कड़वे रूप में कही हैं और शास्त्र आदि को वहीं तक ग्राह्य माना है जहाँ तक वे ज्ञान प्राप्ति में सहायक हैं। बाह्याडम्बर, तीर्थ, ब्रह्म आदि से सिद्धों को घृणा थी क्योंकि वे सब दिखावा मात्र था। सरहपाद ने इस काया को ही सर्वोत्तम माना है और उसी से परम सुख की प्राप्ति मानी है—

एत्थु से सुरसरि जमुणा, एत्थु से गंगा साअरु।
एत्थु पआग बणारसि, एत्थु से चंद दिवाअरु।

जिसने जीवन में गुरु धारण नहीं किया सिद्धों की दृष्टि में उसका जीवन व्यर्थ है—

गुरु उवएसे अमिअ रसु, धाव ण पिअउ जेहि।
बहुसत्थत्थह-मरुत्थलहिं, तिसिए मरियउ जेहिं ॥

इनकी रचनाओं में आगम, वेद-पुराण और पण्डितों की तीव्र निन्दा मिलती है।

जैन मुनियों ने तो जीवन के रागपूर्ण पक्ष पर जोर नहीं दिया था वे अधिक-से-अधिक देह को देवल तक कहकर ही रुक गए पर बौद्ध सिद्धों ने राग में विराग की स्थापना की और राग को विराग का आवश्यक साधना माना—

धरबरइ खज्जइ सहजे रज्जइ, किज्जइ राअ विराअ।
विअ पास बइट्ठी चित्ते मद्धी, जोइणि महु पंडिहडि ॥

इन सिद्ध नाथ कवियों की ही तरह मुक्तक परम्परा का एक पक्ष श्रृंगार और शौर्य से प्रवृत्ति से युक्त रचनाओं द्वारा उस धारा का प्रवर्तन करता है जिसका संचालन प्रसिद्ध जैन मुनियों द्वारा किया गया। इसमें मुक्तक छन्दों में कवियों ने श्रृंगार और वीर की जो अजस्र धारा बहायी है वह अपने आप में अनुपमेय है। इसके अन्तर्गत कुछ कवियों की रचनाएँ प्राप्त होती हैं। जैसे कालिदास कृत विक्रमोर्वशीय के जैन मुनि हेमचन्द्र के दोहे हैं जिनमें ये प्रवृत्तियाँ परिलक्षित होती हैं।

कुमार पाल प्रतिबोध : सोमप्रभाचार्य, प्रबन्ध चिन्तामणि : मेरुतुंगाचार्य, प्रबन्धकोश : राजशेखर सूरि, ध्वन्यालोक : आनन्दवर्धन, सरस्वती कण्ठाभरण : भोज, देशीनाममाला : हेमचन्द्र इत्यादि सभी रचनाएँ सरस कलात्मक एवं अनुभवगम्य हैं।

कुल मिलाकर कहा जा सकता है कि इन कवियों ने जीवन के प्रति स्वीकारात्मक दृष्टिकोण ही रखा है। इनके कथन में गूढ़ स्थल यदा-कदा ही प्राप्त होते हैं। अधिकतर इन्होंने जो भी कहना चाहा है सीधे ही कहा है। रहस्य की भावना, बाह्य क्रिया-कलाप का खण्डन, सतगुरु की महत्ता, अक्खड़पन आदि की प्रवृत्तियाँ यहाँ भी मिलती हैं और यही प्रवृत्ति कबीर आदि सन्त कवियों में लक्षित होती है। भावधारा और शैली दोनों ही दृष्टि से परवर्ती साहित्य इसका ऋणी है।

अपभ्रंश का शृंगार और वीर-काव्य

अपभ्रंश का शृंगार और वीर-काव्य

जैन कवियों द्वारा रचित अपभ्रंश के महाकाव्यों, खण्डकाव्यों और कथाकाव्यों में शृंगार रस का प्रयोग प्रमुखता से हुआ है। चाहे वह नगर की शोभा का निरूपण हो अथवा नारी के सौन्दर्य का चित्रण हो। या नायक-नायिका के काम-केलि प्रसंग का वर्णन हो, हर जगह शृंगार की प्रधानता है। अनेक स्थलों पर शृंगार रस परम्परा से अलग हटकर पूर्णतया एक नवीन कल्पना के साथ प्रस्तुत हुआ है। स्वयम्भू का पउमचरिउ, पुष्पदन्त का महापुराण, धनपाल का भविसयत्त कहा तथा 'णायकुमार चरिउ' का नेमिनाथ चरित आदि ग्रन्थ इसके उदाहरण हैं। वस्तुतः इनके नायक कामदेव के अवतार हैं। नायिका भी रतिस्वरूपा है। भोग-विलास के जितने क्षेत्र हो सकते हैं, सम्भोग की जितनी अवस्थाएँ हो सकती हैं, सभी यहाँ प्रस्तुत हैं। यह बात समझ से परे है कि इन रचनाकारों ने पूर्णतः नग्न एवं अश्लील चित्रों से अपनी रचनाओं को क्यों भरा? चाहे वे अपने तीर्थंकरों, वासुदेवों, प्रतिवासुदेवों का चित्र प्रस्तुत कर रहे हों अथवा लोक जीवन के नायक का चरित्र वर्णन कर रहे हों, हर जगह शृंगार का बोलबाला है। नायकों से हर वधुएँ, बालिकाएँ रति कामना करती दिखाई देती हैं। कहा जाता है कि यह साहित्य जन संवेदना और जन चेतना का साहित्य है। उसमें जन-जन की वाणी है। किन्तु जन साधारण क्या इन स्थितियों को स्वीकार करने के लिए तैयार था अथवा उसे ये सब सुविधाएँ उपलब्ध थीं? फिलहाल यथास्थान राम-कृष्ण काव्यों एवं कथा-काव्यों में शृंगार का उल्लेख किया जा चुका है और इसके उद्धरण भी पर्याप्त मात्रा में दिए गये हैं।

अपभ्रंश काल दसवीं शती में समाप्त नहीं होता अपितु इस भाषा में रचना 14वीं शताब्दी के पूर्वार्द्ध तक होती रही। इस बीच अपभ्रंश में रचित रासो ग्रन्थ भी सामने आये। ये रासो ग्रन्थ चरित और कथा-काव्य जैसे ही थे। इन रासो ग्रन्थों का मुख्य प्रतिपाद्य अपने नायक का चरित्र विधान है। इस चरित्र-चित्रण में सहायक है—युद्ध और प्रेम। युद्ध के माध्यम से रचनाकार अपने नायक की वीरता, धैर्य, पराक्रम का वर्णन करता है। वीरता के चित्रण के लिए 'वीर' रस अपरिहार्य है। अस्तु अनेक रासो ग्रन्थों में वीर रस चरम परिपाक में दिखाई देता है। इसकी पुष्टि के लिए रौद्र और बीभत्स का भी सहारा लिया जाता है।

रासो ग्रन्थों में दूसरा रस जो उभार पाया वह है—शृंगार। वस्तुतः रासो ग्रन्थों की आधारभूमि है—प्रेम। एकाधिक विवाह भी अनेक रासो ग्रन्थों के उपजीव्य हैं।

यहाँ शृंगार और वीरतापरक अपभ्रंश काव्यों के चित्रण में मूलतः रासो ग्रन्थों की ही चर्चा काम्य है। पउमचरिउ या पदमपुराण पुराण आधृत धर्म ग्रन्थ हैं। जबकि रासो ग्रन्थ पूर्णतया शुद्ध लौकिक ग्रन्थ हैं। और लोक का उपजीव्य है—शृंगार और वीरता। यही तो मनुष्य की पहचान है।

'पृथ्वीराज रासो' (चन्दबरदाई) को आचार्य रामचन्द्र शुक्ल हिन्दी का पहला महाकाव्य मानते हैं। वीसलदेव रासो, हम्मीर रासो, खुमाण रासो, सन्देशरासक आदि तमाम रचनाएँ रासो ग्रन्थों के रूप में इस काल में सामने आती हैं।

अपभ्रंश साहित्य में लौकिक कथानक को लेकर लिखे गये प्रबन्ध काव्यों की संख्या कम है। पर जो हैं वे आगे बढ़े हुए हैं। इसी में विद्यापति कृत 'कीर्तिलता' एक श्रेष्ठ चरित काव्य है। 'पृथ्वीराज रासो' यद्यपि अप्रामाणिक माना गया है किन्तु इसमें प्रामाणिक अंश भी हैं और इसे ही लक्ष्य मानकर आचार्य हजारीप्रसाद द्विवेदी ने इसका संक्षिप्त रूप प्रस्तुत किया। रासो की शब्द योजना और अन्य अपभ्रंश काव्यों की शब्द योजना में पर्याप्त साम्य है। उसके युद्ध का वर्णन 'करकंडचरिउ' के युद्ध वर्णन से मेल खाता है।

हहकंत कूदन्त नंचै कमंधं।
कडक्कंत वज्जंत कुट्टंत संघं ॥
लहक्कंत लूटंत तूटंत भूमं।
झुकंते धुकंते दोऊ तथ्थ झूमं ॥
दडक्कंत दीसंत पीसंत दंतं।

करकंडचरिउ के निम्नलिखित युद्ध वर्णन में ध्वन्यात्मक शब्दों की योजना देखिए—

वज्जंति वज्जाइं सज्जंति सेणूणाइं।
कुंताइं भज्जंति कुंजरइं गज्जंति।
गत्तारं तुट्टंति मुंडाइं फुट्टंति।...
हट्डाइं मोडंति गीवाइं तोडंति।

शब्दों, वाक्यों या वाक्यांशों की आवृति से भाषा को बलवती बनाने के उद्धरण हमें अपभ्रंश काव्यों में मिलते हैं। पृथ्वीराज रासो में भी यही प्रवृत्ति दिखाई देती है—

इन वेरां हम्मीर, नहीं औगुन बंचीजै।
इन वेरां हम्मीर छत्रि ध्रम्मह संचीजै।

इन वेरां कै सिंध, बर विषर जेम उंभारै।
इन वेरां हम्मीर, सूर क्यों स्यार संभारै। पद 2222

सो धम्मु सारु जहिं जीव रक्ख सो धम्मु सारु जहिं नियम-संख।
सो धम्मु सारु जहिं सच्च-वाय सो धम्मु सारु जहिं नत्थि माय।
पउमसिरी-चरिउ 1.8.96-99

इसी प्रकार रासो और अपभ्रंश काव्यों में अनेक स्थल मिलते हैं जिनमें भाव को प्रबलता से अभिव्यक्त करने के लिए शब्दों या वाक्यांशों की आवृत्ति की गयी है।

पुष्पदन्त के महापुराण का विवेचन करते हुए ऊपर एक नवीन अलंकार की ओर निर्देश किया जा चुका है। इसमें दो दृश्यों, घटनाओं या दो वस्तुओं की तुलना की जाती है। उपमेयगत और उपमानगत वाक्यों की अंग-प्रत्यंग सहित समता प्रदर्शित की जाती है। इस अलंकार का नाम, 'ध्वनित रूपक' रखा जा सकता है। पुष्पदन्त के महापुराण में इस प्रकार के अनेक दृश्य उपस्थित किए गये हैं। उदाहरण के लिए सायंकाल और युद्धभूमि के दृश्य की समता का प्रदर्शक निम्नलिखित उद्धरण देखिए–

एत्तहि रणु कयसूरत्थवणउं एत्तहि जायउं सूरत्थवणउं।
एत्तहि वीरहं वियलिउ लोहिउ एत्तहि जगु संझारुइ सोहिउ।
एत्तहि कालउ गयमय विण्ममु एत्तहि पसरइ मंदु तमीत मु।
एत्तहि करि मोत्तियइं विहत्तइं एत्तहि उग्गमियइं णक्खत्तइं।
एत्तहि जय णरवइ जसु धवलउ एत्तहि धावइ ससि परमेलउ।
एत्तहि विमुक्कइं चक्कइं एत्तहि विरहें रडि यइं चक्कइं।
कवणु णिसागमु किं किर तहिं रणु एहुए बुज्झइ जुज्झइ भडयणु।
महापुराण 28.34.1-7

अर्थात् इधर रण में शूरों का अस्त हो रहा है उधर सूर्यास्त हो रहा है। इधर वीरों का रक्त विगलित हुआ उधर संसार सन्ध्याराग रंजित हुआ, इधर कृष्ण गज, मद-विलास है उधर कृष्ण अन्धकार, इधर हस्तियों के गण्ड-स्थल से मोती विकीर्ण हुए उधर नक्षत्रों का उदय हुआ, इधर विजित नरपति के यश से धवलिमा उधर चन्द्र ज्योत्स्ना, इधर योद्धाओं से विमुक्त चक्र उधर भी वियोग से आक्रन्दन करते हुए चक्रवाक। उभयत्र सादृश्य के कारण उस युद्धभूमि में निशागम का ज्ञान नहीं हुआ। सन्ध्या और रणभूमि में भेद न करते हुए योद्धा युद्ध करते रहे।

इस शैली के उदाहरण पृथ्वीराज रासो में भी मिलते हैं। उदाहरण के लिए निम्नलिखित रति युद्ध का दृश्य देखा जा सकता है–

लाज गट्ट लोपंत, बहिम रद सन ढक रज्जं।
अधर मधुर दंपतिय, लूटि अब ईव परज्जं।
अरस प्ररस भरअंक, खेत परजंक पटक्किय।
भूषन टूटि कवच्च, रहै अध बीच लटक्किय।
नीसान थान नूपुर बजिय, हाक हास करषत चिहुर।
रति वाह समर सुनि इंछिनिय, कीर कहत वत्तिय गहर ॥ पद 1979

रति और युद्ध में कुछ क्रियाओं का साम्य प्रदर्शित किया गया है। लाज का लोप हो गया है, एक ओर अधर रस की लूट है दूसरी ओर भी शत्रु द्रव्य की लूट है। एक ओर अंक में भर पर्यंक पर पटकना है दूसरी ओर रणक्षेत्र में पटकना है। एक ओर भूषण टूटते हैं, दूसरी ओर कवच। एक ओर नूपुरों के शब्द हैं दूसरी ओर बाजों का। इस प्रकार रति और युद्ध में साम्य प्रदर्शित किया गया है।

पृथ्वीराज रासो जहाँ रासो परम्परा का एक श्रेष्ठ ग्रन्थ है, वहीं महाकाव्यात्मक शैली का भी एक श्रेष्ठ उदाहरण है। सौन्दर्य निरूपण और शृंगार चित्रण में कवि की समानता नहीं है। देखिए शशिव्रता का सौन्दर्य निरूपण—

राका अरु सूरज्ज बिच, उदै अस्त दुँहुँ बेर।
बर शशिवृत्ता सोभई, मनौ शृंगार सुमेर ॥

वस्तुतः शशिव्रता का रूप और शील इंछिनी से कहीं अधिक आकर्षक था। इसीलिए कवि ने शशिव्रता के रूप-वर्णन में अधिक ध्यान दिया है। ऊपर के उदात्त वर्णन से सन्तुष्ट न होकर चन्द ने शशिव्रता के यौवनागम को बसन्त से उपमित किया—

पत्त पुरातन झरिग पत्त अंकुरिय उट्ठ तुछ।
ज्यौं सैसव उत्तरिय चढ़िय बैसब किसोर कुछ ॥
शीतल मन्द सुगन्ध आइ रितिराग अचानं।
रोमराइ संग कुच नितंब तुच्छ सरसानं ॥
बढ़ढै न सीत कटि छीन है लज्ज माँग ढंकनि ह्वै फिरै।
ढँके न पत्त ढँके कहै, बन बसन्त मंत जु करै ॥

शशिव्रता-विवाह में पूर्वराग के लिए रूप-गुण वर्णन को विस्तार देने के बाद कवि ने जिस प्रियदर्शन प्रसंग पर ध्यान केन्द्रित किया है, वह है शशिव्रता और पृथ्वीराज का प्रथम साक्षात्कार। इंछिनी विवाह में इस प्रसंग की सृष्टि उतनी मनोरम नहीं हो सकती थी, क्योंकि वहाँ पूर्वराग का अस्तित्व ही नदारद था। बहुत दिनों से जिसका गुण-श्रवण करते-करते मानस-प्रतिमा निर्मित होती रहती

है। उसके प्रथम साक्षात्कार के समय की मानसिक स्थिति कितनी रूमानी हो सकती है इसे चन्द के शब्दों में देखिए–

> यों करंत दुत्तिय बियौ, कथा श्रवण सुनि मंत।
> जाकौ तें पतिवृत्त लिय, सो आयौ अलि कंत ॥
> श्रवन नयन को मेल कै, भय चंचल चल चित्त।
> श्रोतानं दिष्टान अरु, मिलि पुच्छै दोइ मित्त ॥

> कर्न प्रयंत कटाछ सुरंग विराजही।
> कछु पुच्छन को जाहि पै पुच्छत लाजही ॥
> नैन सैन के बात जु स्रवनन सों कहै।
> काम किधों प्रथिराज भेदि करि ना रहै ॥

प्रायः दीर्घ दृगों के लिए कवियों ने 'कानन चारी नयन मृग नागर नरनु सिकार' जैसा चमत्कार दिखाया है। परन्तु 'कान तक खिंचे नयनों' को देखकर उनके मधुर वार्तालाप में नहीं, बल्कि 'कछु पुच्छन को जाहि पै पुच्छत लाजही' में है। क्योंकि श्रवण-नयन की बातचीत वास्तविक नहीं है। इस उत्प्रेक्षा का सौन्दर्य इससे अधिक प्रासंगिकता में है। बात यह है कि अब तक श्रवणों से ही प्रिय का रूप-गुण सुन रखा था, नयनों को तो आज पहले-पहल देखने का अवसर मिला है। इसलिए नयनों का श्रवणों के पास पूछने के लिए जाना स्वाभाविक ही है कि क्या जिनके विषय में सुन रखा था वे यही हैं? क्या ऐसा तो नहीं है कि जो मैं देख रही हूँ वह सुने हुए रूप-गुण से कहीं अधिक है? ये तमाम बातें तथा इससे भी अधिक 'पुच्छत लाजहीं' द्वारा संकेतित हैं। तुलसीदास ने तो इतना ही कहा कि 'गिरा अनयन नयन बिनु बानी' लेकिन चन्द ने इस तथ्यपरक कथन में अपनी सूझ से मधुर विशेषता ला दी।

इस प्रथम दर्शन से भी अधिक मार्मिक है प्रथम स्पर्श। सहसा पृथ्वीराज जन-समूह के बीच शशिव्रता को हाथ से पकड़कर अपनी ओर खींचता है और तुरन्त चन्द की फड़कती उपमा निकलती है–'मानो कि लता कंचन लहरि मत्तबीर गजराज गहि!' पूरी पदावली जैसे स्नेह-उमंगित बाहु की तरह लहरा उठी है। इस पर लज्जाशीला शशिव्रता की भाव सबलता देखने योग्य है–

> गहत बाल पिय पानि सु गुरुजन संभरे।
> लोचन मोचि सुरंग सु अंसु बहे ढरे ॥
> अपमंगल जिय जानि सु नैनन मुष वही।
> मनो षंजन मुष मुत्ति मरक्कत नंषही ॥

मजेदार बात यह है कि संस्कृत साहित्य में महाकाव्य के तमाम लक्षणों

पर यह ग्रन्थ खरा उतरता है। आचार्य हजारीप्रसाद द्विवेदी इन कथाओं को निजंधरी कथा कहते हैं—"परन्तु भारतीय कवियों ने ऐतिहासिक नाम भर लिया, शैली उनकी वही पुरानी रही जिसमें काव्य-निर्माण की ओर अधिक ध्यान था, विवरण-संग्रह की ओर कम; कल्पनाविलास का अधिक मान था, तथ्य निरूपण का कम; सम्भावनाओं की ओर अधिक रुचि थी, घटना की ओर कम; उल्लसित आनन्द की ओर अधिक झुकाव था, विलसित तथ्यावली की ओर कम। इस प्रकार इतिहास को कल्पना के हाथों परास्त होना पड़ा। ऐतिहासिक तथ्य इन काव्यों में कल्पना को उकसा देने के साधन मान लिए गये हैं। राजा का विवाह, शत्रु-विजय, जल-क्रीड़ा, शैल-वन विहार, ढोला-विलास, नृत्य-गान-प्रीति ये सब बातें ही प्रमुख हो उठी हैं। बाद में क्रमशः इतिहास का अंश कम होता गया और सम्भावनाओं का जोर बढ़ता गया। यही कारण है कि इन ऐतिहासिक काव्यों के नायकों को धीरोदात्त बनाने की प्रवृत्ति ही प्रबल हो गयी है, परन्तु वास्तविक जीवन के कर्तव्य-द्वन्द्व, आत्म-विरोध और आत्म-प्रतिरोध जैसी बातें उसमें नहीं आ पातीं। ऐसी बातों के न आने से इतिहास का रस भी नहीं आ पाता और कथानायक कल्पित पात्र की कोटि में आ जाता है। फिर, जीवन में कभी हास्योद्रेचक अनमिल स्वर भी मिल जाते हैं। संस्कृत काव्य का कर्ता कुछ अधिक गम्भीर रहने में विश्वास करता है और ऐसे प्रसंगों को छोड़ जाता है। ऐसे प्रसंगों को तो भरसक नहीं आने देना चाहता, जहाँ कथानायक के नैतिक पतन की सूचना मिलने की आशंका हो। यदि ऐसे प्रसंगों की वह अवतारणा भी करता है तो घटनाओं और परिस्थितियों का ऐसा जाल तानता है जिसमें नायक का कर्तव्य उचित रूप में प्रतिभासित हो। सब मिलाकर ऐतिहासिक काव्य काल्पनिक निजंधरी कथानकों पर आश्रित काव्य से बहुत भिन्न नहीं होते। उनसे आप इतिहास, जो जीवन्त मनुष्य के विकास की जीवन कथा होता है—पा सकते हैं।"

डॉ. नामवर सिंह पृथ्वीराज रासो को महासागर स्वीकार करते हैं—"इसलिए रासो की महिमा वीरता और शृंगार के उदात्त तथा उज्ज्वल चित्रण में उतनी नहीं जितनी अपने युग की वास्तविक वीरता तथा प्रेम भावना को प्रतिबिम्बित करने में है। कहना न होगा कि इस कार्य में चन्द ने जितने व्यापक क्षेत्र को समेटा है वह सन्त-भक्ति काव्य को छोड़कर अन्यत्र कहीं नहीं मिलता। रासो मानव जीवन की विविध परिस्थितियों और भाव दशाओं का महासागर है। यही वह विशेषता है जिससे ह्रास युग के सभी काव्यों में रासो को सर्वोपरि स्थान दिया है। निश्चय ही उस युग की सांस्कृतिक परिस्थितियों तथा पूर्व परम्पराओं का वृहत् कोश और मध्ययुगीन भारतीय समाज का एक काव्यात्मक इतिहास है—यह ग्रन्थ।"

इसमें वीर और शृंगार का मिश्रण है। राजाओं का जीवन भोग-प्रिय था

और युद्ध-प्रिय भी। किन्तु इनका भोग कामुकता की कोटि तक पहुँचा हुआ न था। आचार्य रामचन्द्र शुक्ल ने इस रासो ग्रन्थों को देखकर और उसका अंगीरस वीर मानकर इस काल का नाम 'वीर-गाथा' काल रखा था।

वस्तुतः शुक्लजी के सामने रासो ग्रन्थों की परिभाषा स्पष्ट नहीं थी। न ही रासो ग्रन्थ उपलब्ध हो पाए थे। अब्दुर्रहमान कृत संदेशरासक के सामने आने के पश्चात् यह धारणा गलत सिद्ध हो गयी कि रासो वीरगाथात्मक ग्रन्थ हैं। संदेशरासक पूर्णतः एक विरह काव्य है जिसमें शृंगार, विप्रलम्भ शृंगार की प्रधानता है। विरहिणी का पति या प्रियतम परदेश चला गया है। समय बीतता जाता है वह लौटता नहीं है और नायिका परेशान है। वह सन्देश भेजना चाहती है अपने प्रियतम को। इसी बीच कोई उधर ही जाता हुआ दिखाई देता है, जिधर उसका प्रियतम गया है और फिर वह उसी ओर दौड़ पड़ती है अपना सन्देश देने के लिए। किन्तु इस बीच कभी उसकी करधनी टूटती है, कभी हार टूटता है, कभी उसकी चोली फटती है। येन-केन प्रकारेण वह पथिक के पास पहुँचती है और उसे अपनी बात सुनने के लिए विवश करती है। फिर वह उससे अत्यन्त विनीत वाणी में रुकने का अनुरोध करती है। जब वह रुकता है तो मेघदूत की परम्परा में एक ऋतु के बाद दूसरी ऋतु की कथा का वर्णन करती जाती है। और जब पथिक विदा होता है तो वह उसका जाना देखती रहती है, तभी उस ओर से अपने पति को आता देखती है। इस प्रकार अन्त में रचनाकार यह सिद्ध करता है कि यह काव्य मन की कामना को पूरा करनेवाला काव्य है। जो उसको पढ़ेगा उसकी कामना पूरी होगी।

संदेशरासक

अब्दुर्रहमान द्वारा रचित यह खण्डकाव्य भी अपभ्रंश जैन साहित्य की अन्य कृतियों की भाँति अपनी सामाजिक सांस्कृतिक गतिविधियों को अभिव्यक्त करने में पूर्णतया सफल है। यह कृति भी अपनी परम्परा का पूर्णतः निर्वाह करती है। साथ ही एक मुस्लिम कवि द्वारा हिन्दू जीवन को यथार्थतः अपनी स्वाभाविकता के साथ प्रस्तुत करना भी उस समय की लोक-कथा के प्रति लोगों के आकर्षण को व्यक्त करती है। कवि ने लोक-जीवन के आवरण में प्रेमगाथा को प्रस्तुत किया है।

कवि ने विरहिणी के रूप में एक साधारण नारी के हृदय की भावनाओं को प्रस्तुत करने में अपनी सहृदयता का परिचय दिया है। इस खण्डकाव्य में संस्कृत परम्परा की झलक दिखाई देती है। कालिदास द्वारा रचित 'मेघदूत' काव्य में मेघ सन्देश वाहक और विरही पुरुष मात्र है जबकि संदेशरासक में कवि ने नारी को विरहिणी के रूप में उतारा है। और सन्देशवाहक के रूप में लोक जीवन

के एक साधारण पथिक को लिया है जो कि मेघ की तरह जड़ नहीं है। अपितु नायिका के दुःख को अनुभव कर दुःखी होता है। उससे सहानुभूति व्यक्त करता है। और उस विरहिणी के दुःख को लोक जीवन से संपृक्त कर दिया है। एक स्थल पर नायिका की दुःखपूर्ण उक्ति द्रष्टव्य है–

"गरुअउ परिहउ किं न सहउ, पइ पोरिस निलएण।
जिहि अंगहि तू विलसियउ ते दद्धा विरहेण ॥"

नायिका को एक साधारण स्त्री की भाँति विरहावस्था में रोते बिलखते प्रस्तुत किया गया है–

विरहग्गिहिं कण्यंगितणु तह सामलिय पवन्नु।
णज्जइ राहु विडंविअउ ताराहिवइ सउन्नु।
फुसइ लोयण रूवइ दुक्ख त
घम्मिल्लउ मुक्कमुह विज्जंभइ अरु अंग मोडइ।
विरहानलि संतविअ ससइ दीह कर-साह तोडइ ॥

नायिका के रोने पर पथिक अमंगल की आशंका होने के कारण मना करता है तब भी नायिका के हृदय में अपने प्रिय के प्रति जो प्रेम की भावना है वह एक नारी के सच्चे प्रेम और उस समय की शकुन-अपशकुन की स्थिति को व्यक्त करती है–

मइ न रून्नु विरहग्गि धूम लोयण सवणु।

संकेत से अपने दुःख को अभिव्यक्त करती हुई नायिका का पथिक के प्रति उद्वेगपूर्ण कथन द्रष्टव्य है–

सन्देशउ सबित्थरउ, पर मइ कहण न जाइ
जो काणंगुलि मुँदडउ, सो बाहडी समाइ ॥

एक और स्थल पर आशा-निराशा का चित्रण हृदय की स्वाभाविक मनोवृत्ति का ठोस उदाहरण है–

सुन्नारह जिम मह हिअउ, पिय उक्खंखि करेइ।
विरह हुयासि दहेवि करि, आसाजलि सिंचेइ ॥

बारहमासा का पहली बार चित्रण संदेशरासक में प्राप्त होता है। और इन ऋतुओं के लोक जीवन पर पड़ने वाले प्रभाव को भी कवि ने बड़ी सूक्ष्मता सेअंकित किया है। वर्षा ऋतु में ग्रामीण स्थिति का वर्णन इसी का एक उदाहरण है–

गिभं तविण खर ताविय बहु किरणुक्करिहिं
पउ पडंतु पुक्खरहु ण मावइ पुक्खरिहिं
पयहत्थिण किय पहिय पहिहि पबहंतियहि
पइ पइ पेसइ करलउ गयणि खिवंतयहि ॥

इस प्रकार कथानक और पात्रों को नवीन रूप में प्रस्तुत करने की जो नवीन अभिव्यंजना जैन कवियों ने की है वह अपभ्रंश जैन साहित्य की मौलिकता तथा उसके लोक जीवन से जुड़ी सूक्ष्म विचारधारा को अभिव्यक्त करने में पूर्णतया सफल है। वीसलदेव रासो, हम्मीर रासो आदि रासो ग्रन्थ इसी परम्परा के विकास हैं।

विद्यापति की कीर्तिलता एक वीर रसयुक्त सत्पुरुष की कथा है–

सुपुरिस कहानी हौं कहँउ जसु पत्थावे पुन्न ॥
सुक्ख सुभोजन सुभ वअन देवहा जाइ सुपन्न ॥...
पुरुष हुअउ बलिराए जासु कर कन्न पसारिअ ॥
पुरिस हुअउ रघुतनअ जेंन बले रावण मारिअ ॥
पुरिस भगीरथ हुअउ जेन्ने णिअ कुल उद्धरिउ ॥
परसुराम पुनि पुरिस जेन्ने खत्तिअ खअ करिअउ ॥
अरु पुरिस पसंसओ राय गुरु कित्ति सिंह गअणेस सुअ ॥
जे सत्तु समर सम्मद्दि करु वप्प वैर उद्धरिअ धुअ ॥

जैन महाकवि हेमचन्द्र के दोहे अपभ्रंश, विशेषकर जैन अपभ्रंश साहित्य की महत्त्वपूर्ण निधि हैं। इन दोहों में भी कहीं शृंगार की छटा है और कहीं वीर रस का परिपाक है।

इस काल में प्रेम और शौर्यता की जो भावधारा प्रवाहित हुई उसे पूर्णता और गम्भीर बनाने के लिए जैन महाकवि हेमचन्द्र ने अपनी अभिव्यक्ति को बारीकी से सजाया। निश्चय ही हेमचन्द्र के दोहे जीवन्त हैं। नारी के हृदय की प्रेम परक भावनाओं की कोमल भावनाओं से लेकर वीरता से परिपूर्ण कठोर भावनाओं तक की उद्‌भावना सराहनीय है। हेमचन्द्र ने नारी को वीरता के आवरण में प्रस्तुत कर जीवन की नयी महत्ता प्रस्तुत की। साथ ही लोक-जीवन में व्याप्त वीरता की प्रवृत्ति को भी दर्शाने का प्रयास किया है।

नारी के परम्परागत रूप को नये रूप में प्रस्तुत कर हेमचन्द्र ने साहित्य को एक नई गति प्रदान की है। हेमचन्द्र ने नारी जीवन की कोमलता के साथ-साथ उसकी प्रचण्ड शक्ति और साहस को भी चित्रांकित किया है। जहाँ नारी का सर्वस्व उसका प्रिय ही होता है उसकी सारी आशा, आकांक्षा, मानसिक और शारीरिक गतिविधियाँ उसके प्रिय के ही इर्द-गिर्द घूमती हैं, वहीं हेमचन्द्र

के यहाँ नारी वैसे पति को ही स्वीकार और प्रेम कर सकती है जो कि युद्ध क्षेत्र में लड़ते-लड़ते वीरगति को प्राप्त हो जाए और उसे उसके मरने की ही खबर मिले न कि कायरता से पीठ दिखाकर भागने की क्योंकि यदि ऐसा हो गया तो उसे अपनी सखियों के बीच लज्जित होना पड़ेगा। हेमचन्द्र ने अपने इस दोहे के माध्यम से नारी के प्रति समस्त साहित्यिक, राजनीतिक, दार्शनिक दृष्टिकोण को ही बदल दिया है—

भल्ला हुआ जो मारिया बहिणी! महारा कंतु।
लज्जेज्जंतु वयंसियइ जइ भग्गा घर एंतु ॥

नारी जीवन को चरम सीमा पर पहुँचाने वाले हेमचन्द्र ने चमत्कृत शब्दावली, अलंकृत चित्रों के माध्यम से सघन भावों को भी ऐसी सादगी और सरलता से प्रस्तुत किया जो अपने आप में सरस है।

हेमचन्द्र की उद्‌भावना से स्पष्ट है कि भारतीय नारी को अपनी स्वाभाविक प्रवृत्ति में वीरता ही धरोहर रूप में प्राप्त हुई है। ऐसे नारी-चरित्र को देखकर डॉ. नामवर सिंह ने यहाँ तक कह दिया कि "इस काव्य साहित्य की नायिका विष की गाँठ जैसी है।"

हेमचन्द्र की अपनी पृथक पहचान का कारण यही है कि छोटे से दोहे जैसे छन्द में इन्होंने इतनी काव्यात्मकता और अलंकारिकता भरी जो सागर जैसे अर्थ को अभिव्यक्त करने में सक्षम है।

हेमचन्द्र के अतिरिक्त प्रबन्ध चिन्तामणि में संगृहीत मंजु के दोहे प्राप्त होते हैं जिसमें तत्कालीन समाज को राजनैतिक और प्रेमपरक सन्दर्भ में देखने का प्रयास किया गया है। इसमें मंजु की कथा क्रमशः जीवन के एक-एक बिन्दु को छूते हुए आगे बढ़ती है। विभिन्न उतार-चढ़ाव के कारण भाषा भी नये-नये रूप में दिखाई देती है।

इस प्रकार समूचे अपभ्रंश जैन साहित्य के अन्तर्गत आनेवाले छोटे-छोटे अंश भी अपने आप में अर्थ गाम्भीर्य की शक्ति से पूर्ण हैं। मुक्तक काव्यों की इस परम्परा का अल्प रूप भी अपभ्रंश जैन साहित्य के वृहद् आकाश में ध्रुवतारे की भाँति जाज्वल्यमान है। इसमें कोई सन्देह नहीं है।

परवर्ती अपभ्रंश काव्य

भाषा-बदलाव की स्वाभाविक प्रक्रिया के अनुरूप ही जब अपभ्रंश पूर्णतया शिष्टजनों की साहित्यिक भाषा बन गयी, तब उसके साहित्यिक रूप में धीरे-धीरे लौकिक भाषा का रूप मिश्रित होने लगा। यह मिश्रण जब बढ़ा तब एक नयी भाषा का स्वरूप सामने आया। वस्तुतः यह भाषा न तो पूरी तरह से अपभ्रंश की प्रकृति से अलग हुई थी और न ही यह अपभ्रंश के बहुत निकट ही थी। हेमचन्द्र ने भी दो अपभ्रंशों की चर्चा की—परिनिष्ठित और ग्राम्य। डॉ. नामवर सिंह ने लिखा है कि "हेमचन्द्र के बाद अपभ्रंश काव्य की एक और भी धारा प्रवाहित रही जिसमें परिनिष्ठित अपभ्रंश के नियमों का कड़ाई से पालन करने की अपेक्षा लोक-प्रचलित भाषा का उपयोग होता था। इस मिश्रित भाषा में रचे हुए ग्रन्थ, काव्य की दृष्टि से तो उत्कृष्ट हैं ही, आधुनिक देशी भाषाओं (हिन्दी, बांग्ला, उड़िया, असमिया, महाराष्ट्री) के आरम्भिक रूप के अध्ययन की दृष्टि से भी बहुत महत्त्वपूर्ण हैं। भारतीय आर्य-भाषा के इतिहास अथवा विकास की दृष्टि से परवर्ती अपभ्रंश का यह देश्य-मिश्रित साहित्य विशेष महत्त्व का है और सच्चे अर्थों में 'परवर्त्ती अपभ्रंश' यही है।"

आचार्य रामचन्द्र शुक्ल के अनुसार, दसवीं शताब्दी के आस-पास लगभग एक सौ पचास वर्षों तक साहित्यिक रचनाओं का अभाव था। वह यह स्वीकार करते हैं कि जब मुसलमानों का आक्रमण हुआ तब देशी काव्य ने अपना स्वरूप ग्रहण किया जिसमें वीरता, शौर्य और पराक्रम मुख्य विषय बने। पर इसके पहले भी मुंज के दोहे शौर्य और वीरता की दुंदुभी बजा चुके थे। इसमें शौर्य, पराक्रम, वीरता के साथ-साथ सौन्दर्य के हृदयस्पर्शी चित्र हैं।

मुस्लिम आक्रमणकारियों ने भारतीय संस्कृति के मूल आधार मन्दिर, धर्म और लोक-ग्रन्थों को नष्ट किया। फलस्वरूप इस भाषा के ग्रन्थों को लोगों ने या तो ऐसा छिपाया, जो कालान्तर में भी उपलब्ध न हो पाया अथवा वे पूरी तरह नष्ट हो गये। इसी कारण डेढ़-सौ वर्षों तक चरमोत्कर्ष पर पहुँची भाषा के ग्रन्थ नहीं मिल पाते। इस दिशा में हेमचन्द्र सूरि (1088-1172 ई.) ने एक महत्त्वपूर्ण कार्य किया—अनुपलब्ध ग्रन्थकारों की रचनाओं का संकलन कर।

अभिधान चिन्तामणि, काव्यानुशासन, छान्दोऽनुशासन, देशीनाममाला, द्वयाश्रय

काव्य, त्रिषष्ठि शलाकापुरुष और शब्दानुशासन हेमचन्द्र के प्रसिद्ध ग्रन्थ हैं। हेमचन्द्र ने जहाँ भविष्य को ध्यान में रखकर भाषा का व्याकरण निर्मित किया, वहीं उसके उदाहरण भी रचे। उनकी सर्वाधिक महत्त्वपूर्ण विशेषता है अपभ्रंश के सुन्दर विवेचन और संरक्षण में। इन दोहों में वीरता, सौन्दर्य, संयोग-वियोग, प्रेम, नीति, अन्योक्ति, भक्ति, सुभाषित, रामायण-महाभारत के सन्दर्भ, कृष्ण बलराम, बामनावतार आदि कथा, हिन्दू-जैन धर्म आदि बहुतेरे विषय उपस्थित हैं। ये दोहे अपने आप में जिस भाव की व्यंजना करते हैं उसका हृदय पर अमिट प्रभाव पड़ता है।

हेमचन्द्र ने 'देशीनाममाला' में प्राकृत का षड्ग विभाग—महाराष्ट्री, शौरसेनी, मागधी, प्राकृत, पैशाची की विवेचना में अपभ्रंश को अन्तिम स्थान देकर इसके विकसित स्वरूप को स्थापित किया। अपभ्रंश में प्रयुक्त देशी शब्दों के परिचय हेतु ही देशीनाममाला की रचना हुई। यह सच है कि अपभ्रंश के संकलन कार्य द्वारा आगे की साहित्यिक परम्परा के लिए हेमचन्द्र का यह अमूल्य अवदान सिद्ध हुआ।

हेमचन्द्र सूरि श्वेताम्बर जैन साधु थे। इन्हें कलिकाल सर्वज्ञ माना जाता है। सिद्धराज जयसिंह (1093-1142 ई.) को ही उन्होंने अपना प्रियतम ग्रन्थ 'हेमचन्द्र शब्दानुशासन' समर्पित किया। इसीलिए इस ग्रन्थ का नाम 'सिद्ध हेमचन्द्र शब्दानुशासन' पड़ा। 'द्वयाश्रय' में संस्कृत और प्राकृत का आश्रय गृहीत है। इसमें जयसिंह तथा उनके भतीजे कुमारपाल (1142-73 ई.) का इतिहास चित्रित है।

'सिद्ध हेमचन्द्र शब्दानुशासन' के आठवें अध्याय के चतुर्थ पाद में 329वें सूत्र से अपभ्रंश के नियमों तथा उदाहरणों का क्रम प्रारम्भ हो जाता है। दोहों की पृष्ठभूमि आध्यात्मिक नहीं, इहलौकिक है। इनमें शौर्य-शृंगार का, संयोग-वियोग का, दान और मान का, विश्वास और स्वाभिमान का, पुरुष के पौरुष और वीर रमणी के दर्प का अनूठा रूप मिलता है। युद्ध क्षेत्र में पति का जूझते हुए मृत्यु प्राप्त करना उस काल की नायिका के लिए गर्व तथा पीठ दिखाकर भागनेवाले नायक की पत्नी के लिए कितनी लज्जा की बात होती थी; इसे एक उक्ति में देखें—

"भल्ला हुआ जो मारिआ, वहिणि म्हारा कंतु।
लज्जेजंतु वयंसियहु, जहिभग्गा घर एंतु ॥"

लोककाव्य की परम्परा का प्रारम्भ अद्दहमाण (अब्दुल रहमान) से होता है। यह मुल्तान के निवासी थे। सम्भवतः इनके पिता मीरसेन ने ही मुस्लिम-धर्म स्वीकार कर लिया था। इनकी प्रख्यात कृति 'सन्देशरासक' है। कहा जाता है कि ये जुलाहा (तन्तुवाय) जाति के थे, इन्होंने स्वयं अपने को कोरी (कोलिय) बताया है। आचार्य हजारीप्रसाद द्विवेदी के अनुसार कोरी उत्तरभारत के वयनजीवियों में

मुख्य हैं। राहुल जी ने अब्दुलर्हमान को हिन्दी का प्रथम मुस्लिम कवि माना है। अनुमान के आधार पर इन्हें 11वीं शताब्दी का माना जाता है। इस मत के समर्थक हैं—राहुल सांकृत्यायन और आचार्य हजारीप्रसाद द्विवेदी। सन्देशरासक की भाषा के आधार पर कहा जा सकता है कि यह रचना 12वीं शताब्दी के उत्तरार्द्ध या 13वीं शताब्दी के पूर्वार्द्ध की होनी चाहिए।

'प्राकृत पैंगलम' (लक्ष्मीदास कृत) एक संग्रह ग्रन्थ है जिसमें बब्बर विद्याधर, जज्जल, हरिब्रह्म की रचनाएँ संगृहीत हैं। यह पिंगल या छन्दशास्त्र का ग्रन्थ है। इसमें प्राकृत, अपभ्रंश, अवहट्ट के शब्दों का विवेचन है। यद्यपि इस ग्रन्थ का नाम 'प्राकृत पैंगलम' है पर अधिकांश उद्धृत रचनाएँ अवहट्ट की हैं। सम्भवतः इसका संग्रह 14वीं शताब्दी के अन्त में हुआ होगा। 'प्राकृत पैंगलम' की छन्द परम्परा तथा वस्तु-वर्णन ने भक्ति और रीतिकाल को एक नया मोड़ दिया। इनमें परम्परा की संरक्षा का भाव है और भारत की परवर्ती भाषाओं से सूत्र जोड़कर नये काव्यरूप को स्वरूप देने का प्रयास है। वीरता, शृंगार—संयोग और वियोग शृंगार; राजस्तुति, नीति, अन्योक्ति, भक्ति, देवस्तुति, प्रकृति चित्रण, सुखी जीवन, दुःखी जीवन, जीवन-निस्सारता, क्षणभंगुरता, सेना-प्रयाण, युद्ध-वर्णन, कीर्ति-प्रशंसा, वीर क्षत्राणी का ओजस्वी चित्र, सामन्ती समाज का चित्रण आदि विषयों से सम्पृक्त यह ग्रन्थ एक अमूल्य धरोहर है।

आचार्य हजारीप्रसाद द्विवेदी के अनुसार, इस (अवहट्ट) काल में तथा हिन्दी साहित्य के आदिकाल में (1000-1400 ई. तक) दो प्रकार की रचनाएँ प्राप्त होती हैं—"1. जैन प्रभावापन्न परिनिष्ठित अपभ्रंश की रचनाएँ। इस श्रेणी में हेमचन्द्र के व्याकरण, मेरुतुंग के 'प्रबन्ध-चिन्तामणि', राजशेखर के 'प्रबन्धकोश' आदि में संगृहीत दोहे आते हैं। अब्दुल रहमान के 'सन्देशरासक' तथा लक्ष्मीदास के 'प्राकृत पैंगलम' में उदाहृत लोकभाषा के छन्द हैं। द्विवेदी जी इन रचनाओं को पूर्ण प्रामाणिक मानते हैं। 2. रासो ग्रन्थ—खुमाण रासो, बीसलदेव रासो, जयचन्द्र प्रकाश, जयमयंक जसचन्द्रिका, हम्मीर रासो, विजयपाल रासो, परमाल रासो। आचार्य रामचन्द्र शुक्ल ने अपने इतिहास में विजयपाल रासो, हम्मीर रासो, कीर्तिलता और कीर्तिपताका को साहित्यिक पुस्तक माना है और खुमाण रासो, बीसलदेव रासो, जयचन्द्र प्रकाश, जयमयंक जसचन्द्रिका, परमाल रासो ('आल्हा' का मूल रूप), खुसरों की पहेलियाँ और विद्यापति पदावली को देशभाषा काव्य माना है।

इस काल में पूरी तरह से लोककाव्य, जिसे दूसरे शब्दों में 'लोक-साहित्य' कहते हैं; के भी ग्रन्थ मिलते हैं। जिसमें सिरिथूलिभद्द फागु (श्री स्थूलिभद्र फाग, जिनपद्म सूरि कृत) और ढोला मारू रा दूहा—प्रख्यात हैं।

रासो ग्रन्थ

'रासो' शब्द की व्युत्पत्ति आचार्य शुक्ल 'रसायण' से स्वीकार करते हैं। उनके अनुसार 'रसायण' ही बिगड़ते-बिगड़ते 'रासो' बना। कविराज श्यामलदास तथा डॉ. काशी प्रसाद जायसवाल 'रहस्य' से रासो की व्युत्पत्ति मानते हैं। गार्सा-द-तासी इसकी व्युत्पत्ति 'राजसूय' से तथा हरिप्रसाद शास्त्री और पं. विन्ध्येश्वरी प्रसाद पाठक 'राजयज्ञ' से, नरोत्तम स्वामी 'रसिक' से मानते हैं। कतिपय इसकी व्युत्पत्ति 'राज्यादेश तथा राजादेश' या 'राजयश' आदि शब्दों से मानते हैं। परन्तु यह सभी व्युत्पत्तियाँ तर्कसंगत प्रतीत नहीं होतीं। वस्तुतः इसकी परम्परा का मूल उत्स संस्कृत में है। श्रीमद्भागवत, हरिवंश तथा विष्णु पुराण में 'रास' या 'हल्लीस' शब्द शृंगारमय गीत से युक्त नृत्य-लीला के लिए प्रयुक्त हुआ है। 'काव्यानुशासन' में हेमचन्द्र तथा वाग्भट्ट ने गेय नाटक के रूप में 'रासक' का उल्लेख किया है।

स्वयम्भू तथा विरहांक ने अपने 'स्वयंभू छन्दस' तथा 'वृत्तजाति समुच्चय' में रास लक्षण देते हुए कहा है कि धत्ता, छड्डणिया, पद्धड़िया, दूहा, अडिल्ल, रड्डा और अढ़ोसा तथा अन्य मनोरम छन्दबद्ध रचना जो जन-साधारण को मनोरंजन प्रतीत हो 'रास' कहलाती है। इस कथन से 'रास' शृंगार और छन्दपरक रचना सिद्ध होती है। आचार्य हजारीप्रसाद द्विवेदी 'रासो' का मूलरूप 'रासक' मानते हुए उसे एक छन्द भी मानते है और एक काव्यरूप भी। आचार्य शुक्ल के अनुसार रासो ग्रन्थों का अंगी रस वीर है इसलिए ये रचनाएँ वीरगाथात्मक हैं। इसी के आधार पर उन्होंने हिन्दी के आदिकाल का नामकरण 'वीरगाथा' काल किया है। किन्तु शुक्ल जी की आधार-भित्ति तभी भहरा जाती है, जब प्राचीन रासो ग्रन्थ 'सन्देश रासक' सामने आता है जो शुद्ध प्रेमकाव्य है। वीरता का इसमें लेशमात्र भी नहीं।

आचार्य हजारीप्रसाद द्विवेदी ने 'रासो' शब्द की व्युत्पत्ति पर गम्भीरतापूर्वक विचार किया और यह स्पष्ट किया कि इस शब्द का विकास 'रास' से हुआ है। 'रास' मूलतः नृत्य के लिए प्रयुक्त होता था। श्रीमद्भागवत में गीत के साथ नृत्य भी आता है। 'रास' जो प्रारम्भ में केवल मूल नृत्य का प्रतीक था वह गीत-नृत्य बना। धीरे-धीरे 'रास' शब्द ही 'रासक' नामक गेय नाट्य के रूप में विकसित हुआ और 'क' का लोप होकर यह 'रासो' बना। पं. नरोत्तम स्वामी की मान्यता है कि 'रास' मूलतः नृत्यकाव्य है तथा रासो गीत काव्य है। अनेक जैन कवियों ने 'रास' ग्रन्थों की रचना की जिसमें उपदेश रसायन रास, भारतेश्वर बाहुबलि रास प्रमुख हैं।

वस्तुतः रासो काव्य चरितकाव्य है और इसकी रचना का उद्देश्य प्रेम तो है ही लेकिन वीरता का निरूपण भी है। यह उस युग की आवश्यकता थी। मुस्लिम

आक्रमण के समय अपने राजाओं के उत्साहवर्द्धन हेतु अनेक रासो ग्रन्थ लिखे गए। इनमें प्रेम, शृंगार, सौन्दर्य आदि के साथ वीरता, शौर्य, पराक्रम का भी समावेश हुआ। 'पृथ्वीराज रासो' और 'परमाल रासो' को आचार्य द्विवेदी अर्द्धप्रामाणिक रचना मानते हैं।

'खुमान रासो' में श्री राजचन्द से लेकर खुमान तक के नरपतियों का वर्णन है। चित्तौड़ में खुमान नाम के तीन राजा हुए। सम्भवतः यह रचना खलीफा अलमामू (813-833 ई.) के समय की प्रतीत होती है। इसके लेखक दलपति विजय माने जाते हैं। वर्तमान 'खुमान रासो' में 17वीं शताब्दी के महाराजा राजसिंह तक का वर्णन है।

नरपति नाल्ह कृत **'बीसलदेव रासो'** (सं. 1212 अर्थात् 1155 ई.) में चार खण्ड हैं। पहले खण्ड में मालवा के राजा भोज परमार की पुत्री राजमती से शाकम्भरी-नरेश बीसलदेव (विग्रहराज) के विवाह का वर्णन है; दूसरे में बीसलदेव राजमती से रूठकर उड़ीसा चला जाता है; तीसरे में राजमती का विरहवर्णन है; और चौथे में भोजराज का अपनी पुत्री को लिवा जाना और बीसलदेव को वहाँ से चित्तौर लौटा लाने का प्रसंग है। किन्तु बीसलदेव भोज का समसामयिक नहीं है। इन दोनों के समयों में लगभग 110 वर्ष का अन्तर है। बीसलदेव के राजकवि सोमदेव के 'ललित-विग्रह' तथा स्वयं उसके अपने नाटक 'हरकेलि विजय' से बीसलदेव रासो की संगति नहीं बैठती। उसकी भाषा भी 16वीं शताब्दी के आसपास की है।

'जयचन्द्र प्रकाश' और **'जयमयंक जसचन्द्रिका'** के रचनाकार हैं—भट्ट राय और मधुकर भट्ट। ये पुस्तकें उपलब्ध नहीं हैं।

शार्ङ्गधर कवि कृत **'हम्मीर रासो'** की रचना भी असन्दिग्ध नहीं है। यह भी प्रामाणिक रचना प्रतीत नहीं होती। ठीक ऐसी ही रचना नल्लसिंह कृत **'विजयपाल रासो'** है।

कालिंजर के राजा परमाल (परमार देव) के यहाँ रह रहे जगनिक नामक भाट कवि द्वारा रचित **'परमाल रासो'** में वीर-सामन्त आल्हा और ऊदल का चरित्र केन्द्र में है। इसके लोक प्रचलित गीत आल्ह खण्ड के नाम से प्रकाशित हुए। पुराने साहित्य में इस ग्रन्थ का उल्लेख नहीं मिलता। इसकी भाषा तो आधुनिक सी लगती है। इसलिए यह भी अर्द्धप्रामाणिक रचना मानी जाती है।

'पृथ्वीराज रासो' एक विस्तृत महाकाव्य है। काशी नागरी प्रचारिणी सभा से प्रकाशित इस ग्रन्थ में 79 सर्ग हैं। इसमें सबसे बड़ा 'कन्नवज्ज युद्ध' है जो मूलतः रासो का मुख्य कथन है। आचार्य रामचन्द्र शुक्ल ने इसकी भाषा के परवर्ती स्वरूप, घालमेल और ऐतिहासिक तथ्यों में तालमेल न पाकर इसे एक जाली ग्रन्थ घोषित किया। किन्तु इसकी साहित्यिकता तथा काव्य-सौष्ठव से प्रभावित होकर इसे हिन्दी का पहला महाकाव्य और इसके रचयिता चन्दबरदाई को पहला हिन्दी

कवि स्वीकार किया। चन्द पृथ्वीराज का मित्र, कवि और सलाहकार था। यह अनेक भाषाओं का पण्डित और भारतीय शास्त्रों का ज्ञाता था। रायल एशियाटिक सोसायटी ने इस ग्रन्थ का प्रकाशन भी आरम्भ किया। किन्तु इसी बीच कश्मीर यात्रा के दौरान डॉ. बुलर को 'पृथ्वीराज विजय' की एक खण्डित प्रति हाथ लगी। इस ग्रन्थ में दिए गये तथ्य इतिहास की दृष्टि से पूर्ण प्रामाणिक सिद्ध हुए। इन तथ्यों से 'पृथ्वीराज रासो' के तथ्य साम्य नहीं रखते थे। अस्तु डॉ. बुलर ने तत्काल इसका प्रकाशन रोक दिया। वस्तुतः यूरोपीय विद्वान मध्यदेश की रचनाओं का महत्त्व दो दृष्टियों से आँकते थे–''ऐतिहासिक तथ्यों को प्राप्त करने और भाषा -शास्त्रीय समस्याओं को सुलझाने की दृष्टि से। रासो से उनका यह उद्देश्य सिद्ध नहीं होता था। 'पृथ्वीराज विजय' के अनुसार, 'पृथ्वीराज सोमेश्वर और कर्पूरदेवी के पुत्र कर्पूरदेवी चेदिनरेश की कन्या थीं। पृथ्वीराज के बचपन में कर्पूरदेवी ने कदम्बवास नामक मन्त्री की सहायता से राज्य का संचालन किया। अभिलेखों में इसका उल्लेख मिलता है। 'पृथ्वीराज रासो' के अनुसार ये दिल्ली के राजा अनंगपाल की पुत्री के लड़के थे। 'पृथ्वीराज विजय' में 'चन्दबरदाई' का भी उल्लेख नहीं है। एक स्थल पर चन्द्रराज कवि का उल्लेख है परन्तु उसे कश्मीरी कवि चन्द्रक के रूप में स्वीकार किया गया। और भी अनेक ऐसी बातें हैं जो ऐतिहासिक तुला पर खरी नहीं उतरतीं। डॉ. बूलर, मारिसन, म.म. गौरीशंकर हीराचन्द ओझा, मुंशी देवीप्रसाद जैसे इतिहासकारों ने इसे अप्रामाणिक सिद्ध किया किन्तु कुछ साहित्यकार इसे पूर्ण अप्रामाणिक मानने के पक्ष में नहीं थे। मुनि जिनविजय ने 'पुरातन प्रबन्ध संग्रह' में 'जयचन्दप्रबन्ध' नामक एक प्रबन्ध प्रकाशित किया जिसमें चन्द के चार छप्पय दिये हैं। इसकी भाषा परिनिष्ठित साहित्यिक अपभ्रंश के निकट है। जिस प्रति से यह छन्द उद्धृत है, वह पन्द्रहवीं शती की है। इससे स्पष्ट है कि इस काल तक लोगों को चन्द के छप्पयों की जानकारी थी। ये वर्तमान रासो में भी विकृत रूप में उपस्थित हैं। इनसे पृथ्वीराज के दरबार में चन्द की उपस्थिति तथा उनके महाकवि होने की बात प्रमाणित होती है।

अनेक साहित्यकारों ने 'पृथ्वीराज रासो' के मूल प्रति की खोज की दिशा में अथक प्रयास किया और इसका सम्पादन भी किया। इसकी कई प्रतियाँ बृहद, लघु और लघुतम रूप में प्राप्त हुईं जो पृथ्वीराज रासो के प्रामाणिक अंश के सम्पादन का आधार बनीं। आचार्य हजारीप्रसाद द्विवेदी के अनुसार ''भारतीय कवियों ने ऐतिहासिक नाम भर लिया, शैली उनकी वही पुरानी रही जिसमें काव्य-निर्माण की ओर अधिक ध्यान था, विवरण संग्रह की ओर कम; कल्पनाविलास का अधिक मान था, तथ्यनिरूपण का कम, उल्लसित आनन्द की ओर अधिक झुकाव था, विलासित तथ्यावली की ओर कम। इस प्रकार इतिहास

को कल्पना के हाथों परास्त होना पड़ा। ऐतिहासिक तथ्य इन काव्यों में कल्पना को उकसा देने के साधन मान लिए गए हैं।...यही कारण है जब ऐतिहासिक व्यक्तियों का भी चरित्र लिखा जाने लगा; तब भी इतिहास का कार्य नहीं हुआ। अन्त तक ये रचनाएँ काव्य ही बन सकीं, इतिहास नहीं। फिर भी निजंधरी कथाओं से वे इस अर्थ में भिन्न थीं उनमें बाह्य तथ्यात्मक जगत् से कुछ-न-कुछ योग अवश्य रहता था।''

नवीं-दसवीं शताब्दी में प्रचलित कथाओं के लक्षण, कथानक रूढ़ियों तथा काव्य-लक्षण को ध्यान में रखकर आचार्य हजारीप्रसाद द्विवेदी ने पृथ्वीराज रासो के प्रामाणिक अंशों की खोज की। इस खोज में द्विवेदी जी ने 'कीर्तिलता', 'सन्देशरासक' के छन्द, वर्णन-पद्धति, संवाद आदि को ध्यान में रखा। द्विवेदी जी ने इस ग्रन्थ के पाँच प्रसंगों को प्रामाणिक माना—

1. आरम्भिक अंश,
2. इंछिणी विवाह,
3. शशिव्रता का गन्धर्व-विवाह,
4. तोमार पाहार का शहाबुद्दीन को पकड़ना,
5. संयोगिता का जन्म, विवाह तथा इंछिणी और संयोगिता की प्रतिद्वन्द्विता तथा समझौता।

द्विवेदी जी के अनुसार 'इन अंशों के भाषा में उस प्रकार की बेडौल और बेमेल ठूँस-ठाँस नहीं है और कवि का सहज प्रवाह है। इसमें चन्दबरदायी ऐसे सहज-प्रफुल्ल कवि के रूप में दृष्टिगत होते हैं जो विषम परिस्थितियों से भी जीवन-रस खींचते रहते हैं। वे केवल कल्पनाविलासी कवि ही नहीं, निपुण मन्त्रदाता के रूप में भी सामने आते हैं। चाहे रूप और शोभा का वर्णन हो चाहे ऋतु-वर्णन की उत्फुल्लता का प्रसंग हो, चन्दबरदाई सर्वत्र एक समान अविचलित और प्रसन्न दिखाई पड़ते हैं। रूप और सौन्दर्य के प्रसंग में उनकी कविता रुकना ही नहीं जानती। निस्सन्देह उन्होंने काव्यगत रूढ़ियों का बहुत व्यवहार किया और परम्परा-प्रचलित उपमानों से सौन्दर्य की अभिव्यंजना उनके साहित्य का प्रधान कौशल है, तथापि वह कवि के आनन्द निर्झर चित्त को पूर्ण रूप से प्रकट करती हैं। कथानक रूढ़ियों की दृष्टि से तो चन्द का काव्य बहुत ही महत्त्वपूर्ण है।'' (हजारीप्रसाद द्विवेदी, ग्रन्थावली, भाग-3, पृ.-294)

'पृथ्वीराज रासो' के चरितनायक पृथ्वीराज चौहान हैं। महाकाव्य की परम्परानुसार इसमें धीरोदात्त नायक की परिकल्पना है। यह सर्गों में विभक्त है। आधिकारिक कथा के अतिरिक्त अनेक प्रासंगिक कथाएँ आती हैं, छन्दों का वैविध्य इसकी एक और विशेषता है। आरम्भ में मंगलाचरण, पूर्व कवियों के प्रति कृतज्ञता-ज्ञापन, सज्जन-प्रशंसा, दुर्जन-निन्दा तथा ग्रन्थ-रचना का उद्देश्य बताने

के साथ कवि ने पृथ्वीराज के जन्म तथा शिशु-क्रीडा के साथ मुख्यकथा का बीजारोपण किया है। पृथ्वीराज के विद्या तथा शस्त्राभ्यास के पश्चात् कवि उसे राजकर्म में प्रवृत्त कराता है। उसके सामन्तों में प्रमुख कन्ह, गुर्जर-नरेश भीमदेव चालुक्य के एक भाई का वध कर देता है जो भीमदेव से असन्तुष्ट रहने के कारण पृथ्वीराज के दरबार में शरण लिये था। इसका कारण बहुत सामान्य था कि भीमदेव के भाई ने कन्ह के सामने अपनी मूँछों पर हाथ रख दिया था। यद्यपि पृथ्वीराज ने कन्ह को आँखों पर पट्टी बाँधने का निर्देश दिया किन्तु भीमदेव चालुक्य इतने बड़े अपराध के लिए इतने सामान्य दण्ड से सन्तुष्ट न हुआ और पृथ्वीराज से बैर ठान लिया। भीमदेव सलष की पुत्री मन्दोदरी से शादी कर चुका था किन्तु वह उसकी छोटी बहन इंक्षिणी से भी विवाह करना चाहता था। इंक्षिणी के पिता और भाई ने इसका विरोध किया। अपनी कन्या को भीमदेव से बचाने के उद्देश्य से उन्होंने पृथ्वीराज के पास विवाह का प्रस्ताव भेजा। पृथ्वीराज ने उसे स्वीकार किया। पृथ्वीराज की सेना के साथ-साथ भीमदेव भी ससैन्य पहुँचा। दोनों में संघर्ष स्वाभाविक था। भीमदेव को बदला लेने का भी मौका मिला। पर वह परास्त होता है और इंछिणी का विवाह पृथ्वीराज से पूरी हिन्दू विवाह पद्धति के अनुरूप होता है। पृथ्वीराज का दूसरा विवाह शशिव्रता से होता है, जहाँ उसका सामना जयचन्द की सेना से होता है। यहाँ देवास नरेश अपनी भतीजी चित्ररेखा नामक अप्सरा की अवतार शशिव्रता का विवाह जयचन्द के भाई वीरचन्द से निश्चित करता है। किन्तु गन्धर्व वीरचन्द की अयोग्यता तथा कम आयु की बात कहकर एवं पृथ्वीराज के सौन्दर्य, यश, कीर्ति, अवतार का वर्णन कर शशिव्रता के अन्तस् में पृथ्वीराज के प्रति अनुराग उत्पन्न करता है। यही कार्य गन्धर्व पृथ्वीराज के साथ भी करता है। शशिव्रता के प्रति आकर्षित पृथ्वीराज निश्चित समय, तिथि पर पहुँचता है और मन्दिर से शशिव्रता को लेकर चल पड़ता है। वीरचन्द की सेना पीछा करती है, पर वह मारा जाता है।

इस तरह इन दो विजयों के बाद पृथ्वीराज मृगयादि में सुख से जीवन बिता रहा था कि उसे अपने मन्त्री कयमास (कदम्बवास) की करनाटी दासी से अनुरक्ति का पता चला। यशस्वी, उज्ज्वल चरित्र के पृथ्वीराज के लिए यह अपमानजनक था। एक रात छिपकर उसने कयमास को मार डाला। सामान्य अपराध हेतु इतने कठोर दण्ड के कारण चन्दबरदाई दुःखी होता है।

कन्नौज नरेश जयचन्द की पुत्री संयोगिता के मन में अपने प्रति प्रेम का पता चलने पर वह उससे भी विवाह करता है। अपने सामन्तों, शुभचिन्तकों तथा ज्योतिषियों के मना करने के बावजूद भी वह कन्नौज गया। हाँ! कन्नौज जाने के पहले राजा द्वारा रनिवास से अनुमति लेना आवश्यक था। इस हेतु सबसे पहले इंछिणी के मन्दिर में गया। यह वसन्त-ऋतु थी। सारे ऋतु-राजा वहीं रहे। शेष पाँच

रानियों ने भी पाँच ऋतुओं तक राजा को अपने यहाँ रोके रखा। इस अवसर का उपयोग कवि शृंगार निरूपण और प्रकृति चित्रण में करता है। अन्ततः चतुर कवि चन्दबरदाई के प्रयास से राजा किसी तरह मुक्त हुए और कन्नौज की राह पकड़ी। इस युद्ध में पृथ्वीराज को 'कन्ह' आदि अपने महान सामन्त और दुर्धर्ष योद्धा खोने पड़े। पटरानी के रूप में संयोगिता का आगमन इंछिणी तथा अन्य रानियों को नहीं भाया। इसी बीच शहाबुद्दीन गोरी का हमला होता है जिसमें राजा को गोरी गिरफ्तार करता है। वह पृथ्वीराज को गजनी ले गया। उसकी आँखें फोड़कर उसे कैदखाने में डाल दिया। सभी रानियाँ सती हो गयीं। कुछ दिन पश्चात् सखा कवि चन्दबरदाई पृथ्वीराज से मिलने गया। वह गोरी को प्रभावित कर उसे पृथ्वीराज के शब्दभेदी बाण-सन्धान का कौशल देखने के लिए मना लेता है। दूसरी तरफ चन्दबरदाई पृथ्वीराज को गोरी-वध हेतु उकसाता है। उसे वह दूरी बताता है, जहाँ मंच पर गोरी इस कौशल को देखने के लिए बैठा है। फिर क्या था? पृथ्वीराज अपने बाण से गोरी का वध करते हैं। लक्ष्य की पूर्ति के पश्चात् चन्द तथा पृथ्वीराज दोनों एक दूसरे को कटार भोंककर अपनी इहलीला समाप्त करते हैं। गजनी के जेल में पृथ्वीराज का पश्चाताप तो है ही, इस रचना में अनेक विवाह-वर्णन, युद्ध-वर्णन, अति मानवीय उपाख्यान तथा होली-दीपावली उत्सव आदि का सजीव वर्णन एवं लोक में व्याप्त किंवदन्तियाँ भी इस ग्रन्थ में समाहित हैं। रासो की शैली पौराणिक शैली है।

पृथ्वीराज रासो में नवीनता का अभाव है पर उसमें मार्मिक प्रसंगों की सृष्टि भी है और ऐसे प्रसंगों की पहचान भी कवि को है। गर्भ में बढ़ रहे पृथ्वीराज की कला तथा शिशु के विकास से माँ के रूप पर पड़ने वाले उसके अन्तःप्रभाव का वर्णन यहाँ दृष्टव्य है–

> कितिक दिवस अन्तरह रहिय आधान रानि उर।
> दिन-दिन कला बढ़त मेघ ज्यों बढ़त भद्द धुर।
> चन्द्रकला सित पष्ष जेम बाढ़ंत दिनं दिन।
> मुगवा जीवन चढ़त मिलत भरतार षिनं षिन।
> उद्दित अधान सुभ गातनह, जेम जलधि पुन्निम बढ़ाई।
> हुलसंत हीय जे प्रीय त्रिय जिम सुजीति जनिता चढ़हि ॥

बालक पृथ्वीराज की क्रीड़ाओं का भी बहुत मनोहारी चित्रण कवि ने प्रस्तुत किया है। युवक राजा के जीवन में विवाहों का स्थान स्वाभाविक है। राजा ने विवाह तो अनेक किए किन्तु कवि का मन रमा है–इंछिणी, शशिव्रता और संयोगिता के विवाह प्रसंग में। विवाहों के वर्णन में पुनरावृत्ति से बचने के लिए तीनों विवाह तीन रीतियों से सम्पन्न कराए गये। इंछिणी का विवाह विशुद्ध हिन्दू-विवाह

प्रणाली का परिचायक है तो शशिव्रता का आधार है—नायक और नायिका दोनों का पूर्वानुराग, परस्पर अनुरक्त बनना। संयोगिता विवाह में पूर्वानुराग केवल संयोगिता में है। फलस्वरूप यहाँ केवल संयोगिता-सौन्दर्य का आयोजन है।

चन्दबरदाई नवीन-नवीन उपमाओं के सर्जक थे। कवि की प्रतिभा इंछिणी और शशिव्रता की वयःसन्धि तथा यौवन के वर्णन में अपना कलात्मक उभार पायी है—

बालप्पन तन मध्य जीवन इमं सरसी अवग्गी जलं।
अंगं मद्धि-सुनीरजे मल ससी सुम्भै सुसैसव इमं ॥ (इंछिणी)

बढ़ढै न सीत कटि छीन है, लज्ज मांग ढंकनि फिरै।
ढंकै न पत्त ढंकै कहै, बन बसन्त मंत जु करै ॥ (शशिव्रता)

चन्दबरदाई की उपमा रूढ़ियों से अलग नयी सूझ प्रकट करती है। चन्दबरदाई सौन्दर्य का तटस्थ द्रष्टा था, वर्णनकर्ता मात्र नहीं; अपितु वह सौन्दर्य की अनुभूति का मनोवैज्ञानिक चित्र उकेरता है। नव-वधू के रूप में प्रथम समागम हेतु प्रिय के सम्मुख जाने से पूर्व इंछिणी का स्वरूप द्रष्टव्य है—

हलहलै लता कछु मंद वाय। नव बधु केलि भय कंप पाय ॥
उपमा उर कहीय तांम। जुब्बन तरंग अंगि-अंगि कांम ॥

और प्रियतम के प्रथम स्पर्श से शशिव्रता की स्थिति देखिए—

गहि शशिवृत्त नरिंद। सिढ़ि लंघत ढहि थोरी ॥
काम लता कल्हरी। पेम मारूत झकझोरी ॥

जहाँ इंछिणी में प्रियतम का प्रथम दर्शन मार्मिक बन पड़ा है, वहीं उससे भी अधिक मार्मिक है—शशिव्रता का प्रथम स्पर्श। जनसमूह के बीच पृथ्वीराज शशिव्रता का हाथ पकड़कर जब अपनी ओर खींचता है तो तुरन्त ही कवि की उपमा फूट पड़ती है।

कवियों की दृष्टि में नायिका के सौन्दर्य का मानदण्ड उसके नेत्र हैं। नेत्र के सौन्दर्य के सन्दर्भ में अनेक नवीन उद्‌भावनाएँ सृजित की गयी हैं। और इन नवीन कल्पनाओं के सहारे चंद ने अविस्मरणीय चित्र खींचे हैं। एक-से-एक उपमा और नयी कल्पना का परिचय नेत्रों के चित्रण में दिखाई देता है। ऐसी परिकल्पना अन्य कवियों में नहीं दिखाई देती—

यो करंत दुत्तिय बियौ, कथा श्रवन सुनि मंत।
जाकौ तें पतिवृत्त लिय, सो आयौ अलि कंत ॥

श्रवन नयन को मेल कै, भय चंचल चल चित्त।
श्रोतानं दिष्टान अरू, मिलि पुच्छै दोइ मित्त ॥

कर्न प्रयंत कटाक्ष सुरंग विराजही। कछु पुच्छन को जाहि पै पुच्छत लाजही॥
नैन सैन के बात जु स्त्रवनन सों कहै। काम किंधौ प्रथिराज भेदि करि ॥

वस्तुतः चन्दबरदाई ने शशिव्रता को इंछिनी से अधिक सुन्दर और शीलवान प्रस्तुत किया है। और शशिव्रता से भी अधिक संयोगिता को। वसन्त का आगमन, जड़-चेतन का नव उल्लास, शृंगार भाव से भर देता है। प्रकृति अपने इस सहचर के द्वारा विकसित हो उठती है। नारी का यौवन वसन्त बिना कैसा? इसलिए रचनाकार शशिव्रता के यौवन को वसन्त से उपमित करता है—

"पत्त पुरातन झरिग पत्त अंकुरिय उट्ठ तुछ।
ज्यौं सैसव उत्तरिय चढ़िय बैसब फिसोर कुछ ॥

शीतल मन्द सुगन्ध आई रितिराग अचानं।
रोमराइ संग कुच नितंब तुच्छं सरनानं ॥

बढ़ढै न सीत कटि छीन है लज्ज मांग ढंकनि फिरै।
ढंकै न पत्त ढंकै कहै, बन बसन्त मंत जु करै ॥"

षड्ऋतु वर्णन प्रबन्ध काव्य की अनिवार्यता रही है। इसके द्वारा रचनाकार समूचे परिवेश को चित्रित करता कर जाता है। इन ऋतुओं के माध्यम से रचनाकार मानवीय मनोभावों की यथार्थ अभिव्यक्ति करता है। ऋतुओं को उद्दीपक के रूप में प्रस्तुत कर वह राजा और रानी, जन-सामान्य के मनोविज्ञान को भी प्रकाशित करता है। कल्पना के धनी चन्दबरदाई शशिव्रता का साक्षात्कार मन्दिर में कराते हैं तथा संयोगिता का गंगा के तट पर। प्रथम दर्शन में पृथ्वीराज की निगाहें नारी के आकर्षक अंग—जानु, कुच, मुख, नासिका, कटि, नेत्र, भौं तथा वेणी—को न देखकर कुछ और ही देखती हैं—

"कुंजर उप्पर सिंध सिंध उप्पर दो पव्वय।
पव्वय उप्पर भृंग-भृंग उप्पर ससि सुभ्भय ॥
ससि उप्पर इक कीर कीर उप्पर मृग दिट्ठौ।
मृग उप्पर कोवंड संघ कन्द्रप्प वयट्ठौ ॥
अहि मयूर महि उप्परह हीर सरन हेमन जर्यो।
सुर भुवन छंडि कविचन्द फहि तिहि धोषै राजन पर्यो ॥

चन्दबरदाई ने अलंकारों का आयोजन नहीं किया है किन्तु भावों के आवेग में

अलंकार स्वयं बह जाते हैं। गजनी के कैद खाने में दारुण दशा भोगने के लिए विवश पृथ्वीराज की मानसिक दशा का अत्यन्त कारुणिक चित्र रचनाकार ने खींचा है। भाव-भांगिता के साथ-साथ भाषा नये-नये छन्दों की गति धारण करती चलती है, ठीक उसी तरह जैसे बलखाती हुई नदी। इन छन्दों में हिन्दी काव्योचित संगीत सर्वोपरि है। इसीलिए शिवसिंह सेंगर ने चन्द को 'छप्पयों का राजा' कहा है। डॉ. नामवर सिंह के अनुसार, ''पृथ्वीराज रासो सन्त भक्ति-काव्य की भाँति सामान्य जन-जागरण की भावनाओं का प्रतिबिम्ब न होते हुए भी ह्रासोन्मुखी सामन्ती शक्तियों के अन्तर्विरोध का चित्रण करने वाला महाकाव्य है। वस्तुतः रासो अपने युग की वास्तविक वीरता तथा प्रेम भावना को प्रतिबिम्बित करने वाली रचना है। पृथ्वीराज रासो मानव जीवन के विविध परिस्थितियों और भाव-दशाओं का महासागर है। उस युग की सांस्कृतिक परिस्थितियों तथा पूर्व-परम्पराओं और मध्ययुगीन भारतीय समाज का यथार्थ चित्र इस रचना में प्रस्तुत है। सच यह है कि यह इन तीनों का काव्यात्मक इतिहास है।''

''पृथ्वीराज रासो' की भाषा अत्यन्त सहज और प्रवहमान है। उस समय की विभिन्न भाषाओं का इसमें मिश्रण तो है किन्तु यह ब्रज का प्राचीनतम रूप है। निश्चय ही वस्तु चयन तथा अभिव्यक्ति-कौशल के धरातल पर परवर्ती रचनाकारों के लिए चन्द एक दुरूह मानदण्ड स्थापित कर जाते हैं।

ढोला मारू रा दूहा

15वीं शताब्दी का लोक-काव्य 'ढोला मारू रा दूहा' 'सन्देश रासक' व बीसलदेव रासो की तरह मूलतः विरह-गीत है। बचपन में विवाहित मारवणी अपने विवाह तथा पति की चर्चा सुनकर पति ढोला के विरह में व्याकुल होती है। वह अपने पति का पता लगाने तथा अपना विरह सन्देश उस तक पहुँचाने के लिए कई सन्देश-वाहकों को भेजती है लेकिन उसकी सौत मालवणी सभी को मरवा देती है और ढोला के पास तक उन्हें नहीं पहुँचने देती है। अन्ततः वह, यह दायित्व लोकगीत गायक ढ़ाढ़ी को सौंपती है। ढ़ाढ़ी सफल होता है और मारवणी तथा ढोला का मिलन होता है। मूल कथा इतनी ही है। और इसी पर आधारित अधिकांश गीत हैं। वस्तुतः यह कथा एक तरफ बहुपत्नीत्व के दोष को उजागर करती है, दूसरी ओर अत्यन्त कारुणिक भाव का सृजन करती है तथा तीसरी तरफ भारतीय नारी की परम्परा का आख्यान प्रस्तुत करती है। सरसता पैदा कराने के लिए मारवणी की मृत्यु कराई जाती है और किसी तरह उसे जिन्दा कर दिए जाने के बाद उमर सोहरा जैसे प्रतिद्वन्द्वियों की बाधा चित्रित की गयी है। अन्त सुखद है—जहाँ सौतों में मेल होता है। इसमें 'सन्देशरासक' और 'बीसलदेव रास' जैसा षड्ऋतु-वर्णन या बारहमासा नहीं है। हाँ! पावस ऋतु का वर्णन विस्तार से है।

यह इसलिए कि मरुभूमि में दुर्लभ पावस ऋतु सबसे मनोहारी होती है। वैसे भी पावस ऋतु विरहिणी के विरह को बढ़ाती है। पदमावत (जायसी) का नागमती विरह वर्णन इसका उदाहरण है। 'ढोला' में भी कहा गया है–

"मारु देश सुहावना सावण साजि बेर"

इस काव्य में न तो परम्परा विहित काव्य-रूढ़ियाँ हैं और न ही अनावश्यक विस्तार। ढोला का पावन स्मरण स्थानीय रंगत से भरा हुआ है, जिसमें मारवाड़ के वास्तविक जीवन का प्रतिबिम्ब झलकता है। यह एक 'सन्देश काव्य' है। सन्देशकाव्य की दृष्टि से भी 'ढोला मारू रा दूहा' 'सन्देशरासक' व 'बीसलदेव रासो' से अलग है। 'सन्देशरासक' में अपरिचित एक पथिक तथा 'बीसलदेव रासो' में राज्य का ही एक पण्डित सन्देशवाहक है। लेकिन ढोला मारू में क्रौंच पक्षी से लेकर ढ़ाढ़ी तक मारवणी की विरह-वेदना के साझीदार हैं। ढाढ़ी, पथिक और पण्डित की तरह केवल श्रोता नहीं है अपितु अपनी कल्पनाशक्ति एवं सर्जनशीलता के कारण वह विरहिणी नायिका की कथा मार्मिक बनाकर अभिव्यक्त करने में सफल होता है। सच यह है कि ढोला का सन्देशवाहक ढाढ़ी अधिक सहृदय है।

शैली की दृष्टि से 'ढोला' लोकगीत के अधिक निकट है। एक ही पंक्ति की अनेक बार आवृत्ति लोकगीत की विशेषता है। यह वैशिष्ट्य इस काव्य का अंग है।

सन्देश-कथन का प्रारम्भ बिन्दु इस सन्देश काव्यों के बीच नयी रीति से होता है। 'ढोला मारू रा दूहा' में घर के पीछे वाले सरोवर में एक रात कुररी पक्षियों का करुण-रव होता है। नायिका का निराश मन आशा से भर उठता है। उसे विश्वास है कि ये पाँखियाँ उसकी विरह-वेदना उसके प्रियतम तक पहुँचाएँगीं। सुबह होते ही वह पक्षियों के पास पहुँचती है और मारवणी उनसे बातें करती है। नायिका और कुररी का सवाल-जवाब होता रहता है किन्तु किसी बहेलियों को सन्धान करते देख पाँखियाँ उड़ जाती हैं। पक्षी और नायिका रूपी स्त्री के बीच इतनी मार्मिक बातचीत परम्परागत काव्यों में तो मिलती ही नहीं पर परवर्ती हिन्दी काव्य पद्मावत में इसका स्वरूप दिखाई पड़ता है। 'ढोला मारू रा दूहा' के इस अनोखे प्रश्नोत्तर का अंश यहाँ प्रस्तुत है–

"कुंझाँ, द्यउ नई पंखड़ी, थाँकउ विनउ वहेसि
सायर लंघी प्री मिलउँ प्री मिलि पाछी देसि ॥"

"म्हे कुरझाँ सरवर-तणा, पाँखाँ किणहिं न देश!
भरिया सर देखी रहाँ, उड़ आघेरि वहेस ॥"

''उत्तर दिसि उपराठियाँ, दक्षिण साँमहियाँह।
कुरझाँ, एक सन्देशड़उ ढोलानइ कहियाँह ॥''

''माणस हवाँ त मुख चवाँ, म्हे छाँ कूझड़ियाँह।
प्रिय संदेसउ पाठविसु लिखि दे पंखडियाँह ॥''

''पाँखें पाणीं थाहरइ, जलि काजल गहिलाई।
सयणाँ तणाँ संदेसड़ा, मुख-वचने कहिबाइ ॥''

पक्षी तो पक्षी ही है। वह सचमुच बात कैसे करेगी? किन्तु कवि ने नायिका की ओर से यह विश्वास दिला दिया है कि पक्षी बोल रहे हैं। क्योंकि उनकी भाव-भंगिमाएँ मारवणी के विदग्ध चित्त को इस प्रकार प्रभावित करती हैं कि प्रश्नोत्तर के पश्चात् उसकी अपनी अनुभूति ही पक्षियों का जवाब बन जाती है। वस्तुतः अनुभव की यह मार्मिकता विरहिणी नायिका के मनःस्थिति को प्रकाशित कर जाती है। नायिका की इच्छा है कि पक्षियाँ अपनी प्रियतम को सन्देशा लिखने के लिए उधार दे दें पर वे उससे इनकार कर जाती हैं। मारवणी सोचती है कि इनके इनकार करने से क्या अन्तर पड़नेवाला है, कोई-न-कोई सन्देशवाहक तो मिलेगा ही। और मिलता भी है—ढ़ाढ़ी; जिसका यही काम है। वह ढ़ाढ़ी से अपना सन्देशा सीधी-सादी भाषा में भेजती है। न इसमें लम्बी-चौड़ी बात है, न बनावट। 'ढोला मारू रा दूहा' के सन्देश का यह अंश 'सन्देशरासक' की पद्धति की याद दिलाता है। इतना ही नहीं 'पद्मावत' में जायसी ने इसी का अनुवाद-सा कर दिया है—

'ढोला मारू रा दूहा'—

''ढ़ाढ़ी, एक सन्देशडउ प्रीतम कहिया जाइ।
सा धण बलि कइला भइ, भसम ढँढोलिसि आई ॥
ढ़ाढ़ी, जे प्रीतम मिलइ, यूँ कहि दाखवियाह।
पंजर नहिं छइ प्राणियउ, याँ दिस झल रहियाह ॥

'पद्मावत'—

पिउ सो कहेउ सन्देसडा, हे भौंरा! हे काग!
सो धनि विरहे जरि मुई, तेहि का धुँवा हम्हँ लाग ॥

काव्यभाषा की पहली और अन्तिम शर्त है—चित्रात्मकता। वस्तुतः चित्रात्मकता इस रचना की आत्मा है। 'ढोला मारू रा दूहा' के चित्रों में जहाँ मनःस्थिति का पूरा-पूरा अंकन सामने आता है वहीं यथार्थ भी प्रभावशाली होकर

पाठक को प्रभावित करता है। एक तरफ मारवणी की विरह स्थिति का अत्यन्त संवेदनशील कारुणिक चित्र प्रस्तुत है तो दूसरी तरफ उसके हृदय के हर्षोद्वेग का।

प्रियतम के आने की खबर पाकर मारवणी का हृदय हिमगिरि की तरह ऐसा विशाल हो गया कि लगता है शरीर रूपी पिंजरे में उसका आह्लादपूर्ण हृदय समाएगा ही नहीं। पर उसे इसकी चिन्ता नहीं वह तो उल्लासमग्न है। वह अपने घर में इस तरह फुदक रही है जैसे जल का फौव्वारा फूट पड़ा हो। हर्षातिरेक में वह देखती है कि घर के खम्भे तक नाच रहे हैं, सारा घर हँस रहा है—और सबसे विचित्र बात यह है कि वह खाट जो मारवणी की है जिसपर ढोला को सोना है वह भी भविष्य की कल्पना के साथ सम्पृक्त होकर खेल रही-सी प्रतीत हो रही है।

निश्चय ही जड़ तत्व में संवेदना भरकर उसे जीवन्त बना देना लोक-कवि की महत्ता है। मारवाड़ देश में लिखा गया यह लोककाव्य राजस्तुतियों से अलग हटकर सामान्य लोक-जीवन की सरस स्वस्थ परम्परा तथा प्रेम-भावनाओं को अभिव्यक्त करता है। यह काव्य यह भी घोषणा करता है कि जीवन का सहज रस राजदरबारों में लिखे गए काव्यों में नहीं होता है बल्कि लोक में रहकर लोक को अनुभव कर उन्हीं की वाणी में उनके मन के राग का गान असली गान होता है। और उसी में असली रस होता है। तीनों काव्य 'सन्देशरासक', 'बीसलदेव रासो' तथा 'ढोला मारू रा दूहा' मेघदूत की परम्परा को ही समृद्ध करते हैं। कल्पना का जो उत्कर्ष वहाँ है, वह उत्कर्ष इस काव्य में तो नहीं है पर इनके रचनाकार कल्पना की उड़ान भरने में चूके नहीं हैं। उन्होंने शैली, शिल्प, भाषा और कथ्य की दृष्टि से लोकहृदय को रूपायित किया है। लोक का गान किया है और कल्पना को नया स्वर दिया है।

आदिकालीन हिन्दी : भाषिक संवेदना का नव धरातल और अब्दुल रहमान

इलियट ने रचना की श्रेष्ठता के लिए भोक्ता और रचयिता के अलगाव की शर्त आवश्यक मानी है। किन्तु केदारनाथ सिंह ठीक इसके विपरीत बात करते हैं—

मुझे कहीं भी देखा जा सकता है
किसी भी दिशा से
किसी मोड़ पर
किसी भी भाषा के अज्ञात शब्दकोश में।

तात्पर्य यह कि रचनाकार और रचना का तादात्म्य आवश्यक है। सत्य तो यह है कि यह तादात्म्य भारतीय रचना-प्रक्रिया की पहचान है। व्यास, वाल्मीकि, सरहपा, कण्हपा, अब्दुल रहमान, चन्दबरदाई, कबीर, सूर, तुलसी, भारतेन्दु, पन्त, प्रसाद, निराला, महादेवी, प्रेमचन्द, अज्ञेय, हजारीप्रसाद द्विवेदी, धर्मवीर भारती, जैनेन्द्र, नरेश मेहता, शमशेर, त्रिलोचन, नागार्जुन, रघुवीर सहाय, केदारनाथ अग्रवाल, मुक्तिबोध, धूमिल, जगूड़ी आदि रचयिता भी हैं और चरित्र भी। वस्तुतः रचयिता और चरित्र की एकरूपता ही हिन्दी साहित्य और उसकी भाषा की शक्ति है। यह शक्ति परम्परा के अनुपालन से नहीं, अपितु उसके प्रति विद्रोह का भाव मुखर करने से उपजी है। यह विद्रोह कहीं एक जगह नहीं, अपितु वह गहरे पैठी मानसिकता की देन है। और यह देन अन्तर्विरोधों की उपज है। आचार्य शुक्ल अन्तर्विरोधों का मूल गुण विरुद्धों का सामंजस्य स्वीकार करते हैं। 'तराना-ए-हिन्दी' के गायक, अपने को 'हिन्दी' कहनेवाले और अपने वतन को 'हिन्दुस्तान' माननेवाले प्रसिद्ध शायर और मनीषी इकबाल कालक्रम में पाकिस्तान की योजना के आरम्भिक प्रस्तावकों में हुए। यह इतिहास के अत्यन्त रोचक और करुण अन्तर्विरोधों में से एक है। इसके बावजूद न तो हिन्दी और न ही हिन्दुस्तान की हस्ती मिटी। निश्चय ही यह महत्त्वपूर्ण और विचारणीय पहलू है। और यह पहलू ही हिन्दू मानसिकता की वह शक्ति है जो अनेक अन्तर्विरोधों को अपने में समाये है। मेरी अपनी दृष्टि से हिन्दू मानसिकता ने यह शक्ति इसलिए अर्जित की, कि वह किसी धर्म ग्रन्थ विशेष और व्यक्तित्व

विशेष पर अनिवार्यतः आस्था रखने का आदेश नहीं देता। भारत में उस भारत में जिसमें हिन्दू रहते हैं, कभी वैदिक धर्म का बोलबाला था और कभी बौद्ध का, कभी जैन का, कभी योगियों और सिद्धों की आस्था-परम्परा ने जन्म लिया। और आगे चलकर मुसलमान धर्म के आघातों से वह पीड़ित हुआ। पर इन सबके चपेटे में पड़कर भी वह चरित्र विशेष के प्रति आस्थावान नहीं हुआ। और उसकी सबसे बड़ी विशेषता यह कि वह इन झंझावातों को सहकर उनमें से अच्छाई को ग्रहण कर अपने स्वरूप को बनाए रखने में सफल रहा। इसका कारण यह भी हो सकता है कि यहाँ धर्म संस्थागत नहीं बना, वरन् वह एक आन्तरिक जिजीविषा का रूप हो गया। वह एक ऐसी हस्ती बना है, निरन्तर बनता रहा है जो यूनान, मिस्र और रोम के मिटने पर भी बराबर बना रहता है।

"इस धर्म व्यवस्था के पीछे सूक्ष्म अद्वैत दर्शन की भावना और जड़ीभूत जाति-व्यवस्था का सहअस्तित्व कारगर है, हिन्दू मानस के अन्तर्विरोधों के मूल में यही दो छोर खाद-पानी का कार्य कर रहे हैं। सम्पूर्ण यथार्थ एक ब्रह्म सत्ता की ही विविधरूपा अभिव्यक्ति है, यह विशिष्टता अन्यत्र अनुपलब्ध है। और जाति प्रथा का स्थूल रूप जन्म पर आधारित जाति के मूल अर्थ में हो, ऐसा कहीं नहीं मिलेगा। जातियों का जाल और वर्गीकरण इतना पूर्ण और व्यवस्थित है कि छन्दशास्त्र का प्रस्तार याद आ जाता है। हिन्दू समाज में नीच-से-नीच समझी जानेवाली जाति भी अपने से नीची और एक जाति ढूँढ़ लेती है, यह व्यंग्य नहीं व्यावहारिक सच है।" (हजारी प्रसाद द्विवेदी, ग्रन्थावली, भाग-3) एकत्व का रूप परम अद्वैत में और विविधता की बहार जाति प्रथा में, ये दोनों छोर हिन्दू व्यवस्था में बड़े इत्मिनान के साथ समाये हुए हैं। अपने चिन्तन में ही नहीं अपनी रचना प्रक्रिया में भी हिन्दू मानस इसी प्रकार के छोरों को दर्शाता है। रामायण और महाभारत अपनी परिकल्पना में एक-दूसरे के विरोधी हैं। एक आदर्श की चरम गाथा है तो दूसरा यथार्थ का नग्न रूप। दोनों का ढाँचा भाइयों के सम्बन्ध पर आधारित है और इन रचनाओं में हिन्दू मानस के चरम अन्तर्विरोधों का रूप, धर्म, दर्शन और जातीयता का पूरा विस्तार समा गया है। हिन्दू मानस के अनुसार धर्म वह है जो इन अन्तर्विरोधों को धारण करने का सामर्थ्य रखता हो। वह उल्लेख्य तब है जब उससे जीवन के अन्तर्विरोधों को धारण करने की अपेक्षा रखी जाए। अपने इसी सामर्थ्य के कारण हिन्दू मानस ने अनेक धर्मों के आक्रमण-प्रत्याक्रमण सहे। चाहे बौद्ध हो या जैन या इस्लाम हो अथवा ईसाई, वह सभी को अपने में आत्मसात करता रहा। उसकी अच्छाइयों को ग्रहण कर अपना रूप युगानुकूल परिवर्तित करता रहा। फलस्वरूप इन विरोधों और उनकी समरसता के बीच से इस देश के दार्शनिकों और मनीषियों ने जीवन की एक समग्र, समृद्ध और सम्पूर्ण प्रस्तावना प्रस्तुत करनी चाही। यही हिन्दू संस्कृति और

धर्म का मूल चरित्र है।

आठवीं शती के अन्त से हिन्दी साहित्य के बीज अंकुरित दिखाई देते हैं। और इस अंकुरण के साथ-साथ अभूतपूर्व राजनीतिक और धार्मिक घटनाएँ भी घटती हैं। हिन्दी साहित्य के शुरुआत के पूर्व हिन्दू धर्मग्रन्थ, मनु और याज्ञवल्क्य की स्मृतियाँ, सूर्यादि पाँचों सिद्धान्त ग्रन्थ, चरक और सुश्रुत की संहिताएँ, न्यायादि, छहों दर्शन, सूत्र, प्रसिद्ध पुराण, रामायण, महाभारत के वर्तमान रूप, नाट्यशास्त्र, पतंजलि का महाभाष्य आदि की रचना ईसवी सन् के दो-ढाई सौ वर्ष इधर-उधर की मानी जाती है, पर इन्हें अप्रामाणिक तो नहीं माना जाता। निश्चय ही इनका प्रचार-प्रसार काफी लम्बे अर्से तक होता रहा है। इन्हीं का फल है कि अश्वघोष, कालिदास, वराहमिहिर, कुमारिल, शंकर आदि संस्कृत के अनमोल रत्नों ने भारतीय विचारधारा को अभिनव समृद्धि से समृद्ध किया। यह समृद्धि हिन्दी साहित्य को प्रमाणित किए बिना कैसे रह सकती है! सातवीं शती तक बौद्ध धर्म का प्राबल्य था, पर सभी जनता बौद्ध धर्मानुलम्बी नहीं थी। सत्य तो यह है कि लोक के सामाजिक जीवन पर इसका प्रभुत्व कम था। वे बौद्ध संन्यासियों का सम्मान अवश्य करते थे और तदनुरूप अपने लोक-परलोक के विषय में सोचते थे। आज भी भारतीय गृहस्थ परस्पर विरोधी मतों के माननेवाले साधुओं की तथा भिन्न-भिन्न सम्प्रदाय के भिन्न-भिन्न प्रकृति के देवताओं की पूजा करता है। आज भी वह मन्नत के लिए मन्दिर भी जाता है और मजार पर भी जाता है। मठों के संन्यासियों से दुआ लेता है, मौलवियों के तन्त्र-मन्त्र का प्रयोग करता है। ज्योतिषियों के बताये उपाय भी करता है। शंकराचार्य के तत्त्ववाद की पृष्ठभूमि में बौद्ध तत्त्ववाद अपना रूप बदलकर रह गया। बौद्ध मठों ने शैव मठों का रूप लिया और आज भी इन मठों के महन्तों की पूजा होती है। इसी काल में बौद्ध धर्म की तान्त्रिक साधना, मारण, मोहन, वशीकरण और उच्चाटन जैसी रहस्यपूर्ण विधाओं का भी जनसामान्य में प्रभाव फैला। मुसलमानी आक्रमण से समान रूप से त्रस्त पौराणिक धर्म इसलिए बच गया कि उसका सम्बन्ध उन दिनों के समाज से था और बौद्ध धर्म इसलिए नष्ट हुआ कि उसका सम्बन्ध विहारों से था। नौवीं और दसवीं शती में शैव और बौद्ध साधना के सम्मिश्रण से नाथ-पन्थी योगियों के सम्प्रदाय का अभ्युदय हुआ। यह सम्प्रदाय कालक्रम में हिन्दी भाषी जन-समुदाय को बहुत दूर तक प्रभावित कर सका था। कबीर, सूर, जायसी की रचनाएँ इसकी तत्युगीन शक्ति-सामर्थ्य और प्रभाव को आत्मसात् किये हुए हैं।

"सन् 1324 में तिरहुत का एक राजा मुसलमानों से खदेड़ा जाकर नेपाल पहुँचा, वह अपने साथ अनेक पण्डितों और ग्रन्थों को भी लेता गया। इसके द्वारा ब्राह्मण धर्म का जो बीजारोपण हुआ वह आगे चलकर विकासशील सिद्ध हुआ।

परवर्ती राजा जय स्थिति ने इन्हीं ब्राह्मणों की सहायता से समाज का पुनः संगठन किया।" (वही पृष्ठ 34)। नेपाल के गोरखा लोगों ने अपने प्राचीन धर्म को फिर से ग्रहण किया, किन्तु नैवारी बौद्ध ही रहे। पर नेपाल में बौद्ध और हिन्दू धर्म में शत्रु-दृष्टि नहीं रही। वहाँ बुद्ध शिव ही माने गये। नेपाली बौद्धों का स्वयं का पुराण पशुपतिनाथ की पूजा को ही बुद्ध की पूजा मानता है। सम्भवतः काशी और मगध के प्रान्तों में भी अन्तिम दिनों में बौद्ध और पौराणिक धर्मों का पारस्परिक सम्बन्ध रहा है।

बौद्ध धर्म की एक शाखा महायान ईसवी सन् के आरम्भ से ही लोकमत की प्रधानता स्वीकार करती गयी। यह अवस्था सभी सम्प्रदायों, शास्त्रों और मतों की हुई और ज्ञानी, पण्डित अपने ऊँचे आसन से उतरकर अपनी असली प्रतिष्ठाभूमि—लोकमत की ओर आने लगे। यह परिणति अत्यन्त स्वाभाविक रही। और इसी स्वाभाविक परिणति का मूर्त प्रतीक है हिन्दी साहित्य। एक बात और—महायान सामाजिक आचार-विचारों का मेरुदण्ड नहीं है। मेरुदण्ड तो स्मार्त्त विचार ही है। यह अलग बात है कि महायान की कतिपय मान्यताएँ, यथा—सर्वकल्याण भावना, सत्कर्म, जगत की नश्वरता, कर्मकाण्ड की बहुलता, मन्त्र-तन्त्र में विश्वास, मानवीयता, सहजता और समन्वयमूलकता, करुणा आदि, उत्तर भारत के हिन्दू धर्म में रह गयीं, पर ध्यान से देखा जाए तो ये तत्त्व पौराणिक धर्मों में भी विद्यमान रहे। यहाँ तक कि "सूर और तुलसी की अवतारवाद की भावना, प्राचीन-शास्त्रानुमोदित होते हुए भी महायानियों की देन है। इसीलिए ग्रियर्सन, केनेडी को उसमें ईसाइयत का असर दिखाई देता है।" (वही, पृ. 38)

यद्यपि यह सत्य है कि प्रारम्भ में संस्कृत के प्रभाव के कारण इस काल के पण्डित प्रत्यक्ष जीवन या लोक-जीवन से दूर हट रहे थे, जबकि बौद्ध धर्म लोक-जीवन में घुल-मिलकर लोकधर्म का रूप ग्रहण कर रहा था। पर यह अलगाव उस समय समाप्त हो गया जब बौद्ध धर्म ह्रास की स्थिति में आ गया। अनेक बौद्ध धर्मानुयायी जिस प्रकार पहले बौद्ध धर्म अपनाये थे, उसी प्रकार पुनः ब्राह्मण धर्म में आ गये। वे अपने साथ व्रत, पूजा, पार्वण आदि भी ले आये। इस प्रकार पण्डित-अनुमोदित धर्म और शास्त्र भी लोक के पक्षधर बने।

फलस्वरूप, निश्चय ही लोकमत की यह प्रधानता उस संस्कृत भाषा में पूरी तरह अभिव्यक्त नहीं हो सकती थी, जो जन-साधारण या लोक से अलग थी और जिसे अधिकांश लोग समझ नहीं सकते थे। तद्‌युगीन लोक को अभिव्यक्त करने के लिए उसी लोक की भाषा की आवश्यकता थी। भाषा के बदलाव की यह प्रक्रिया पहली बार प्रारम्भ नहीं हुई थी, बल्कि इसके पहले स्वयं संस्कृत में—वैदिक और लौकिक संस्कृत नाम से—बदलाव आ चुका था। संस्कृत को छोड़कर पालि भाषा भी विकसित हो चुकी थी। और इसी क्रम में प्राकृत का अस्तित्व अस्वीकार नहीं

किया जा सकता। इस प्रक्रिया का अगला कदम अपभ्रंश है। वस्तुतः काव्य, सामाजिक संवेदना का वैयक्तिक संवेदना में तिरोधान है। यह वैयक्तिक संवेदना—एक रचनाकार विशेष की, उस समाज की विशिष्ट भाषा की, जिसकी संवेदना को अभिव्यक्ति प्रदान करती है—भाषा की अनुवर्तिनी होती है। वह उसी की भाषा में अभिव्यक्त हो सकती है। इसलिए हर काल का रचनाकार विशेषकर परिवर्तनशील युग का रचनाकार उस युग, उस समाज की भाषा का सन्धान करता है। गोस्वामी तुलसीदास के सम्बन्ध में प्रसिद्ध एक कथा हमारी बात और स्पष्ट कर जाएगी। गोस्वामीजी पहले संस्कृत में रचना करते थे, दिन भर जो लिखते थे रात को सब साफ हो जाता था। सवेरे केवल कोरे पन्ने बचते थे। तुलसीदास परेशान। जब बहुत परेशान हो गए तो उन्होंने अपने देवताओं का स्मरण किया। एक दिन स्वप्न में उन्हें शंकर का साक्षात् हुआ। तुलसीदास को उन्होंने आदेश दिया कि संस्कृत में नहीं, भाषा में लिखो। तब यह अक्षुण्ण होगा। भाषा में लिखा मानस आज तक हमारे-आपके बीच विद्यमान है। और इसे जन-साधारण से लेकर विद्वत समाज तक ने अपने गले का कण्ठहार बनाया। इस कथा से एक आशय निकलता है कि लोकप्रियता प्राप्ति के लिए रचनाकार का यह दायित्व होता है कि वह लोकभाषा का सन्धान करे। उपर्युक्त परिस्थितियों, सामाजिक और राजनीतिक स्थितियों में, जब काव्यवस्तु जनसाधारण की ओर उन्मुख थी, तब जनसाधारण की भाषा के सन्धान की अपेक्षा थी। स्वयम्भू और पुष्पदन्त अपनी भाषा को देशी भाषा घोषित करते हैं। विद्याधर लोकभाषा के पण्डित हैं और दामोदर पण्डित लोकभाषा से परिचय कराने के लिए उक्ति, व्यक्ति प्रकरण की रचना करते हैं। इन रचनाकारों के साथ विद्यापति के उद्घोष को भी रखकर परखा जाए तो देशी और लोक भाषा का स्वरूप स्पष्ट हो जाएगा। हिन्दी का सन्धान यहीं इसी सन्दर्भ में हुआ। उस हिन्दी का जो जनसाधारण की कथा की अभिव्यक्ति का सामर्थ्य रखती थी, उस हिन्दी को आप चाहें तो अपभ्रंश में भी देख सकते हैं। वैसे राहुलजी तो अपभ्रंश को हिन्दी से भी कहीं अधिक हिन्दी भाषा मानते हैं और द्विवेदीजी अपभ्रंश साहित्य को हिन्दी का मूलरूप और प्राणधारा स्वीकार करते हैं। चाहे तो अवहट्ट को उसका पुराना रूप मान सकते हैं। और न मानें तो कबीर से उसे स्वीकार करना ही पड़ेगा। पर सरहपा, कण्हपा, मुंज, हेमचन्द्र और अब्दुल रहमान के निम्नलिखित अंश क्या हिन्दी की डुगडुगी नहीं पीट रहे हैं—

> जहि मण पवण न संचरइ। रवि शशि नाह पवेस।
> तहि वढ़ चित्त विसाम करु, सरहें कहिअ उएस। —सरहपा (769 ई.)

> जिमि लोण विलिज्जइ पाणिएँहि, तिमि धरणी लइ चित्त
> समरस जाई तक्खणे, जइ पुणु ते सम णित्त। —कण्हपा (820 ई.)

बाँह विछोड़वि जाहि तुहुँ हउँ देवइँ को दोसु।
हिअयट्ठिउ जइ णीसरइ, जाणउँ मुंज सरोसु ॥ —मुंज

जा मति पच्छइ सम्पजइ, सा मति पहिली होइ।
मुंज भणइ मुणालवइ, विघन न वेढ़इ कोइ ॥ —मुंज

भल्ला हुआ जो मारिआ, वहिणि म्हारा कंतु।
लज्जेज्जंतु वयंसियहु, जइ भग्गु घरु एंतु ॥ —हेमचन्द्र (12वीं शती)

संदेसडउ सवित्थरउ पर मइ कहण ण जाइ।
जो काणंगुलि मूँदडउ, सो वाहडी समाइ ॥ —अब्दुल रहमान

रामायण और महाभारत के उदाहरण द्वारा मैंने पहले ही कहा है कि भारतीय साहित्य विरुद्धों का सामंजस्य है। हिन्दी भाषा इससे अछूती नहीं है। वस्तुतः हिन्दी भाषा की प्रकृति इसी चरित्र से जुड़ी है। भाषाओं के लम्बे इतिहास में ऐसी बहुरूपी भाषा का अस्तित्व और कहीं नहीं मिलता। अनेक जनपद में व्यवहृत अठारह बोलियों के वैविध्य को, जिनमें से कई व्याकरणिक दृष्टि से एक-दूसरे की विरोधी विशेषताओं से युक्त कही जा सकती हैं, हिन्दी भाषा बड़े सहज भाव से धारण करती है। इसीलिए ग्रियर्सन में जगह-जगह वैचारिक द्वैत की भावना है—"गंगा के समस्त कांठे में बंगाल और पंजाब के बीच अपनी अनेक स्थानीय बोलियों सहित केवल एकमात्र प्रचलित भाषा हिन्दी ही है। ...इस क्षेत्र के लोग द्विभाषी हैं। अतएव व्यवहार में उन्हें किसी प्रकार की कठिनाई नहीं होती और ये लोग नहीं चाहते कि शासन-कार्य के लिए अनेक भाषाएँ स्वीकार कर कठिनाई उत्पन्न की जाए।" (ग्रियर्सन, भारतीय भाषा का सर्वेक्षण, भूमिका, पृ. 42-43)। 1855 में विलियम केरे ने कहा, "इस बोली से मैं सारे हिन्दुस्तान को समझा सकूँगा।" बाइबिल के अनुवादों के सिलसिले में केरे ने हिन्दी क्षेत्र की बोलियों का गहराई के साथ परीक्षण किया था। ग्रियर्सन यह भी स्वीकार करते हैं कि हिन्दी क्षेत्र की बोलियों की विशेषताएँ सारी आधुनिक भारतीय आर्य भाषाओं की विशेषताओं के समतुल्य हैं और इन हिन्दी बोलियों की केन्द्रीय भाषा मध्यप्रदेश की भाषा रही है, हमेशा रही है। इन बोलियों को एक नाम देने का पहले भी प्रयास हुआ—कभी हिन्दी, कभी हिन्दवी और कभी हिन्दुई। किन्तु इनमें हिन्दी ही नाम चला, आज भी चल रहा है। कबीर, जायसी, सूर, तुलसी, मीरा, आलम, भारतेन्दु, मैथिलीशरण गुप्त, प्रसाद, निराला, अज्ञेय आदि समान रूप से हिन्दी के कवि हैं। इनकी रचनाओं का इतिहास हिन्दी संवेदना का इतिहास है। बिहारी बोलियों का व्याकरण भले ही बांग्ला जैसा हो, पर इससे बिहार की भाषिक स्थिति स्पष्ट नहीं होती। बल्कि इस दृष्टि से भी विचार करना अनावश्यक है कि वहाँ

के निवासी अपनी काव्यभाषा अर्थात् अपनी संवेदना की अभिव्यक्ति के लिए किस भाषा का चयन करते हैं। और उनकी यह भाषा कभी पुरानी हिन्दी (विद्यापति) रही और कभी ब्रज अथवा अवधी और आज खड़ी बोली है। इस दृष्टि से भी भाषा-निर्णय अपेक्षित है कि उनकी जातीय पाठ्य-रचना कौन-सी है। मुझे यह कहने में संकोच नहीं कि यह रचना रामचरितमानस है, ठेठ हिन्दी का, बांग्ला का नहीं। अतः बिहार क्षेत्र की संवेदना हिन्दी क्षेत्र से इतर नहीं, फिर उसकी भाषा कैसे इतर होगी?

काव्यभाषा एक ओर जनबोली से शक्ति लेती है और दूसरी ओर उसे विभिन्न क्षेत्रों के शब्द लेकर परिष्कार देती है। हिन्दी काव्यभाषा ने समूचे बिहार की बोलियों से शक्ति को ही नहीं ग्रहण किया, अपितु कथात्मक संवेदनाएँ भी ग्रहण कीं। वह समूचे हिन्दी जन-समाज को परस्पर जोड़ने का कार्य करती है। इसीलिए स्वतन्त्रता-आन्दोलन के नेताओं ने हिन्दी का ही सहारा लिया। समूचे क्षेत्र की काव्यभाषा का आधार हर युग में एक रहा। कभी अपभ्रंश-अवहट्ट का रूप रहा और फिर ब्रज एवं अवधी और अब खड़ी बोली का।

हिन्दी साहित्य के आरम्भ पर विवाद है। पर मेरी दृष्टि में किसी साहित्य के आरम्भ की पहचान वहाँ की जा सकती है जहाँ वह धार्मिक, कर्मकाण्ड, रूढ़िवादिता और रहस्य भावना से मुक्त होकर लोकसामान्य की भावभूमि पर प्रतिष्ठित हो रहा हो, लोक-संवेदना को वह अपना उपजीव्य बना रहा हो और अभिव्यक्ति का माध्यम एक नयी भाषा को बना रहा हो। इस सीमा रेखा पर सिद्धों-नाथों का साहित्य देखा जा सकता है जो कबीर तक व्याप्त है। निश्चय ही हिन्दी साहित्य की शुरुआत आठवीं शती के आसपास माननी चाहिए। इस काल के सिद्धों-नाथों से लेकर हिन्दी सन्तों तक के साहित्य में सामाजिक विद्वेष पर करारी चोट है। गोरखबानी में स्वतन्त्र परसर्ग रूप भी हिन्दी के विकास की कथा कह जाते हैं, यद्यपि इसे चौदहवीं शती का माना जाता है।

आदिकालीन हिन्दी भाषा का व्याकरणिक रूप स्थिर करना कठिन है। काव्य भाषा के व्यापक स्वरूप और संवेदना की अन्तःप्रक्रिया में ही उसकी वास्तविक स्थिति समझी जा सकती है। हिन्दी के इस आरम्भिक साहित्य में धार्मिक और ऐहिक तत्त्व अधिक हैं। विद्यापति में ऐहिकता भी है और धर्म का स्वर भी प्रबल है। रासो में वीर और शृंगार एक-दूसरे में मिलते हैं। पृथ्वीराज रासो का प्रारम्भ कयमास-वध से होता है। कयमास-वध का कारण उसकी कामान्धता है और स्वयं पृथ्वीराज के वध का कारण भी कामान्धता है। तभी तो–

जि कछु दिअउ कयमास किअउ अप्पनउ सुपायउ।
दी न मान दिन पाइयइ।

(दिए हुए के बराबर ही दिन (जीवन) में मिलता है।)

सरहपा भी भोग में निर्वाण और काया में तीर्थ देखते हैं। पुरुष का कर्मक्षेत्र में असंयम, जीवन में कैसी विषमताएँ उत्पन्न करता है इसका ही चित्रण रामायण और महाभारत है, पृथ्वीराज रासो का भी उपजीव्य यही है। बीसलदेव रासो में नारी के वाणी सम्बन्धी असंयम का चित्रण है। रासो में लोक-साहित्य के तत्त्वों का भी समावेश है। सरहपा, कण्हपा, मुंज, हेमचन्द्र, अब्दुल रहमान, विद्यापति की पदावली और कीर्तिलता, कबीर, जायसी, सूर, तुलसी में लोकजीवन की झाँकी देखी जा सकती है। यह भी सत्य है कि लोक-जीवन की व्यापकता का वास्तविक प्रमाण या तो हिन्दी के आदिकाल में मिलता है या आधुनिक काल में।

उपर्युक्त विवेचन में यह स्पष्ट है कि जनभाषा के रूप में हिन्दी आठवीं शताब्दी में ही साहित्य का माध्यम बन चुकी थी तथा वह अपभ्रंश के साथ-साथ अपनी भूमि पर आगे भी बढ़ने लगी थी। एक विशाल क्षेत्र की अनेक बोलियों से उसका एक सामान्य रूप विकसित हो रहा था। अनजाने ही वह इस प्रक्रिया द्वारा प्रवृत्तिगत एकता एवं सांस्कृतिक एकता की स्थापना में सक्रिय थी। संस्कृत के तत्सम शब्दों का प्रयोग इसी प्रवृत्ति का परिचायक था। आचार्य शुक्ल भी स्वीकार करते हैं कि सिद्धों की भाषा देशी भाषा मिश्रित अपभ्रंश अर्थात् पुरानी हिन्दी की काव्यभाषा है। उन्होंने भरसक उसी सर्वमान्य व्यापक काव्य-भाषा में लिखा जो उस समय गुजरात, राजपूताने और ब्रजमण्डल से लेकर बिहार तक लिखने-पढ़ने की शिष्ट भाषा थी। पर मगध में रहने के कारण कुछ पूर्वी प्रयोग भी मिले हुए हैं। और इस भाषा का प्रभाव आगे कबीर तक दिखाई देता है। कण्हपा की उपदेश की भाषा पुरानी टकसाली हिन्दी (काव्य-भाषा) है पर गीतों की पुरानी भाषा पुरानी बिहारी या पूरबी बोली मिश्रित है। यही भेद कबीर की साखी और रमैनी की भाषा में भी है। साखी राजस्थानी मिश्रित सधुक्कड़ी की भाषा में है पर रमैनी के पदों की भाषा में काव्य की भाषा ब्रजभाषा है, कहीं-कहीं पूरबी बोली भी है। फिलहाल यह प्रभाव क्षेत्रीय प्रधानता के कारण है और यह प्रभाव हिन्दी भाषा के विकास की कहानी भी बताता है।

सत्य तो यह है कि 'विक्रमोर्वशीय' (कालिदास) के चतुर्थ अंक में समाहित निम्नलिखित दोहा हिन्दी काव्यभाषा के प्रारम्भ को आठवीं शती के पूर्व भी खींच ले जाता है—

मइँ जाणिउँ मिलोअणी णिसिअरु कोइ हरेइ।
जाव णु णवतलिसामल धाराहरु वरिसेइ ॥

आचार्य द्विवेदी ने दोहा को अपभ्रंश का मुख्य छन्द माना। यह छन्द जनभाषा की देन है, इसलिए इसे हिन्दी का मुख्य छन्द मानना चाहिए; क्योंकि अपभ्रंश के साहित्यिक भाषा बन जाने के साथ-साथ उसके समानान्तर जनभाषा के रूप में हिन्दी भाषा का ही विकास हुआ। इसीलिए आदिकालीन हिन्दी साहित्य

में दोहा-छन्द हिन्दी भाषा का सबसे प्रबल माध्यम रहा है। स्वच्छन्द अनुभूतियों के चित्रण के लिए अधिकांश हिन्दी कवियों ने इसी छन्द को चुना। इस छन्द की परम्परा भक्तिकाल और रीतिकाल से होती हुई आधुनिक काल तक चली आई है। तुक मिलाने की पद्धति का जन्मदाता भी यही छन्द विशेष है। भले ही यह अपभ्रंश की प्रवृत्ति रही हो, पर जनभाषा की वस्तु होने के कारण हिन्दी में भी इसे स्थान मिला। अपभ्रंश के अरिल्ल छन्द के स्थान पर हिन्दी में चौपाई का प्रयोग बढ़ा। जायसी और तुलसी ने इस सम्बन्ध में आदिकाल का ऋण स्वीकार किया है। वस्तुतः यह कथाकाव्य का छन्द है। चौपाई के साथ दोहा रखकर कडवक बनाने की सिद्धों की प्रथा को भी इन कवियों ने उसी रूप में स्वीकार किया।

आदिकालीन साहित्य की भाषा कठिनता से सरलता की ओर जाती हुई भी एक व्यापक रूप ग्रहण करने की ओर बढ़ रही थी। आदिकालीन हिन्दी का संस्कृत और संस्कृति की ओर जानेवाला व्यापक जनभाषायी स्वरूप पर्याप्त सम्प्रेषणीय था। घिसे-पिटे धार्मिक अर्थों को वहन करनेवाले शब्दों की खोज में ये कवि तल्लीन थे। तत्कालीन जीवन की भाव-भूमि से संपृक्त शब्दावली में अभिव्यंजना-शक्ति बढ़ रही थी। सिद्धों की जीवन-दृष्टि तथा स्पष्टवादिता, नाथपंथियों का हठयोग, जैनों की अहिंसा, चारणों की प्रशस्तियाँ, खुसरो की लोकानुरंजनता—सबको एकसाथ अभिव्यक्त करने का सामर्थ्य जुटाने में तल्लीन हिन्दी भाषा न अलंकार की परवाह करती थी न लक्षणा-व्यंजना आदि की। इसीलिए इस काल की भाषा में रूपभेद होने पर भी अभेद है और सम्प्रेषण क्षमता में भी बेजोड़ है। कोई अलंकार ऐसा नहीं जो उसमें न फबता हो, कोई भी छन्द ऐसा नहीं जो उसमें न जमता हो। इसमें जीवन के विविध पक्षों का स्वरूप सजीव हो उठा है।

निष्कर्षतः आदिकालीन हिन्दी साहित्य में लोक-जीवन का संस्पर्श है। और है—लोक-कथा और ग्राम-गीतों की मधुरता। लोक-जातियों की स्वच्छन्दता और उन्मुक्तता है। धार्मिक जीवन की उदात्तता के साथ-साथ जीवन के सरस प्रवाह की एकतानता है। स्वयम्भू, पुष्पदन्त के राम, सीता, रावण, विभीषण, मन्दोदरी, कृष्ण, धनपाल के भविष्यदत्त, सरूपा, बन्धुदत्त आदि चरित्र अलौकिक नहीं लौकिक हैं। वे हमारे जीवन के साथ तादात्म्य स्थापित करते हैं और यह तादात्म्य ही संवेदना और सम्प्रेषण की एकतानता सिद्ध करता है। जहाँ शब्द ही काव्य बन गया है और काव्य शब्द।

चौदहवीं शती तक देशी भाषा के साहित्य पर अपभ्रंश भाषा के उस रूप का प्राधान्य रहा है, जिसमें तद्भव शब्दों का ही एकमात्र राज्य था। इस बीच धीरे-धीरे तत्सम-बहुल रूप प्रकट होने लगा था। नौवीं-दसवीं शताब्दी से ही

बोलचाल की भाषा में तत्सम शब्दों के प्रवेश का प्रमाण मिलने लगता है। और चौदहवीं शताब्दी के प्रारम्भ से तो तत्सम शब्द निश्चित रूप से अधिक मात्रा में व्यवहृत होने लगे। पं. दामोदर शर्मा (12वीं शती) के युक्तिव्यक्ति प्रकरण में तत्सम शब्दों का बाहुल्य है। मजेदार बात यह है कि दामोदर शर्मा ने यह रचना भाषा से परिचय कराने के उद्देश्य से की। ज्योतिरीश्वर के वर्णरत्नाकर और विद्यापति की कीर्तिलता में भी तत्सम शब्दों के निश्चित प्रयोग का प्रमाण मिलता है और कबीर, सूर, तुलसी की भाषा भी तत्सम शब्दों से भरी पड़ी है। यद्यपि उपर्युक्त तीनों रचनाकारों के पूर्व भारत—विशेषकर हिन्दी भाषी क्षेत्र मुस्लिम आक्रमण की विडम्बना को भोग चुका था, पर निश्चय ही संस्कृत की तत्सम शब्दावली मुसलमानों की देन तो नहीं ही है। शायद प्रतिक्रिया स्वरूप यह प्रक्रिया बढ़ी और हिन्दी भाषा तत्सममय हो उठी। यह तत्सम-प्रेम केवल कुछ इने-गिने लोगों का प्रेम नहीं था अपितु लोक-मानस का प्रेम था, जिसकी संवेदना को ये रचनाकार आगे लेकर बढ़े। सूर और तुलसी में सामाजिक विडम्बना के प्रति आक्रोश तो कम है, पर तुलसी ने सामाजिक असमानता को दिखाने का प्रयास किया। इनसे भी पहले आगे बढ़कर कबीर ने विद्रोह का झण्डा फहराया। यह विद्रोह और सामंजस्य का प्रयास, समाज की यथार्थ स्थिति का चित्रांकन निर्गुण मतवादी सन्तों—कबीर, दादू, रैदास, नानक की वाणियों में मुखर हुआ। यह युगीन चेतना को भाषा देने का सफल प्रयास है। भले ही हम उसका सम्बन्ध बौद्ध के अन्तिम सिद्धों और नाथपंथी योगियों से जोड़ें। यह सत्य है कि वे ही पद, वे राग-रागिनियाँ, वे ही दोहे, वे ही चौपाइयाँ कबीर आदि ने व्यवहृत कीं जो उक्त मत के माननेवाले उनके पूर्ववर्ती सन्तों ने की थीं। क्या भाव, क्या भाषा, क्या अलंकार, क्या छन्द, क्या पारिभाषिक शब्द, सर्वत्र ही वे कबीर के मार्गदर्शक हैं। कबीर की ही भाँति ये साधक नाना मतों का खण्डन करते थे, सहज और शून्य में समाधि लगाने को कहते थे, गुरु के प्रति भक्ति करने का उपदेश देते थे। कबीर और दादू के अनेक दोहे क्रमशः सरहपाद और नाथ योगियों के सीधे अनुकरण प्रतीत होते हैं। यहाँ मैं अनुकरण की बात नहीं कर रहा हूँ अपितु संवेदना के विकास और एकतानता की बात कह रहा हूँ। तत्सम के साथ-साथ देशज और तद्भव रूप मिलकर एक नई भाषा को जन्म दे रहे थे। अब्दुल रहमान संवेदना के धरातल पर तो इनमें अग्रणी हैं, शिल्प और भाषा की दृष्टि से भी उनका योगदान अविस्मरणीय है।

(2)

बारहवीं शताब्दी के आसपास अब्दुल रहमान का 'सन्देशरासक' हिन्दी काव्यभाषा जगत में एक क्रान्ति लेकर उपस्थित होता है। राहुलजी के अनुसार

यह पहले मुसलमान कवि की हिन्दी रचना है। समूची रचना में मुसलमान कवि का इस्लाम धर्म के प्रति कोई विशेष आग्रह नजर नहीं आता। ऐसा प्रतीत होता है कि कवि हिन्दी काव्य परम्परा के परम ज्ञाता हैं। उसने संस्कृत, प्राकृत एवं अपभ्रंश की काव्य-रूढ़ियों, काव्य-परिपाटियों का गहन अध्ययन तो किया ही था, वह देशी भाषा का माहिर प्रयोक्ता भी रहा है। सन्देशरासक का दोहा नवीनता युक्त तो है ही, मधुर शब्दों के चयन और चित्रों के सूक्ष्म-से-सूक्ष्म रूपायन में समर्थ भी है। छन्दों की विविधता, वस्तु की अभिव्यक्ति शैली, विशेषकर नायिका का वाग्वैदग्ध हमें सूरदास की सामर्थ्य की याद दिलाता है। मार्मिकता, संयम और सहृदयता भी इस रचना की शक्ति है। परम्परागत होते हुए भी उनके उपमान हृदयस्पर्शी हैं। और इन सबसे महत्त्वपूर्ण है—रचनाकार की स्वाभाविकता जो प्रभाव साम्य उपमानों की खोज में सक्रिय है।

अब्दुल रहमान अपनी कविता के लक्ष्य को पहले ही स्पष्ट कर देते हैं—

विरहिणमदूरद्धउ सुणहु विसुद्धडउ, रसियह रससंजीवयरों ॥22॥

अर्थात् सन्देशरासक अनुरागियों का रतिगृह, कामियों का मन हरनेवाला, मदन के माहात्म्य को प्रकाशित करनेवाला, विरहिणियों के लिए मकरध्वज और रसिकों के लिए विशुद्ध रस-संजीवक है। इसे सुनो—और सन्देशरासक की रचना प्रक्रिया स्पष्ट करते हुए कवि कहता है—

अइणेहिण भासिउ रइमइवासिउ सवण कुलियह अभियसरो।
लइ लिहइ वियक्खणु अत्थह लक्खणु सुरइसंगि जु विअड्ढनरो ॥23॥

अर्थात् सन्देशरासक की रचना अति स्नेहपूर्वक की गयी है, यह प्रेम और श्रृंगार की भावनाओं से परिपूर्ण है। कर्णपुटों में अमृत सरोवर या अमृतमय स्वर की भाँति सुखद लगनेवाला है। इसके अर्थ और लक्षणों को वही विचक्षण अपने भाव में देख पाता है, हृदयंगम कर पाता है जो सूक्ष्म सुरति-संग में विदग्ध है। और यह वियोग, साधारण वियोग नहीं, इसका एक नया उपमान देखें—

पाणी तणइ विओइ कादमि हि फाटइ हियउ ॥70॥
(पानी से वियोग होने पर कीचड़ का हृदय फट जाता है)

और तो और रचनाकार गाँव-गली की वीथियों में, सरोवर में खिले नलिनी के सौन्दर्य के विपरीत बाड़ों में लगी हुई तूँबी या लौकी के फूलों में काव्य की खोज करता है—

ता किं वाडि विलग्गा मा विअसउ तुंविणी कहवि ॥

स्पष्टतः रचनाकार एक तरफ मनुष्य के उस भाव-श्रृंगार को अपनी रचना का आधार चुनता है जो मानवता के जीवन के अन्त तक जीवित रहनेवाली है।

दूसरी तरफ वह इस भाव को लोक-जीवन की सहज सामान्य भाव-लहरियों के थपेड़े में रखकर सजाता-सँवारता है। उसके लिए वह सारे सरो-संजाम शब्द-चयन, उपमान आदि—उसी भाव-भूमि से चुनता है और उन्हें स्वाभाविक कृत्य-चित्र से भर देता है। पथिक की तीव्र गति का एक सूक्ष्म चित्र देखें—

इम मुद्धह विलंवतियह महि चलणेहि छिहंतु।
अद्द्धुड्डीणउ तिणि पहिउ पहि जोयउ पवहंतु ॥25॥

पथिक चल नहीं रहा, पृथ्वी छू रहा है और वह आधा उड़ता प्रतीत हो रहा है, वह हवा के समान स्वयं प्रवहमान है, कोई भ्रम नहीं। यही नहीं पथिक की ऐसी स्थिति से प्रभावित नायिका उसे पकड़ने के लिए लपकती है और लगभग दौड़ पड़ती है। पर उसकी यह दौड़ कहीं नायिका की परिभाषा गड़बड़ा न दे, इसलिए रचनाकार ने नायिका की स्वाभाविक चाल मंथरगति भी बता दी। परकाज प्रयोजन से उसकी मानसिक दशा को भी उसकी गति में हुए परिवर्तन द्वारा उतावली को प्रस्तुत कर दिया। पर उतावली में किया गया कार्य हमें अस्त-व्यस्त कर देता है। अब्दुल रहमान की नायिका ही इससे कहाँ बच पाती—

तह मणहर चल्लंतिय चंचलरमणभरि;
छुडवि खिसि रसणावलि किंकिणरव पसरि ॥26॥

और खुली करधनी को जब तक मजबूत गाँठ से बाँधे तब तक—

तुडिय ताव थूलावलि णवसरहारलय ॥27॥

और इस स्थल पर मुक्ताओं वाली हार-लता को टूटना ही था, सोने में कितना दम, क्योंकि आशा से उन्मत्त हुए उसके पुष्ट उरोजों से उस हार को तो चोट लगनी ही थी, और इस चोट से उन्हें छिन्न-भिन्न होना ही था। और जब वह इन सबको येन-केन-प्रकारेण इकट्ठा करती है तो उसके अव्यवस्थित चाल का प्रभाव उसके नूपुरों पर पड़ता है, उनकी गति भी वही होती है यहाँ तक तो ठीक था, किसी तरह वह उठती-पड़ती-रुकती-गिरती आगे बढ़ती है पर प्रियतम को सन्देश भेजने की अभिलाषा से हृदय में उठ रहे उच्छ्वास और गति की वक्रता, तीव्रता उसके सिर पर से वस्त्र हटा देती है। भारतीय नारी सिर खोलकर कैसे आगे बढ़े, अतः वस्त्र ठीक कर पथिक के पथ का अनुसरण करती है तब तक—

फुडवि णित्त कुप्पास विलग्गिय दर सिहणा। ॥28॥

रेशमी चोली ही फट गई और स्तन दिखने लगे। पर यहाँ भी वह कहाँ रुकनेवाली थी, इसलिए उसने अपने हाथों से उसे ढककर (जैसे—इंदीवरों ने अपने

स्वर्ण कलशों को ढाँपा हो) पथिक के पास पहुँचकर करुण शब्द कहती है और पथिक कौतूहल में पड़कर न आगे बढ़ता है न पीछे लौटता है अपितु अर्द्धचक्राकार स्थिति में आगे बढ़ने के लिए उठे हुए पैरों के साथ वह नायिका की ओर उन्मुख हो उठता है–

णेय णिअत्तउ तासु क्रमद्‌धुवि णहु चलियउ ॥30॥

पथिक की इस स्वाभाविक, उत्कण्ठापूर्ण सूक्ष्म स्थिति का चित्र केवल अब्दुल रहमान ही प्रस्तुत कर सकते थे। क्योंकि नायिका का अतुलनीय सौन्दर्य, उसकी तात्कालिक स्थिति आदि सब कुछ पथिक को अचम्भित-स्तब्ध कर देने के लिए पर्याप्त थी। ऐसी स्थिति में पथिक का ठगा-सा आकाश में टँगा-सा रह जाना अत्यन्त स्वाभाविक प्रतीत होता है। सन्देश-रासक के ये कुछ एक उदाहरण हैं, जिनसे रचनाकार, रचनाधर्मिता, उसकी परम्परा, उसकी कल्पना-शक्ति, उसके प्रबन्ध-कौशल आदि का आसानी से पता लग जाता है। पारम्परिक चयन के विपरीत वह अपने नायक और नायिका का चयन सामान्य-जन की कथा-व्यथा से कर अपनी रचना का आधार बनाता है, और इस रचना में वह अपनी समूची रचना शक्ति झोंककर अमर हो जाता है। चाहे शब्दों का चयन हो अथवा वाक्य का संयोजन या भावों की भरमार या सूक्ष्म मनोवैज्ञानिक चित्र की प्रस्तुति का मामला, सभी जगह वह बाजी मार ले जाता है। और! मैं अन्त में यही कहूँगा कि वह न तो रामायण, महाभारत की काव्य-परम्परा छोड़ पाता है और न ही वह युगीन चेतना को दर-किनार कर पाता है। वह युगीन चेतना से संपृक्त एक अमर-बेलि का फैलाव हमारे बीच कर जाता है। उसके द्वारा निर्मित काव्य-मानदण्डों को छूने का साहस किसी रचनाकार को हुआ, कह नहीं सकता। क्योंकि विरह काव्य को बिना भक्ति का आश्रय लिए अश्लीलता से बचाकर उसे उच्च आसन पर बिठा पाना केवल अब्दुल रहमान के ही वश की बात रही है। और यह काव्य भी क्षणार्द्ध भर का काव्य क्योंकि–

जेम अचिंतउ कज्जु तस सिद्‌धु खणद्धि महंतु।

यह अन्तिम पंक्ति की परिकल्पना कवि की अपनी परिकल्पना मात्र नहीं अपितु वह काव्य का अनोखा आधार है, वह सहारा है जिसके द्वारा रचनाकार विरही मन के कोने-कोने को झाँक आता है। और अन्त में मैं राहुल जी के शब्दों को दुहराते हुए पुनः कहूँगा कि मेघदूत के पश्चात् भारतीय साहित्य में और हिन्दी में यह पहला अनूठा सन्देश काव्य है। आप चाहें तो प्रबन्धत्व का आनन्द लें या चाहें तो मुक्तक का।

कीर्तिलता : पाठ और अर्थ की समस्याएँ

'कीर्तिलता' मैथिल कवि विद्यापति की लोकप्रिय देशी भाषा में रचित कृति है। इसकी लोकप्रियता का प्रमुख कारण है हिन्दू और मुस्लिम जाति की प्रवृत्ति का यथार्थ अंकन है। आकार में लघु होते हुए भी 'कीर्तिलता' दो संस्कृतियों का व्यापक रूप प्रस्तुत करने में समर्थ है। चूँकि इसमें तत्कालीन हिन्दू और मुस्लिम सभ्यता का अद्‌भुत बहुपक्षीय चित्रण किया गया है इसलिए यह ऐतिहासिक, साहित्यिक, पुरातात्त्विक, समाजशास्त्री अध्ययन का क्षेत्र बन गयी है। विद्यापति ने अपने समय की राजनीतिक उथल-पुथल और इससे उत्पन्न सामाजिक अराजकता का स्वाभाविक चित्रण किया है। एक तरह से संक्षेप में इसे उस काल की सामाजिक स्थितियों का लघु कोश कह सकते हैं।

अवहट्ट भाषा में रचित कीर्तिलता में राजा कीर्तिसिंह की वीरता उदारता, गुणग्राहकता आदि के साथ-साथ भाषा सम्बन्धी सभी दृष्टिकोणों का सफल चित्रण हुआ है। चार पल्लवों के माध्यम से कीर्तिसिंह के वंश का परिचय, पिता का वध करनेवाले तथा राज्य छीननेवाले असलान, जौनपुर यात्रा और युद्ध तथा कीर्तिसिंह की विजय और राज्याभिषेक का सजीव और आकर्षक चित्रण प्रस्तुत है।

कीर्तिलता की रचना एक ऐसी कड़ी है जो न आदिकाल की समय सीमा में आती है और न भक्तिकाल में। यह दोनों के बीच की शृंखला है। इस कारण इसका रचनाशिल्प इन दोनों धाराओं से पृथक् है। इसका अर्थ, इसका कारण, इसमें प्रयुक्त इतिहास, वास्तु-शिल्प, समाजशास्त्र और इतिहास सबसे विशिष्ट है। इसकी यह विशिष्टता ही अपने आप में आकर्षण का केन्द्र है। कीर्तिलता में विद्यापति ने अपने समय की तथा उसके पूर्व और पश्चात् की स्थिति को कथावस्तु के रूप में बाँधा है। निश्चय ही यह रचना लघु कोश है जो तत्कालीन समाज, संस्कृति परम्परा का जीवन्त दस्तावेज है।

पाठभेद

परन्तु इस लघु कोश के अध्ययन में अनेकों कठिनाइयाँ हैं जिससे इसका खुलकर अध्ययन करने में असुविधा होती है। इसका एक कारण है इसकी पाण्डुलिपियों

में विभिन्नता। इसका पहला संस्करण बंगाक्षरों में मूल और टीका के साथ श्री हरप्रसाद शास्त्री ने नेपाल दरबार की प्रति से उतारा था और उसे उसी रूप में बंगाष्ट 1331 में प्रकाशित किया था। आचार्य रामचन्द्र शुक्ल ने अपने हिन्दी साहित्य के इतिहास में उल्लेख किया है कि "प्रसिद्ध भाषातत्त्वविद् सर जार्ज ग्रियर्सन जब विद्यापति के पदों का संग्रह कर रहे थे उस समय उन्हें पता लगा था कि 'कीर्तिलता' और 'कीर्तिपताका' नाम की प्रशस्ति सम्बन्धी दो पुस्तकें भी उनकी लिखी हैं। पर उस समय इनमें से किसी का पता न चला। थोड़े दिन हुए, महामहोपाध्याय पं. हरप्रसाद शास्त्री नेपाल गये थे। वहाँ राजकीय पुस्तकालय में 'कीर्तिलता' की एक प्रति मिली जिसकी नकल उन्होंने ली। डॉ. शिवप्रसाद सिंह भी इस तथ्य को स्वीकार करते हैं—"कीर्तिलता का पहला संस्करण बंगीय सन् 1331 (ईस्वी 1924) में महामहोपाध्याय पं. हरप्रसाद शास्त्री के सम्पादन में हृशीकेश सीरीज के अन्तर्गत कलकत्ता ओरियण्टल प्रेस से प्रकाशित हुआ। ईस्वी सन् 1922 में शास्त्री जी नेपाल गये और वहाँ से वे कीर्तिलता की प्रतिलिपि ले आये। उक्त प्रति के विषय में शास्त्री जी ने लिखा है कि उसे जप जगज्जयो तिर्मल्लदेव महाराजाधिराज की आज्ञा से दैवज्ञ नारायण सिंह ने नेपाल में बसे हुए किसी मैथिल पण्डित की प्रति से नकल किया था। नेपाल दरबार की प्रति नेवारी लिपि में है और उसी के आधार पर शास्त्री जी ने बंगाक्षरों में कीर्तिलता प्रकाशित की।" (कीर्तिलता और अवहट्ठ भाषा, पृ. 161)। शास्त्री जी ने इसका भाषान्तर बांग्ला में तो किया ही, साथ ही इसका अंग्रेजी अनुवाद भी प्रस्तुत किया।

इस पाठ को अच्छा माना जा सकता है किन्तु इसके अर्थ में बहुत गड़बड़ी है। इस ग्रन्थ का दूसरा संस्करण जो प्रकाश में आया वह श्री बाबूराम सक्सेना का है। यह संस्करण काशी नगरी प्रचारिणी सभा से प्रकाशित हुआ था और हिन्दी संसार को इसी संस्करण के माध्यम से कीर्तिलता का विशेष परिचय और सही ज्ञान हुआ। डॉ. शिवप्रसाद सिंह के अनुसार, "इस संस्करण के लिए सक्सेना जी के पास शास्त्री जी की अपेक्षा सामग्री भी अधिक थी किन्तु अभाग्यवश यह संस्करण बांग्ला संस्करण से अच्छा और कम त्रुटिपूर्ण नहीं हो सका।" (वही)। हिन्दी संस्करण की इस प्रति की तैयारी हेतु सक्सेना को तीन प्रतियों से सहायता मिली : (1) 'क' प्रति—महामहोपाध्याय पं. गंगानाथ झा ने इस संस्करण हेतु नेपाल दरबार में उपलब्ध प्रति से नकल करायी। (2) 'ख' प्रति—यह प्रति नागरी प्रचारिणी सभा के किसी कर्मचारी द्वारा पं. महादेव प्रसाद चतुर्वेदी से प्राप्त हुई थी। (3) 'ग' प्रति—यह शास्त्री जी का बांग्ला संस्करण है।

'क' प्रति और 'ग' प्रति लगभग एक ही हैं। कछ शब्दों में बदलाव है। 'ख' प्रति किसी अमैथिल द्वारा उतारी गयी प्रति है। इसमें हरज्जइ>हरिज्जै, पालइ>पाले, गुण्णइ>गुण्णै हो गया है। यह शब्द रूप इसके परवर्ती होने तथा

पूर्वी भाषा के प्रभाव से संपृक्ति के प्रमाण हैं। किन्तु इस प्रति का महत्त्व कम नहीं। जहाँ 'क' और 'ग' प्रति अस्पष्ट है, वहाँ इस प्रति की सहायता से उसे ठीक किया जा सकता है। कुछ हद तक इसके वैज्ञानिक पाठ की समस्या का समाधान तब हुआ जब कीर्तिलता की स्तम्भतीर्थ (बीकानेर) वाली प्रति प्राप्त हुई। किन्तु पाठ और अर्थ की समस्याओं का समाधान फिर भी सम्भव नहीं हुआ। प्रो. वीरेन्द्र श्रीवास्तव ने 'कीर्तिलता' की स्तम्भतीर्थ शीर्षक लेख में लिखा है कि यह विक्रम संवत् 1672 की प्रति है। इस प्रति की सूचना राजस्थान के हिन्दी-ग्रन्थों की खोज के विवरण में छपे। यह भी उल्लेख था कि यह प्रति बीकानेर के अनूप संस्कृत पुस्तकालय में सुरक्षित है। बीकानेर के अलावा बम्बई की एशियाटिक सोसायटी में इस पुस्तक की दो प्रतियाँ और सुरक्षित हैं। यह डॉ. परमेश्वरी लाल गुप्त से डॉ. वासुदेवशरण अग्रवाल को प्राप्त हुई। यद्यपि डॉ. अग्रवाल को इन दोनों प्रतियों से सहयोग नहीं मिल सका। उन्हीं के शब्दों में, "पुस्तक मुद्रित हो जाने के बाद मुझे ज्ञात हुआ कि 'कीर्तिलता' की दो प्रतियाँ बम्बई की एशियाटिक सोसायटी में हैं। (परिशिष्ट 3)। अतः सम्पादक ने इन प्रतिलिपियों के आधार पर कुछ विशिष्ट पाठान्तर परिशिष्ट में संकलित कर दिये हैं।"

पाठ की दृष्टि से इन प्रतिलिपियों पर विचार करते हुए डॉ. गुप्त ने लिखा है—"पाठ की दृष्टि से ये प्रतियाँ अ (बीकानेर) प्रति के निकट हैं। उसके पाठान्तर और इनके पाठान्तर अधिकांश स्थलों पर एक से हैं जिनसे यह भ्रम होने लगता है कि ये प्रतियाँ उसी से प्रतिलिखित हैं। किन्तु साम्य के साथ ही अनेक स्थल ऐसे हैं जहाँ अ प्रति से इनका पाठ सर्वथा भिन्न है।" (पृ. 420)

डॉ. वीरेन्द्र श्रीवास्तव के अनुसार—1. कहीं-कहीं इन प्रतियों में ण का न, न का ण तथा ब्ख, क्ख ख्ख की परस्पर अदला-बदली अथवा ब और व का अन्तर है। शिवप्रसाद सिंह इन ध्वन्यात्मक परिवर्तनों को पाठभेद नहीं मानते। परन्तु 'खम्भारंभवो' से 'खम्भारंभ जउ' पाठभेद का संकेतक है। दूसरे दोहे में 'खेलद्दल' अथवा 'खेलाद्दल' के लिए 'खेलत्तणें' प्राचीन राजस्थानी अथवा पश्चिमी अपभ्रंश के प्रभाव का प्रतीक है। यह कोई नया अर्थ तो देता नहीं बदले में अर्थ का अनर्थ करता है। 'खेलत्तणें' का अर्थ 'खेलत्वेन' कैसे होगा? 'खल के लिए निन्दा खेल है' अर्थ ही सही अर्थ है। 'भेद कहन्ता मुज्झ जइ दुज्जन वैरि ण होइ' का शिवप्रसाद सिंह ने अर्थ लगाया था कि 'दुर्जन यद्यपि भेद कह दें तो भी मेरा बैरी नहीं है।' इसी का पाठ रूपान्तर 'भेआ करन्ता' के रूप में स्तम्भतीर्थ की प्रति में है निश्चय ही शब्द के कारण अर्थ परिवर्तित हो जाएगा। डॉ. वीरेन्द्र श्रीवास्तव इसका अर्थ करते हैं कि, "सज्जन मन-ही-मन सोचता है कि सबको मित्र बना लिया जाए यदि मुझसे भेद-भाव करता हुआ दुर्जन बैरी

न हो जाए।'' डॉ. श्रीवास्तव का यह भी मत है कि–''सज्जन ऐसा क्यों सोचे कि दुर्जन मार भी डाले या भेद कह दे तो भी बैरी नहीं है।'' यह इसलिए कि वह सज्जन है और उसे ज्ञात है कि–

'सुअण पसंसइ कव्व मझु दुज्जन वोलइ मन्द।
अवसओ विसहर विस वमइ, अमिय विमुक्कइ चन्द ॥' (कीर्तिलता 1/5-6)

कीर्तिलता में अनेक ऐसे स्थल हैं जहाँ पर पाठ और अर्थ की दुविधापूर्ण स्थिति के कारण सही अर्थ की घेरेबन्दी असम्भव हो गयी है–जैसे, ''सक्कय वाणी बहुअण भावइ।'' (स्तम्भतीर्थ पाठ)। संस्कृत टीका के अनुसार 'बहुअण' की जगह 'बुअहण' शब्द आना चाहिए जो कि बुद्धिमान जन का अर्थ देता है। और तब पूरे कथन का अर्थ होगा–''संस्कृत सज्जनों या पढ़े-लिखे लोगों को भाती है।'' डॉ. सिंह इसी अर्थ के पक्षपाती हैं। उन्होंने यही पाठ भी दिया। किन्तु डॉ. श्रीवास्तव ने इसके विपरीत अर्थ दिया। डॉ. श्रीवास्तव 'सउँ' (स्तं.) को (न. प्र) से श्रेष्ठ माना। उनके अनुसार यह 'सहुँ' (हेम. 4/441) के निकट है–'सञों' को और परवर्ती विकास मानकर ब्रज 'सों' का पूर्ववर्ती क्यों न माना जाए आनुनासिक स्वर के लिए 'ञ' का प्रयोग नेपाली लिपिकार ने सर्वत्र किया है। ऐसी स्थिति में मूल रूप होगा–'सओं' या 'सों'। विद्यापति ने तो अवहट्ट को देशी धरातल देने का प्रयत्न किया है। 'र' और 'ड' परस्पर एक-दूसरे के पूरक रहे हैं। मैथिली में आज भी यह परस्पर विनिमय मिलता है। तब ऐसी स्थिति में डॉ. श्रीवास्तव द्वारा 'आकन्नन कामं' (स्तं.) को 'आकण्डन काम' (न.प्र.) से अच्छा मानने की बात समझ से परे है। वैसे वे आकर्णन>आकण्डन विकास दूरारूढ़ कल्पना मानते हैं। किन्तु र और ड की परस्पर विनिमेयता कीर्तिलता में ही अन्यत्र उपलब्ध है। यथा–कर्ण>काँड (4/136)। चक्र का चक्कर और भोजपुरी में 'चक्कड़' (लड़ने में) रूप मिलता है। कर्णधार बांग्ला में कंडारि बन गया। 'विकरण' से निर्मित 'बिगड़ना' में भी 'र' का 'ड़' हुआ। ड़ और ण का उच्चारण-साम्य भी इस लिप्यन्तर का कारण रहा। 'आकन्तन' का उच्चारण मुख सुख की दृष्टि से उचित नहीं–पहले द्वित्व 'न' फिर 'न'। इसके कारण भी 'ण' का 'ड़' में विनिमेय स्वाभाविक प्रतीत होता है। खड़ी बोली और ब्रजभाषा में 'ड़' और 'र' का अन्तर विशिष्ट है। इस प्रकार स्पष्ट है कि आकर्षण से आकण्डन दूरारूढ़ कल्पना नहीं।

विदेशी शब्द

'कीर्तिलता' के पाठ निर्धारण में सबसे बड़ी समस्या विदेशी शब्दों, विशेषकर उस समय मुसलमानी दरबार में प्रयुक्त होनेवाले फारसी शब्दों की है। ये शब्द साधारण

हिन्दुओं के लिए उस समय भी दुरूह थे और आज भी हैं। विद्यापति ने विभिन्न ओहदों, रस्मों, ढंग, ढर्रों, खेमे, तम्बुओं, बाजार और उनमें बिकनेवाली वस्तुओं आदि के फारसी नामों का प्रयोग किया है। किन्तु उन्होंने क्या ग्रहण किया और उनके लिपिकारों ने उसे क्या समझा और परवर्ती अनुलेखन पद्धति ने उनके क्या रूप बना दिये इन पर विचार आवश्यक है। ऐसे ही स्थलों पर कीर्तिलता का पाठ भ्रष्ट दिखाई देता है। और उनका अर्थ निर्धारण कठिन प्रतीत होता है। यथा–1. 'पासान कुट्टिम भीति भीतर चूह उप्पर ढारिया।'

डॉ. शिवप्रसाद सिंह ने इसका अर्थ किया–"पाखाण की फर्श थी और ऊपर का पानी दीवारों के भीतर से निकल जाता था।" इस अर्थ पर डॉ. वीरेन्द्र श्रीवास्तव का प्रश्न था–"क्या दीवारों के भीतर पानी चूना अच्छा है?" और उन्होंने अर्थ किया–"पाषाण का फर्श था, भीतर दीवारें थीं और ऊपर चूने से प्रक्षालित था।" निश्चय ही चूह का अर्थ चूना नहीं होता। भारतीय वास्तु-कला में दीवारों के भीतर से जल निकासी की व्यवस्था रहती थी। इसलिए शिवप्रसाद सिंह का अर्थ ही मान्य है।

2. सब्बस सराब खराब कइ ततत कबाबा दरम (ने.प्र.)

डॉ. सिंह ने इसका पाठ किया–सब्बस सराब खराब कइ ततत कबाबा खा दरम। और इसका अर्थ किया–'सर्वस्व शराब में बर्बाद करके गरम कबाब खाने में दिरम (धन) नष्ट करता है।"

डॉ. श्रीवास्तव ने इसका पाठ सुझाया–"सबे सराबे खराब कइ तक इत रमा बाद रम।" और अर्थ किया–सबकुछ शराब में गँवाकर रमणी की ओर ताकता है और बाद में मजा लेता है। डॉ. सिंह के अनुसार, 'बाद' का प्रयोग सही नहीं। वे विद्यापति की शब्द सम्पदा का जिक्र करते हुए कहते हैं कि उन्होंने संज्ञा और कहीं-कहीं विशेषण रूप ही फारसी के ग्रहण किये हैं। काल वाचक अव्यय का नहीं। 'तकइत' को भी वे वर्तमान कालिक अन्य पुरुष का रूप मानते हैं। 'रम' का अर्थ–'मजे लेता है' से वे सहमत नहीं। ठीक अर्थ होगा–रमा की ओर देखता है और कहता है कि मजे लो?

स्तम्भतीर्थ की प्रति का टीकाकार भी यहाँ मौन धारण कर लेता है। यद्यपि डॉ. श्रीवास्तव की दृष्टि में जहाँ भारतीय वातावरण और अपभ्रंश अवहट्ट के प्रयोग हैं, वहाँ इस टीका से प्रकाश पड़ता है, पर फारसी शब्दों के प्रयोगों के सन्दर्भ में 'इति जिज्ञास्यम्' कहकर चुप हो जाता है।

3. 'हेडा' शब्द का अर्थ 'मांस' स्तम्भतीर्थ की टीका में भी है और यही अर्थ डॉ. शिवप्रसाद सिंह ने भी दिया।

4. 'जदौ' का अर्थ डॉ. सिंह ने 'यदुक्तम्' किया। स्तम्भतीर्थ की टीका में 'पाठ' जदो है और अर्थ है–यतः। यह व्युत्पत्ति सही है। पर यदि पाठ 'जदौ'

है तो यह किससे निष्पन्न होगा?

5. 'पोक्खिअउ पट्टन चारु मेखल जञोन नीर पखारिया' का अर्थ स्तम्भतीर्थ की प्रति के टीकाकार ने किया—'प्रेक्षितं पट्टनं चारुमेखलं यमुनानीरप्रक्षालितम।' सुभद्र झा ने इसका अर्थ किया—"नगर की सुन्दर मेखला यमुना जल से प्रक्षालित की।" यमुना से 'जजोन' या 'जौंणा' निष्पन्न हो सकता है पर उस काल में दिल्ली में 'इब्राहिम शाह' के रहने का प्रमाण नहीं मिलता इस प्रकार यह अर्थ गलत है। मध्यकालीन इतिहास में जोनापुर या शहरे मशरिक यानी पूर्व का नगर कहलाता था। इस प्रकार 'जञोन' जौनपुर का सूचक है।

विद्यापति ने तत्कालीन संस्कृत के विविध पक्षों को कीर्तिलता में उजागर किया है। ऐसे शब्दों से कीर्तिलता भरी पड़ी है। डॉ. शिवप्रसाद सिंह द्वारा प्रस्तुत ऐसे शब्दों की सूची यहाँ दी जा रही है। विद्यापति के अनुसार ही ऐसे रहस्यमय शब्दों वाले अर्थ को कोई सयाना ही जान सकता है : पुच्छहिं सियान अभ्यन्तर करी वार्ता के जान (2/248)।

हिन्दू नगर-वर्णन के शब्द

मेखल, परिधा, पाषाण, कुट्टिम, चूह उप्पर ढारिया, बकवार, साकम, बाँध, पोखरि, विवट्टवट्ट, सोपान तोरण, यन्त्रजोरण, चौहट्ट, जालमण्डित गवाक्ष, हाट, शाखानगर, शृंगाटक, गोपुर, वलभी, वीथी, अटारी, सोवारी, रहट्ट, घाट, कौसीस। हाट के भेद—घनहटा, सोनहटा, मनहटा, मद्दहटा, राजपथ, वेश्यानिवास, वेश्यावर्णन। राजप्रासाद वर्णन—वज्रमणि, कांचन कलश, प्रमदवन, पुष्पवाटिका, कृत्रिम नदी, चित्रशाली खट्वा, हिण्डोल कुसुम शैया, प्रदीपमाणिक्य, चन्द्रकान्तशिला, चतुस्सम पल्लव आदि।

निश्चय ही ये शब्द मात्र शब्दकोशों से स्पष्ट होनेवाले नहीं हैं। वस्तुतः ऐसे शब्द सामाजिक और सांस्कृतिक सन्दर्भ के पुंज होते हैं। प्राचीन ग्रन्थों में इनके बारे में जो कुछ लिखा गया है, उसे तत्कालीन मन्दिरों, भग्नावशेषों आदि की सहायता से पुरातात्त्विक ढंग से समझने की आवश्यकता है।

मुसलमानी सांस्कृतिक शब्द

वाँदी, वन्दा, तथ्य, कूजा, तबेल्ला, तीर, कमान, दोक्कानदारा, शराफा, बाजू, लसूला, पेयाजू, गुलाम, तुरुक्क, सलाम, षीसा, पइज्जल, मोजा, मीर वली, सालार, षोजा, शराब, कलीमा, कसीदा, मसीदा, कितेबां, षुदा, तोषार, कबाबा, दरम, पयदा, जमण, सालण, नेवाला, मुकदम, जाषरी, तुरुकिनी, सैयद, विलह, दूआ, दरवेश, मषदूम, षुन्दकारी, हुक्म बांग, विशमिल, रोजा, कूजा, चुरुआ, गार, सैयदगार, षाण, उमारा,

सुरतान, सलाम, इलाम, खास, दरबार, आम दरबार, दोषाल, मेञोन दरबार, दर, सदर, दारिगह, निमाजगह, षोआरगह, षोरमगह, पातिसाहं, खुदालम्ब, पापोस, फरमान, देमान, आवदगल, गद्दवर, कुरुवक, अदप, तकतान, तबल, भेरी, रैयत, कटक, लटक, पटकबाज, पाइक्क, चक्कह। घोड़ों की जाति–तेज, ताजि। घोड़ों की चाल–मुरली, मनोरी, कुण्डली, मण्डली आदि। उनकी पलानी या जिनपोश तथा–आयुध आदि का वर्णन–चाबुक, तरकश, सींगिनि, फौज, कसीस, फरिआ, मंगोल, षुन्दकार, बगल, करोटी (सैनिकों का खाद्य) वेलक, कमान, धांगड, साबर, वेसर, गद्दह, वरद्दह, हउदा, तम्बुओं के प्रकार। रायपुर के पास का युद्ध। पटवारण, पक्खर, सिंगीणि-टंकार आदि। (वही, पृ. 175)

डॉ. सिंह ने संस्कृत और फारसी शब्दों को अलगाया नहीं है। इसका कारण था–उनकी दृष्टि में "हिन्दू और मुसलमान संस्कृति में बहुत-सी चीजें समान थीं, उनका कंवि ने भारतीय शब्दों में ही वर्णन कर दिया है। इनमें से अनेक शब्द शब्दकोशों से स्पष्ट हो जाएँगे, जिनका कोई खास ऐतिहासिक अथवा सांस्कृतिक महत्त्व नहीं है। मगर इस सूची में अनेक ऐसे भी शब्द हैं, जिन पर शब्दकोश मौन हो जाएँगे, या कुछ संकेत मिला भी, तो वह इन्हें अच्छी तरह समझने के लिए नाकाफी होगा। ये ही शब्द कीर्तिलता के सही अर्थ में बाधक हैं।" (वही, पृ. 176)

आगे वह कहते हैं, "इन शब्दों का सही अर्थ विशद अध्ययन और श्रम माँगता है। प्राचीन भारतीय शब्दों, अर्थात् नगर-वर्णन, हाट-वर्णन, वास्तु-वर्णन आदि की एक रूढ़ प्रणाली थी, जो पुराणों में भी दिखाई पड़ती है। 'सम्मेलन पत्रिका' के 'कला-संस्कृति-अंक' में इस पर एक अच्छा निबन्ध प्रकाशित हुआ है। अंगविज्जा, मान सोल्लास आदि प्राचीन ग्रन्थों तथा वर्णरत्नाकर, पृथ्वीचन्द्र चरित्र डॉ. वासुदेव शरण की कादम्बरी, हर्ष चरित, पद्मावत आदि की टीकाओं, आइने अकबरी, अतहर अब्बास रिजवी के मध्यकालीन भारत (तुर्क आदि), मुसलमान इतिहासकारों के वर्णनों, बाबरनामा, जहाँगीरनामा आदि ग्रन्थों, अलबरूनी के विवरणों आदि से सहायता लेकर इन शब्दों का सही 'सज्ञान जनोचित' अर्थ मालूम किया जा सकता है। इससे न सिर्फ अर्थ की समस्या का समाधान होगा, बल्कि पाठ शुद्ध करने में भी प्रचुर सहायता मिलेगी। क्योंकि कीर्तिलता के बहुत-से छन्द इन शब्दों के सही रूपों के न जानने के कारण ही भ्रष्ट प्रतीत होते हैं।" (वही, पृ. 176)। तात्पर्य यह कि इस समस्या को डॉ. सिंह ने भी ज्यों-का-त्यों छोड़ दिया। हाँ! उन्होंने कतिपय ग्रन्थों को आधार बनाकर अर्थ निष्पादन, पाठ संशोधन का सुझाव अवश्य दिया है। सच यह है कि यह कार्य आगे बढ़ा अवश्य। और इसका श्रेय है–डॉ. वासुदेवशरण अग्रवाल को। पर पूर्ण यह आज भी नहीं हो पाया है।

डॉ. वासुदेवशरण अग्रवाल ने कीर्तिलता के पाठ और अर्थ, विशेषकर अर्थ की समस्या को बहुत हद तक सही तरीके से दूर किया। यहाँ मतभेद, मूल आधारों पर विचार करना आवश्यक है—

1. 'भेअ करन्ता मम उवइ' [प्रथम पल्लव, पं.-22]

डॉ. अग्रवाल ने 'उवइ' का अर्थ किया—समीप। उप + इ>प्रा. उवे (पास आना, पासद्द 288) इन्होंने अर्थ किया—'यदि दुर्जन भेद का मर्म करता हुआ भी मेरे समीप आता है।' 'मर्म का' अपनी ओर से जोड़ा गया है। डॉ. सिंह ने इसका पाठ स्वीकार किया—'भेअ कहन्ता मुज्झ जइ' और अर्थ किया—'मेरा भेद कहने वाला दुर्जन भी मेरा वैरी नहीं।' बम्बई की प्रति १ में मअ, उवइ तथा प्रति 2 में मअ उवइ दुज्जण पाठ है। अ में 'मम उवअ' पाठ है। बम्बई की दोनों प्रतियों के पाठ में प्रयुक्त 'मअ' कोई अर्थ नहीं देता है। डॉ. सिंह 'मम' के स्थान पर 'मुज्झ' पाठ ही स्वीकार करते हैं। 'उवइ' का प्रयोग उदय, उद्गम आदि अर्थों के लिए प्राचीन हिन्दी में होता था। अपभ्रंश में उविंत, उवेन्त आदि रूप समीप जाकर प्राप्त करने के अर्थ में चलता है। यह सम्भवतः संस्कृत उपैति का रूप है। डॉ. सिंह उवइ का अर्थ 'समीप' अर्थ तर्कसंगत नहीं मानते। वस्तुतः यहाँ डॉ. अग्रवाल और डॉ. सिंह दोनों गलत हैं। 'उवइ' अवधी और मैथिली का शब्द है जिसका अर्थ है—उदित होना (सूर्य)। अर्थात् प्रकाश फैलना। इसलिए इसका अर्थ होगा—'मेरे भेद को उद्घाटित/प्रकाशित करनेवाला मेरा बैरी नहीं।'

2. कव्वह सावु छइल्ल (1/31)

यह पाठ होगा—'कव्व कलाउ छइल्ल'। और इसका अर्थ होगा—काव्य कला का छइल्ल। विदग्ध। जानकार। डॉ. अग्रवाल ने अर्थ किया है—काव्य के सब कुछ का छइल्ल।

3. सक्कय वाणी बहुअ ण भावइ (1/33)

अर्थात् संस्कृत बहुतों को अच्छी नहीं लगती। स्तम्भतीर्थ में तथा डॉ. सिंह की प्रति में 'बहुअ' का पाठ बुहअण अर्थात् संस्कृत केवल बुधजनों को अच्छी लगती है। स्तम्भतीर्थ के टीकाकार ने भी यही अर्थ किया—'संस्कृत वाणी बुधजनः भावयति।'

4. जेन्ने खंडिअ पुव्व पतिस्व (1/45)

'पहले के सब शत्रुओं को पराजित कर दिया।' पुराने संस्करणों में पाठ है—जेन्हे खंडिअ पुब्ब बलि कन्न। अर्थात् जिन्होंने प्राचीन बालि और कर्ण को भी मात कर दिया।

दूसरे पल्लव में भी अनेक पाठ-भेद हैं—

5. जाल-जाल ओख खंडिया (2/85)

'जालियों के झरोखे'। शिवप्रसाद सिंह ने 'जाल गाओख खंडिया'—पाठ

दिया। 'गाओख' के प्रस्तावित रूप से सक्सेना ने ओख का 'ख' गायब कर दिया। इस प्रकार 'जालओ' का कोई अर्थ नहीं निकलता। दूसरी तरफ छन्द भी अशुद्ध हो उठता है। यह गीतिका छन्द है।

6. **द्वितीय पल्लव** की 178-179 पंक्ति देखें। इसमें अग्रवाल के पाठ में मात्रागत अशुद्धि विद्यमान है।

सव्वस सराब षराब कइ ततत कबाबा खा दिरम।
अविवेक क रीती कहञो का पाद्दा पयदा ले ले भम॥ —अग्रवाल

सव्वस्स सराब षराब कइ ततत कवा वा दरम।
अविवेक करीबी कहञों का पाद्दा पएदा ले ले भम॥ --सक्सेना

सव्वस्स षराब सराब कइ ततत कबाबा (खा) दरम।
(अविवेक रीतीं) कहञों का पाद्दा पयदा ले ले भम॥ —शिवप्रसाद सिंह

अ प्रति में पहली पंक्ति में 'तरमा बाद रम' और निचली पंक्ति में कवीबी कहञो का पाठ है। डॉ. वासुदेवशरण अग्रवाल ने डॉ. सिंह का पाठ ज्यों-का-त्यों स्वीकार कर लिया है। अर्थ के धरातल पर भी कोई अन्तर नहीं है।

7. **उअसंझहि मज्जुपुर**

उपसन्ध्या अर्थात् सन्ध्या के निकट आने पर दोनों राजकुमारों ने नगर के बाह्य में रात्रि बितायी।

डॉ. अग्रवाल के अनुसार, मज्जुपुर का 'मज्जु', मर्यादा>मर्या>मज्जा से निष्पन्न है और अर्थ होगा—'मर्यादा भाग या उपान्त भाग'। शिवप्रसाद सिंह ने पाठ किया—तोउ असंझहि मज्झुपुर। यानी सन्ध्या के पहले अर्थात् असंध्या में ही नगर में पुर मज्झ एक ब्राह्मण के घर निवास किया। सच यह है कि दोनों के अर्थ दूरारूढ़ कल्पना के परिणाम हैं।

तीसरे पल्लव की पंक्ति 19 से 28 तक में गद्य और पद्य न अलगाने और छन्द विचार के अभाव ने सक्सेना और शास्त्री के पाठ को अशुद्ध कर दिया। डॉ. शिवप्रसाद सिंह इसे चक्रव्यूह की संज्ञा देते हैं। उन्हीं के शब्दों में—"तीसरे पल्लव में पंक्ति 19 से 28 तक के छन्दों पर विचार कीजिए। इन पंक्तियों को देखने से मालूम होगा कि इसमें दो रड्डा छन्द टूटकर मिल गये हैं। प्रसंग और अर्थ की दृष्टि से विचार करने पर लगेगा कि पंक्ति 22 से 25 तक का रड्डा छन्द पूर्ण और त्रुटिहीन है; पहले रड्डे का दोहा टूटकर नीचे (पंक्ति 26-28) चला गया है। इस पल्लव के आरम्भ में जो रड्डा छन्द शुरू होते हैं, उनमें दो रड्डा छन्दों के बीच में कोई दोहा (अतिरिक्त) अलग से नहीं दिया गया है इस प्रसंग में यह दोहा फालतू लगता है जो वस्तुतः ऊपर के रड्डे का भाग है।" वही पृ. 181

सक्सेना का पाठ है—अज्ज उच्छव अज्ज कल्लान, अज्ज सुदिन सुमहुत्त अज्ज माञे मझुपुत्त जाइअ, अज्ज पुन्न पुरिसथ्थ पातिसाह पापोस पाइअ।

अकुशल वेविहि एक्क पइ अवर तुम्ह परताप अरुलो अन्तर सग्ग गउ गअणराए मझु वाप। फरमान भेलि कञोण चाहि, तिरहुति लेलि जह्नि साहि डरे कहिनी कहए आन, ञेहा तोहे ताहाँ असलान, पढ़म पेल्लिय तुझ फरमान गएन राय तौ वधि, तौन सेर विहार चापिअ चलइ ते चामर परइ, धरिअ छत्त तिरहुति उगाहिअ तब्बहु तोके रोस नहिं रज्ज करओ असलान अवे करिअउ अहियान क अज्ज जलंजलिदान वे भूपाला मेइनी बेण्डा एक्का नारि सहहि न पारइ वेवि भर अवस करायए मारि।

शिवप्रसाद सिंह ने यह पाठ इस प्रकार संशोधित करके रखा था—

अज्ज उच्छव अज्ज कल्लान ॥14॥
अज्ज सुदिन सुमहुत्त अज्ज माञे मझु पुत्त जाइअ ॥15॥
अज्ज पुन्न पुरिसथ्थ पातिसाह पापोस पाइअ ॥16॥
अकुसल वेविहि कज्ज पइ एक्क तुम्ह परताप ॥17॥
अरु लोअन्तर सग्ग गउ गयणराए मझु वाप ॥18॥
फरमान भेलि कञोण साहि ॥19॥
तिरहुति लेलि, जन्हि साहि डरे कहिनी कहए आन ॥20॥

× × ×

ञेहा तोहे ताहाँ असलान ॥21॥
पढ़म पेल्लिअ तुज्झ फरमान ॥22॥
गणए राए तौ बधिअ तौन सेर विहार साहिअ ॥23॥
चलइते चामर परअ धरिइ छत्त तिरहुति उगाहिअ ॥24॥
तव्वउ तोके रोस नहिं रज्ज करओ असलान ॥25॥
अवे करिअउ अहिमान कर अज्ज जलंजलि दान ॥26॥
वे भूपाल मेइनी वेण्डा एक्का नारि ॥27॥
सहइ न पारइ वेवि भर अवस करावए मारि ॥28॥

यद्यपि शिवप्रसाद सिंह ने उपर्युक्त पाठ को दोषपूर्ण माना था फिर भी परवर्ती पाठ संशोधक डॉ. वासुदेव शरण अग्रवाल ने भी शिवप्रसाद सिंह के ही पाठ को स्वीकार किया। स्तंभतीर्थ वाली प्रति में अंकित हाशिए 'अन्नमूलं पतितं' इस पाठ के अशुद्धि का प्रमाण है।

8. इसी पल्लव की पंक्ति 97 में 'बान कसए सोना क टंका'—अर्थात् बान कसवा कर देखने में सोना का टका चला जाता है भी त्रुटिपूर्ण है। पुराने संस्करणों में पाठ था—पानक सए सोना क टंका (अर्थात् पान के लिए सोने

का टका दीजिए।) डॉ. अग्रवाल के अनुसार सराफे में सोने को कसने के लिए वान प्रक्रिया प्रचलित है जिसका पद्मावत में उल्लेख है। इसलिए उन्होंने शुद्ध पाठ माना—'बान कसए'। बम्बई की अ प्रति और ए प्रति का पाठ है—पान कइ सोना टक का तथा पान कए सोना टक का। डॉ. शिवप्रसाद सिंह के अनुसार 'बान' और 'कषण' दोनों दूरारूढ़ परिकल्पना है।

9. पंक्ति 102 में—वादी वड़दा सञोध पाइअ—'वाँदी (दासियाँ) और बैल समान मूल्य में मिलते हैं'। पहली प्रति में पाठ है—'वाँदि वड़ दासओ छपाइअ'—अर्थात् वाँदी और दास को दूर छिपाकर रखना पड़ता है कि तुर्क इसे छीनकर ले न जाएँ। सञोध<समर्ध का विकसित रूप है। तुलसीदास ने भी मानस में 'सौंधाई' का प्रयोग किया है—'एक कहहिं ऐसिहु सौंधाई'। 'अ' प्रति में सञोध, सवोध रूप में लिखा है जो पूर्वी लिपिकार द्वारा सञोध हो जाएगा।

10. जिसु पण अत्तिअ पुरसत्त्थ चारि।

इसका अर्थ हुआ—जिसने अर्थ, धर्म, काम, मोक्ष इन चारों पुरुषार्थों को लोक में प्रकट किया। इसका पुराना पाठ है—जिसु पण तिण लोइ पुरुसत्त्थ चारि—अर्थात् जिसका प्रण तीनों लोकों में चार पुरुषार्थ थे।

डॉ. अग्रवाल ने इसे क्लिष्ट पाठ माना। उन्होंने अ प्रति के 'पलत्ति' और ख प्रति 'पणतिण लोइ' को सामने रखकर नया पाठ निर्धारित किया—पण अत्तिअ। इसका अर्थ है—प्रकटित किया। देशीनाममाला में इसे देशी माना गया है। अपभ्रंश में प्रकट>पणिअ होता है। अतः प्रकटित का प्र पअइत रूप बनना चाहिए। यही कारण है कि डॉ. सिंह 'पलत्ति' और 'पण तिण लोइ' के आधार पर 'पणअत्तिअ' रूप प्रतिष्ठित करना अनधिकृत चेष्टा मानते हैं।

11. चतुर्थ पल्लव का पाठ भी शुद्ध नहीं है। इस पल्लव के पाठ शुद्धि में स्तम्भतीर्थ की प्रति पर्याप्त सहायक सिद्ध हुई है। वस्तुतः सामान्य परिवर्तन द्वारा भी अर्थ में सटीकता और समीचीनता आ गयी है—

पंक्ति 8—सगरे राह सम रोल पलु—अशुद्ध पाठ।

सगरे हसम रोल पलु—शुद्ध पाठ। यहाँ हश्म>हसम बना। इसका अर्थ है—सेना।

पंक्ति 9—बर बखत उप्पलु—का पाठ प्रस्तुत हुआ—खोदावरद खत उप्पलु।

(अर्थात् खुदावुर्द कहाँ चलना है) पूछते हुए कहते कहाँ चलने के लिए फरमान (खत) निकला है। शिवप्रसाद सिंह इस अर्थ को कृत्रिम और क्लिष्ट मानते हैं।

पंक्ति 13—राय मनोहर>राय मनोरह (अ प्रति में—मनोरथ)

जो राय मनोहर की वैयक्तिक समस्या का समाधान कर देता है।

पंक्ति 23—गरुअ गरुअ मुण्ड मारि—अशुद्ध पाठ।

गरुअ गरुअ सुण्ड मारि–शुद्ध पाठ।

अर्थात् मनुष्यों के मुण्डों को धसमसा देने वाला था।

'कीर्तिलता' के शुद्ध पाठ की समस्या आज भी ज्यों-की-त्यों बनी हुई है। इसका कारण है–लगभग एक ही परम्परा की प्रतियों की उपलब्धता। जब तक भिन्न परम्पराओं की प्रतियाँ नहीं मिलतीं, तब तक इसके शुद्ध पाठ की कल्पना करना सार्थक हो पाना सम्भव नहीं है।

अर्थ सम्बन्धी कतिपय विशिष्ट स्थल

पाठ के साथ-साथ अर्थ की चर्चा की गयी है, किन्तु कुछेक विशिष्ट अंश हैं जिनका उल्लेख यहाँ अपेक्षित है।

1. सुख्ख मुभोअण सुभ वअण देवहा जाइ सपुन्न।

अर्थात् वीर पुरुष का समय तीन प्रकार से व्यतीत होता है, या तो वह स्वयं सुख-समृद्धि के अनुसार विहार करता है, या मित्रादि इसके साथ भोज में सम्मिलित होते हैं या काव्यादि विनोदों में लीन होता है। इसकी पूर्व की पंक्ति है–'पुरिस कहाणी हउँ कहओ जसु पत्थावे पुन्न।' यह कथा कहने और श्रवण की प्राचीनतम रूढ़ि है। कथा का महत्त्व प्रदर्शित कर ही रचनाकार आगे बढ़ता है। इसमें 'देवहा' शब्द का अर्थ किया गया–दिवस। दिवस>दिवह>देवहा। शिवप्रसाद सिंह के अनुसार देवहा का एक अर्थ देवलोक भी हो सकता है। वस्तुतः भारतीय परम्परा में कथा माहात्म्य के अन्तर्गत श्रोता वक्ता के लिए इहलौकिक और पारलौकिक दोनों सुखों की प्राप्ति का भरोसा अनेक स्थलों पर दिलाया गया है। वेलि कृष्ण रुक्मिणी और रामचरितमानस इसके उदाहरण हैं। उषा अनिरुद्धं की कथा कहै सुनै मन लाय। मुगति सुगति अरु सुख लहै कलिमल दुख नसाय। ऐसा ही भाव मानस में भी व्यक्त है–'मंगल करनि कलिमल हरनि तुलसी कथा रघुनाथ की'। स्पष्टतः ये कथाएँ श्रोता और वक्ता का हितकारक बनती हैं। अस्तु स्तम्भतीर्थ के टीकाकार द्वारा प्रस्तुत अर्थ–उसका समय, दिवस सुखपूर्वक शुभोयन, शुभ वार्तालाप में व्यतीत होता है।

2. पंक्ति 58–जाचक सिद्धि, केदारदान पंचम बलिजानल।

इसका सही अर्थ होगा–केदारदान या भूमिदान में, जो षोडस दान में पाँचवाँ दान है, बलि के समान तथा जाचक सिद्धि यानी याचकों के मनोरथ सिद्ध करने वाला है न कि सिद्ध केदार को कल्पवृक्ष के समान कहना। मनुस्मृति में भी यह सन्दर्भ है।

3. मेरहु जेट्ठ गरिट्ठ अछ मन्ति विअक्खन भाए–(द्वि.प.पं. 41)

"बड़े और सम्मानित व्यक्ति मर्यादा में रहते हैं। मन्त्री नीतिकुशल ही अच्छा लगता है।" यह अर्थ कुछ असम्बद्ध प्रतीत होता है।

यहाँ 'भाए' का अर्थ 'अच्छा लगता है।' किया गया है 'भाए' का अर्थ भाई होना चाहिए। ठीक इसी तरह 'मेरहु' का सीधा अर्थ किया जाना चाहिए 'मेरे भी' न कि 'मर्यादा'। इस स्थिति में सही अर्थ होगा—''मेरे भी ज्येष्ठ वरिष्ठ मन्त्री या मन्त्रणा-विचक्षण भाई हैं।''

4. कहन्ते होइअ झूठ, जनि गम्भीर गुर्गुरावर्त कल्लोल कोलाहल कान भरन्ते मर्यादा छांडि महार्णव ऊँठ। (पंक्ति 104)

यह कीर्तिलता के गद्य का नमूना है। कीर्तिलता के गद्य की अन्तःतुकान्त पद्धति अटल है। इसलिए 'झूठ' का तुक दूसरी पंक्ति में 'ऊँठ' प्रस्तुत है। डॉ. अग्रवाल ने 'झूठ' को 'झूल' कर दिया। और अर्थ बताया 'शोर'। उन्होंने इसकी व्युत्पत्ति इस प्रकार की—आन्दोल>धात्तादेश से अन्दोर>अँदोरा (पद्मावत 133/7, तथा चित्रावली 473/1) यह समझ से परे है कि 'अँदोरा' से 'झूल' कैसे बना। ''अँदोरा का अर्थ शोर होता है, इसलिए झूल का अर्थ भी शोर हुआ।'' डॉ. अग्रवाल का यह मत गले नहीं उतरता। और यदि झूठ स्वीकार करें तो अर्थ होगा—'सुख-रव कथा' का जैसा भी वर्णन किया जाए 'झूठ' ही होगा क्योंकि यह कोलाहल कुछ इस तरह का था मानो अपनी तरंगों से गम्भीर गुर्गुरावत शब्द करनेवाला समुद्र मर्यादा छोड़कर उठ पड़ा हो। लहर या जल का उठना सुन्दर मुहावरा भी है।'' (शिवप्रसाद सिंह)

5. तौलन्ति हेरा लसूला पेआजू। (पंक्ति 165)

इसमें अन्तिम तीनों शब्द विवादास्पद हैं।

'हेरा' का अर्थ 'हीरा', 'लसूला' का 'लहसुनिया', 'पेआजू' का अर्थ 'फिरोजा' किया (डॉ. सक्सेना)। शिवप्रसाद सिंह ने 'हेरा' को 'हल्दी' 'लसूला' को 'लहसुन', और 'पेआजू' को 'प्याज' माना। और अर्थ किया—हल्दी, लशुन और प्याज तौले जा रहे थे। कालान्तर में डॉ. श्रीवास्तव के सुझाव पर उन्होंने 'हेरा' का अर्थ 'मांस' स्वीकार किया। और यह माना कि 'हेडा' का ड>र बना। अर्थ बना—मांस, लशुन और प्याज तौले जा रहे थे।

पाठ निर्धारण और अर्थ निर्धारण में पहले और पीछे की पंक्तियाँ महत्त्वपूर्ण भूमिका अदा करती हैं, पर यह आवश्यक नहीं कि वे परस्पर सम्बद्ध ही हों। उपर्युक्त पंक्ति के पहले सराफें सराहे (सराफे) 'भरे वेवि बाजू' आता है। फिर भी सराफे यानी सुनारहटा के साथ इन वस्तुओं के तौले जाने का क्या सम्बन्ध? किन्तु समूचा सन्दर्भ देखें तो पाएँगे कि सराफें सराहे के पहले तीर कम्माण दोक्कानदार कूजा तवेल्ला का प्रयोग है। अस्तु वर्णन एक ही वस्तु से सम्बद्ध नहीं। सम्बद्ध मानने पर भी गुलामों की औकात कहाँ कि वे हीरे, लहसुनिया, फिरोजा खरीदें। स्तम्भतीर्थ का संस्कृत टीकाकार सही अर्थ देता है—तोलयतो, मांसं, लशुनं, गृजनं।

6. पक्ख न पालै पऊआ (तृतीय पल्लव–पं. 161)

डॉ. अग्रवाल ने इसका अर्थ किया–"यदि सामान्य जन अपने पक्ष का पालन न करे।" इस अंश का सन्दर्भ यह है कि अत्यधिक सेवा करने के पश्चात् भी कीर्ति सिंह ने यह देखा कि सेना तिरहुत की ओर न कूच कर दूसरी तरफ जा रही है। निराश और आहत कीर्ति सिंह ने सुलतान से भेंट की, सुलतान के प्रसन्न होने पर तब सेना का रुख तिरहुत की ओर हुआ। तभी यह कथन विद्यापति की ओर से आया। यहाँ प्रश्न उठता है कि सुलतान सामान्य जन कैसे हैं? और पक्ख का अर्थ दिया–"वह नायक या प्रधान जिसके दल या जत्थे को किसी सामान्य व्यक्ति ने अपना बनाया हो।" इसे स्पष्ट करते हुए डॉ. अग्रवाल ने कहा–"आशय यह कि सामान्य जन या सिपाही जो अपने पक्ष के दल को पार लगाता है।" वस्तुतः यह समूचा अर्थ सन्दर्भ-च्युत है। वैसे 'पालै' पालन करने के लिए प्रयुक्त होता है, पार करने के लिए नहीं। इसमें एक शब्द पऊआ भी है। इसकी व्युत्पत्ति इस प्रकार है–प्रभु>पहु (हेम. 3/38)>पउ > पउवा। इसलिए सीधा अर्थ होगा–"यदि प्रभु (मालिक/सुलतान) अपने पक्ष (समर्थक/मित्र/तरफदार) आदि का पालन न करे।"

7. न पिउवा उपसम न जुझवा भंग (च.प. पं. 101)

इसका अर्थ सामने आया–"न यमराज (पितृपति) की दी हुई मौत आती थी न युद्ध में विनाश होता था।" वस्तुतः इन पंक्तियों में तुर्क सैनिकों की उच्छृंखलता वर्णित है, पर मृत्यु कामना की बात समझ से परे है। शिवप्रसाद सिंह का अर्थ अधिक सटीक लगता है–"न तो वे पीने (शराब) से कभी शान्त होते थे और न युद्ध से कभी भागते थे।" भंग<भग्ग<भग्न। और प्रिय>पिय–वा मैथिली प्रत्यय (कहवा, गवनवा आदि।)

8. अस पष एकचोई गणिअ न होइ सरइचा सरमाणा।
वारिग्गह मण्डल दिग आखण्डल पट्टन परिठम भाणा ॥

डॉ. शिवप्रसाद सिंह ने इन पंक्तियों के बारे में लिखा है–"वारिगह। तम्बुओं को कहते हैं लगता है असपष, एकचोई सरइचा, सरमाणा आदि तम्बुओं के प्रकार हैं। इन तम्बुओं के एकत्रीकरण से आखण्डल दिग पट्टन के परिष्ठव का भान होता था। आखण्डल इन्द्र है। और पूर्व उसकी दिशा है। पूर्वी दिशा का शहर (पट्टन) यानी शहरे मशरिक, जौनपुर।

डॉ. अग्रवाल ने इसका अर्थ दिया–"आसपास लगे हुए एक चोई, सरइचा, और सरमाण नामक तम्बुओं की गिनती नहीं हो सकती थी। वारगाह और मण्डल नामक सुन्दर शामियानों से पूर्वी दिशा की राजधानी जौनपुर का यश प्रसिद्ध हो रहा था।"

निश्चय ही कीर्तिलता के पाठ और अर्थ की समस्या को स्तम्भतीर्थ के

संस्कृत टीकाकार, डॉ. वासुदेव शरण अग्रवाल, डॉ. बाबूराम सक्सेना, डॉ. वीरेन्द्र श्रीवास्तव तथा डॉ. शिवप्रसाद सिंह ने परस्पर सहमत-असहमत होते हुए भी बहुत कुछ सुलझाया; पर कीर्तिलता के सन्दर्भ में यह समस्या आज भी विद्यमान है। इसमें बाधक हैं—देशी और विदेशी शब्द। पाठक के लिए यह निश्चय कर पाना कठिन है कि कौन-सा अर्थ सही है।

यद्यपि 'स्तम्भतीर्थ' के संस्कृत टीकाकार ने भी इस दिशा में अमूल्य योगदान किया। पर उन्होंने पाठ संशोधन के धरातल पर उतना परिश्रम नहीं किया, जितना अर्थ प्रस्तुति, अथवा अर्थ निर्णय की समस्या को सुलझाया। सबसे बड़ी समस्या, इन पाठ-शोधकों के साथ अमैथिल भाषी होना है, साथ ही यह मुस्लिम-संस्कृति से भी पूर्णतया परिचित नहीं रहे। इसलिए दूरारूढ़ परिकल्पनाओं ने अर्थ को और दुरूह बनाया।

एक समस्या और है, वह है—'कीर्तिलता' का मूल और प्राचीन पाठ न मिल पाना। सभी प्रतियाँ दूसरे लिपिकार द्वारा उतारी गयी हैं। इसलिए बहुत कुछ बदला है। अपनी तरफ से शब्दों में भी हेरा-फेरी की गयी है।

'कीर्तिलता' का पाठ अभी भी शुद्ध होना शेष है। सम्भवतः आज की मनीषा द्वारा यह सम्भव नहीं। पर उपरिलिखित विद्वानों ने अथक प्रयास कर इसे शुद्ध करने का प्रयास किया। परिणामस्वरूप शब्द और अर्थ की नयी परतें सामने आयी हैं। यह सच है ज्ञान के अभाव में कीर्तिलता के कितने छन्द ऐसे हैं जो अर्थ का अनर्थ कर देते हैं। इसलिए उचित परिश्रम से इस कृति को भ्रष्ट होने से बचाया जा सकता है।

कीर्तिलता : वैशिष्ट्य की तुला पर

विषयवस्तु

कीर्तिलता विद्यापति की अपभ्रंश रचना है। विद्यापति युगीन रचनाकार राज्याश्रित होते थे। इसलिए उनकी रचना का केन्द्र बिन्दु वही राजा होता था। उसका राजमहल उसके द्वारा किया गया युद्ध तथा अन्य श्रृंगारिक क्रिया-कलाप ही कथा के केन्द्र में होता था। विद्यापति भी तिरहुत के राजा कीर्तिसिंह के आश्रित थे। इस कारण उन्होंने उनके ही जीवन को आधार बनाकर उनके ही नाम पर कीर्तिलता की रचना की। कीर्तिलता की कथा अत्यन्त संक्षिप्त है। यह 'चार पल्लवों' में विभाजित है।

प्रथम पल्लव में रचनात्मक आवश्यकताओं की पूर्ति की गयी है जिसमें मंगलाचरण से लेकर सज्जन प्रशंसा, दुर्जन निन्दा आदि के साथ कथा की शुरुआत होती है। और कवि यहीं अपनी भाषा-नीति भी स्पष्ट कर देता है। उसके अनुसार–काव्य रचना लोक-भाषा में ही अधिक श्रेष्ठ रूप पाती है–

सक्कय वाणी बुहजन भावइ पाइअ रस को मम्म न पावइ।
देसिल बयना सब जन मिट्ठा तम तैसहो जंपओ अवहट्टा ॥

उस समय की काव्य रचना प्रश्नोत्तर रूप में होती थी जिसमें शुक शुकी, हंस हंसिनी, भृंग-भृंगी के वार्तालाप के रूप में ही कथा का अन्त भी कर दिया जाता था।

कीर्तिलता में भी भृंगी की वीर पुरुष से सम्बन्धित जिज्ञासा को शान्त करता हुआ भृंग उदाहरण रूप से कीर्तिसिंह को वीर पुरुष के रूप में प्रस्तुत करता है। राजा बलि, राम, भगीरथ और परशुराम के वीरता की चर्चा के क्रम में वह राजा कीर्तिसिंह का नाम भी जोड़ता है। कीर्तिसिंह के पाण्डित्य, दानवीरता, शूरता, सत्य, प्रतिज्ञा का वर्णन करता हुआ भृंग इन सबके प्रति आस्था तथा पूरी वीरता से पालन और सच्चरित्रता से जीवनयापन को वीर पुरुष का लक्षण बताता है–

पुरुष हुअउ बलिराए जासु कर कन्न पसारिअ ॥
पुरिस हुअउ रघुतनअ जेन बले रावण मारिअ ॥

पुरिस भगीरथ हुअउ जेन्ने णिअ कुल उद्धरिउ ॥
परसुराम पुनि पुरिस जेन्ने खत्तिअ खअ करिअउ ॥
अरु पुरिस पंसंसञो राय गुरु कित्ति सिंह गअणेस सुअ ॥
जे सत्तु समर सम्मद्धि करु वप्प वैर उद्धरिअ धुअ ॥

कीर्तिसिंह राजा गणेश्वर के छोटे पुत्र हैं। जिनकी वीरता उन्हें विक्रमादित्य की बराबरी में खड़ा कर देती है। कीर्तिसिंह की वीरता ने दुश्मन के घमण्ड को चूर कर अपने पिता का बदला लिया और अपने राज्य को दुश्मन से छीनकर अपने राज्य का उद्धार किया। प्रथम पल्लव की कथा यहीं समाप्त होती है।

दूसरे पल्लव के आरम्भ में भृंगी फिर भृंग से प्रश्न करती है कि कीर्तिसिंह ने उस वैर का प्रतिशोध कैसे लिया और पुनः अपना राज्य कैसे प्राप्त किया? इसके उत्तर में भृंग राजा कीर्तिसिंह के आदि से लेकर अन्त तक की कथा बयान करता है जिसमें धोखे से कीर्तिसिंह के पिता की हत्या कर दी जाती है और राज्य पर मुस्लिम शासक असलान का अधिकार हो जाता है। राज्य में सर्वत्र अराजकता छा जाती है। बाद में असलान को अपने किए पर पश्चात्ताप होता है और वह कीर्ति सिंह को राज्य वापस करना चाहता है। परन्तु कीर्तिसिंह का स्वाभिमान दयापूर्वक दिए जाने वाले उस राज्य को स्वीकार करने से इनकार कर देता है। युद्ध में स्वयं असलान को मारकर अपने पिता का वे बदला लेते हैं और राज्य भी। इस रचना में जौनपुर का अत्यन्त जीवन्त चित्रण हुआ है। विद्यापति ने हाट का वर्णन करते हुए उससे उत्पन्न ध्वनियों, भीड़ और उस भीड़ में सम्मिलित ब्राह्मण, चाण्डाल, वेश्या, सती आदि का सजीव चित्र प्रस्तुत किया है। कीर्तिसिंह की सेना जिस रास्ते से गुजरती है उस पर पड़नेवाले नगर, जंगल, रास्ते, हरे-भरे उपवन, वृक्ष, दुर्ग, भवनों की वास्तुकला, स्वर्ण-कलश से युक्त हाथी, घोड़ों की भीड़, राजा कीर्तिसिंह की वीरता का परिचायक है। नगर-वर्णन के अन्तर्गत सभी नागरिकों में आपस में प्रेम था, धर्म का कोई भेद-भाव नहीं था। ये सब उस राज्य के राजा की विशेषता थी। इस प्रकार राजा कीर्तिसिंह और वीरसिंह अपनी सेना के साथ उस राज्य से गुजरते हुए एक ब्राह्मण के अतिथि बने। दूसरे पल्लव की यहीं समाप्ति होती है।

तीसरे पल्लव में भृंगी, भृंग से आगे की कथा का वृत्तान्त पूछती है। भृंग उसे बताता है कि प्रातःकाल होने के उपरान्त कीर्तिसिंह की सेना चली। शत्रु के राज्य पर आक्रमण करने की योजना बनाई गयी और सेना को लेकर कीर्तिसिंह आगे बढ़े। कीर्तिसिंह की विशाल सेना के चलने से पृथ्वी कमल के पत्ते की भाँति काँपने लगी, उनके पैरों से उड़ने वाली धूल से सूरज ढक गया और दिन में अँधेरा हो गया। इस प्रकार अनेक दुर्गम स्थानों को पार करते हुए सेना ने शत्रु राज्यों पर आक्रमण कर दिया। और कीर्तिसिंह ने अपनी वीरता से शत्रु

राजा को पराजित कर उसे बन्दी बना लिया। पराजित राजा से कर वसूलते हुए अपनी सेना के साथ दोनों भाई आगे बढ़े। रास्ते में उन्हें अनेकों कष्टों का सामना करना पड़ा। सेना में अन्न के अभाव के कारण सैनिक, नौकर-चाकर छोड़कर भागने लगे परन्तु वीर कीर्तिसिंह ने ऐसी संकट की स्थिति में भी अपना धैर्य नहीं छोड़ा।

चतुर्थ पल्लव में भृंगी की जिज्ञासा और बढ़ गई कि अन्त में किसकी विजय हुई? इसके उत्तर में भृंग आगे की कथा का वर्णन करता है जिसमें कीर्ति सिंह की सेना बाजे-गाजे के साथ आगे बढ़ती जा रही थी और अन्त में दोनों सेनाओं का आमना-सामना हुआ। कीर्तिसिंह और असलान भिड़ गए। युद्ध-भूमि दोनों का आक्रमण प्रत्याक्रमण अर्जुन और कर्ण की याद दिलाता था। परन्तु कीर्तिसिंह की वीरता के आगे असलान टिक नहीं पाया और पीठ दिखाकर भाग निकला। उसके भागते ही राज्य पर कीर्तिसिंह का अधिकार हो गया। वे युद्ध में विजयी हुए। बाजे-गाजे, मन्त्रोच्चारण के बीच कीर्ति सिंह का राज्याभिषेक किया गया। उन्होंने अपना खोया राज्य अपनी वीरता और शक्ति के बल पर पुनः प्राप्त कर लिया। इस प्रकार कथा का सुखात्मक अन्त होता है।

कीर्तिलता : कथानक रूढ़ियाँ

कथानक रूढ़ियों का प्रयोग पूर्ववर्ती साहित्य तथा रचनाकारों की आवश्यक आवश्यकता थी। वह अनेक काव्य-रूपों के साथ-साथ कथानक रूढ़ियों का प्रयोग भी अवश्य करता था। ये कथानक रूढ़ियाँ कथा को आगे बढ़ाने और उसे रोचक बनाने में सहायक होती थीं। कल्पित कहानियाँ कवि अपनी तरफ से जोड़ता था इसलिए कथा का रूप ऐतिहासिक होते हुए भी कल्पना प्रधान हो जाता था। विद्यापति की कीर्तिलता भी ऐतिहासिक कलेवर के आधार पर काव्यरूढ़ियों के यथा-स्थान प्रयोग से एक नया मोड़ लेते हुए आगे बढ़ती है—जो कल्पना को उकसाने वाले मोड़ हैं। इनमें प्रयुक्त प्रमुख रूढ़ियाँ हैं—काल्पनिक कथानायक बनाने की, दैवी शक्ति का प्रवेश/प्रयोग, भृंग-भृंगी के माध्यम से कथा का आरम्भ, जिसमें पूरी कथा भृंगी के प्रश्न और भृंग के उत्तर में समाहित है। ये केवल वक्ता और श्रोता बने रहते हैं। कहीं भी किसी प्रकार का दुःख पड़ने पर नायक को छोड़ते नहीं हैं और ना ही उसकी सहायता करते हैं।

विद्यापति ने इन कथानक रूढ़ियों का प्रयोग कथा में अतिरंजना को बढ़ाने के लिए नहीं किया अपितु पाठकों को बीच-बीच में, कथा-रस का आनन्द देने के लिए किया है। सच तो यह है कि विद्यापति ने यथार्थ का चित्रण किया है, कल्पना का वहीं तक सहारा लिया जहाँ तक रचना को रोचक बनाने में वह समर्थ हैं। प्रेम-व्यापार, या भूत-प्रेत के चमत्कारिकता से उन्होंने कथा को बचाया

है। केवल साहित्येतिहास से चली आ रही रूढ़ियों का ही प्रयोग किया है। रचनाकार प्रारम्भ में ही दुर्जनों और सज्जनों का स्मरण करता है। इसके पहले वह अपने आराध्य का भी वन्दन करता है। विद्यापति की कीर्तिलता में भी इस पद्धति का अनुपालन है—

शशिभानु बृहदभानु स्फुरत्त्रितय चक्षुषः।
बन्दे शम्भोः पदाम्भोजम ज्ञान तिमिर द्विषः ॥
द्वाः सर्वार्थ समागमस्य रसनारंगस्थलीनर्तकी
तत्वालोकनकज्जलध्वजशिखा वैदग्धविश्रामभूः
शृंगारादिरसप्रसादलहरी स्वर्ल्लोककल्लोलिनी
कल्पान्तस्थिरकीर्तिसम्भ्रमसखी सा भारती पातु वः ॥

आगे चलकर रचनाकार सज्जन और दुर्जन की भी वन्दना करता है। विद्यापति दोनों के चारित्रिक वैशिष्ट्य को स्पष्ट करते हुए कहते हैं—

सुअण पसंसइ कब्ब मझु दुज्जन बोलइ मन्द ॥
अवसओ विसहर विस वमइ अभिञ विमुक्कइ चन्द ॥

अर्थात् सज्जन पुरुष चन्द्रमा की तरह है जो अमृत वर्षा करते हैं किन्तु खल तो विषधर है उनका काम ही विष वमन करना है। खल निन्दा और सज्जन प्रशंसा की यह परिपाटी पूर्ववर्ती और परवर्ती साहित्य में विद्यमान रही।

कवि अपनी भाषा नीति और काव्य वस्तु पर भी प्रारम्भ में प्रकाश डाल देता है। इस परिपाटी का अनुकरण जायसी और तुलसीदास ने भी किया—

सक्कय वाणी बुहअन भावइ ॥
पाउँअ रस को मम्म न पावइ ॥
देसिल बअना सब जन मिट्ठा ॥
तं तैसन जम्पञो अवहट्ठा ॥

दूसरी महत्त्वपूर्ण रूढ़ि हमें कीर्तिलता में वहाँ दिखाई देती है जहाँ कवि अपनी इस कथा को 'कहाणी' कहता है। यह भी मध्यकालीन साहित्य में प्रचलित रूढ़ि थी। इसीलिए विद्यापति ने भी अपनी इस कथा को 'कहाणी' कहकर परिचत कराया है—

सुपुरिस कहानी हौं कहउँ जसु पत्थावे पुन्न ॥
सुक्ख सुभोजण सुभ वअण देवहा जाइ सपुन्न ॥

अर्थात् मैं उस पुरुष की कहानी कहता हूँ जिसके कहने से पुण्य होता है, सुख,

सुन्दर भोजन, सुन्दर बचन और स्वर्ग की प्राप्ति में ऐसे बचन सहायक होते हैं।

इन कथानक रूढ़ियों के माध्यम से कवि ने नवीन अभिव्यंजना प्रकृति-चित्रण, युद्ध वर्णन, प्रेम और सौन्दर्य के मधुर दृश्य, रीति-रिवाजों का सजीव चित्रांकन तथा लोक-जीवन में प्रचलित बोलचाल, लोकोक्ति, मुहावरों के प्रयोग से कथा को आकर्षक बनाने का प्रयास किया है। आचार्य हजारीप्रसाद द्विवेदी ने परवर्ती साहित्य में इन कथानक रूढ़ियों की नयी खोज की है। ये रूढ़ियाँ प्रवाहित साहित्य को निरन्तर गतिशीलता प्रदान करने में पूर्णतः सक्षम रही हैं। पूर्ववर्ती साहित्य में इन कथानक रूढ़ियों की सूक्ष्म पहचान तथा उसके सहज प्रयोग पर द्विवेदी जी ने अपना विचार व्यक्त करते हुए कहा है कि "उन्होंने काव्यगत रूढ़ियों का बहुत प्रयोग किया है और परम्परा प्रचलित उपमानों से सौन्दर्य की अभिव्यंजना उनके साहित्य का प्रधान कौशल है तथापि वह कवि के आनन्द निर्झर चित्र को पूर्णरूप से प्रकट करती हैं।"

इसके अतिरिक्त कुछ रूढ़ियाँ ऐसी हैं जो रचना-बन्ध से सम्बन्ध रखती हैं। यह कथानक रूढ़ियाँ पूर्ववर्ती साहित्य में भी दृष्टव्य हैं। इसके कुछ रूपों का प्रयोग परवर्ती साहित्य में भी हुआ है। जैसे—मंगलाचरण, आत्मपरिचय, विनय-प्रदर्शन, सज्जन-दुर्ज्जन का विवेचन, गीततत्त्व आदि। विद्यापति ने कीर्तिलता में भी उपर्युक्त काव्यरूढ़ियों का प्रयोग कर अपनी रचना को समृद्ध बनाया। ये काव्यरूढ़ियाँ भक्ति-कालीन साहित्य और कुछ हल्के रूप में रीतिकालीन साहित्य में भी प्रयुक्त हुई हैं।

कीर्तिलता : काव्यरूप

'कीर्तिलता' ऐसे काल की रचना है जब रचना के लिए कुछ विशेष शर्तें होती थीं। यथा—ऐतिहासिक काव्यों की रचना और वह भी कथा या आख्यायिका के रूप में हो जो कि प्रेम या वीरता पर आधारित हो। रचना में ये अनिवार्य तत्त्व थे। इसलिए कीर्तिलता में भी कवि ने इन्हीं शर्तों पर अपनी रचना को उतारा है। ऐतिहासिकता का पुट देते हुए राजा कीर्तिसिंह की कीर्ति को प्रकाशित करने के उद्देश्य से इस काव्य की रचना की है।

मध्यकालीन चरितकाव्यों की यह परिपाटी भी थी कि रचना का आरम्भ संवाद से होता था और इस संवाद कथन या वार्तालाप के स्रोत भी शुक-शुकी या भृंग-भृंगी या हंस-हंसिनी होते थे। कीर्तिलता में भृंग-भृंगी के माध्यम से कथा को अंजाम दिया गया है। भृंगी द्वारा व्यक्त शंका का समाधान भृंग करता हुआ कथा को आगे बढ़ाता है। पर ये केवल संवाद तक ही सीमित हैं। इनका कथा की किसी भी घटना में प्रवेश नहीं है। ऐसा प्रतीत होता है कि समूची घटना के यह प्रत्यक्ष और तटस्थ दर्शक हैं। यही तो परिपाटी थी। और विद्यापति इनके

अनुपालन में सक्षम रहे। कीर्तिलता मध्यकालीन साहित्य के मानदण्डों के आधार पर ही रची गयी है। परन्तु कवि ने इन मानदण्डों के प्रयोग में परिवर्तन भी किया है। जैसे—कथा में चाहे युद्ध का वर्णन हो या प्रेम का पर कहीं भी अतिरंजना का सहारा नहीं लिया गया है और न ही किसी ऐसी घटना की योजना है जो कथा से हटकर और चौंकाने वाली हो। परवर्ती मध्यकाल में अधिकतर चरितप्रधान काव्य लिखे गये। और विद्यापति का भी लक्ष्य चरितप्रधान रचना प्रस्तुत करना ही है—

सुपुरिस कहाणी हौं कहउँ जसु पत्थावे पुन्न।
सुक्ख सुभोजण सुभ वअण देवहा जाई सपुन्न।

कीर्तिलता का रूप एक 'कहनी' का है जिसमें गद्य और पद्य दोनों का प्रयोग हुआ है। पर देखा जाए तो कथा के जो लक्षण होते हैं उनका इस कृति में अभाव है। परन्तु हजारीप्रसाद द्विवेदी का अनुमान है कि विद्यापति ने जानबूझकर कीर्तिलता को कथा न कहकर 'कहाणी' की संज्ञा दी है।

कीर्तिलता के मूल्यांकन में इस बात का ध्यान रखना होगा कि इसमें रचना-बन्ध की शर्तों को कवि ने अपनाया भी है और कहीं अपने को मुक्त भी रखा है। इस प्रकार कीर्तिलता एक नये काव्यरूप के आवरण में रची गयी है जिसमें पुरानी परिपाटी के पूर्णरूपेण प्रयोग से कवि ने परहेज किया है।

आरम्भ में कवि ने सज्जन-प्रशंसा और दुर्जन निन्दा की परिपाटी को कीर्तिलता में दुहराया है जिसकी कुछ पंक्तियाँ द्रष्टव्य हैं—

सुअण पसंसइ कब्ब मझु दुज्जन बोलइ मन्द।
अवसओ विसहर विस वमइ अमिअ विमुक्कइ चन्द ॥

परन्तु कवि को विश्वास है कि—

बालचन्द विज्जावइ भासा
दुहु नहीं लग्गइ दुज्जन हासा
ओ परमेसस हर सिर सोहइ
ई णिच्चइ नागर मन मोहइ।

इसी के अन्तर्गत कवि ने अपनी सूक्ष्मता का परिचय दिया है और मुसलमानी रहन-सहन का बड़ा ही सजीव चित्रण प्रस्तुत किया। परन्तु उनके बात-व्यौहार से घृणा भी व्यक्त की है—

अति गह सुमर षोदाए खाए ले भांग क गुण्डा।
बिनु कारणहिं कोहाए वएन तातल तम कुण्डा।

तुरक तोषारहिं चलल हाट भमि हेडा चाहइ।
आडी दीठि निहार दवलि दाढ़ी थुक बाहइ। (2/174-77)

और नगर-वर्णन में उनकी वर्णन-कला का अद्‌भुत रूप बाजार-वर्णन में दिखाई देता है जहाँ पर ध्वनि की मिली-जुली एकता के आभास द्वारा कवि वस्तु-वर्णन का एक विशिष्ट कलाकार बन जाता है–

अवि अविआ हाट करेओ प्रथम प्रवेश। अष्टधातु
घटना टंकार, कसेरी पसरा कांस्य क्रेंकार
प्रचुर पौरजन पद संभार संभिन्न धनहटा सोनहटा, पनहटा पक्वान
हटा
मछहटा करेओ सुख रव कथा
कहंते होइअ झूठ,
जनि गम्भीर गुर्ग्गुरावर्तकल्लोल कोलाहल
कान भरन्ते मर्यादा छाँड़ि महार्णव ऊँठ ॥ (कीर्तिलता 2/100-105)

विद्यापति का काव्यपक्ष भी अत्यन्त सजीव और दृश्य को उभारने में कुशल है। बाजार की भीड़ को देखकर समुद्र का बिम्ब उभारना उनके कुशल काव्य विन्यास का सुन्दर उदाहरण है। अलंकारों के प्रयोग का कोई भी स्थल उन्होंने छोड़ा नहीं। भीड़-भाड़ के स्थल पर तो उनकी काव्य-कला और निखरकर सामने आती है। और कहीं-कहीं पर तो उन्होंने केवल नामों की सूची ही जैसे प्रस्तुत कर दी है। शुक्ल जी ने ऐसे स्थल को नाम परिगणना का नाम दिया है। यथा–

प्रमदवन, पुष्पवाटिका, कृत्रिम नदी, क्रीड़ा शैल, धारागृह, यन्त्र, व्यंजन, शृंगार संकेत, माधवी मण्डप, विश्राम चौरा, चित्रशाली, खट्वाहिंडोल कुसुम शय्या, प्रदीपमाणिक्य, चन्द्रकान्त शिला, चतुसम पल्लव आदि। (कीर्तिलता–2/224-248)

विद्यापति ने कीर्तिसिंह की रूपरेखा या व्यक्तित्व चित्रण में रुचि नहीं ली है। अपितु उनके स्वभाव को व्यक्त करने में ज्यादा कारीगरी दिखाई है। वैसे ही असलान के मानसिक अन्तर्द्वन्द्व को भी चित्रित किया गया है।

छन्दों के प्रयोग में कवि ने अपनी पूर्ववर्ती परम्परा का ही पालन किया है। विषय और भाव की अनुकूलता को ध्यान में रखते हुए कवि ने कीर्तिलता में छन्द विविधता का परिचय दिया है और आवश्यकतानुसार लम्बे छन्दों का प्रयोग भी किया। यथा–युद्ध में राजाओं के वर्णन में पुमानरी नामक छन्द की योजना द्रष्टव्य है–

राउत्ता पुत्ता चलइ बहुत्ता पअ भरे मेइणि कंपा।
पत्तापे चिह्ने भिन्ने-भिन्ने धूली रह-रह झंपा ॥ 4/110-11

इस प्रकार हम देखते हैं कि विद्यापति ने अपनी कर्तिलता में काव्यरूपों का ऐसा बंध तैयार किया है जो न तो अपने पूर्ववर्ती साहित्य की नकल है और न ही उससे पूरी तरह भिन्न ही है। परिवेश और भावों की अनुकूलता को ध्यान में रखकर ही अपनी रचना में काव्य-अलंकरणों का प्रयोग किया है। उनकी कथा में वीरता और सच्चरित्रता की प्रशंसा भी है, तो दुरावस्था का चित्र भी दर्शनीय है। विद्यापति की कीर्तिलता में सर्वपक्षीय चित्रण है और चित्रण की इसी विशेषता को ध्यान में रखते हुए द्विवेदी जी की यह टिप्पणी विद्यापति के काव्यगत विन्यास और भावगत रूपरेखा के लिए पूर्णतः सटीक है—"कवि की लेखनी चित्रकार की उस तूलिका के समान नहीं है जो छाया और आलोक के सामंजस्य से चित्रों को ग्राह्य बनाता है बल्कि उस शिल्पी की टाँकी के समान है जो मूर्तियों को भितिगात्र में उभार देता है, हम उत्कीर्ण मूर्ति की ऊँचाई-नीचाई का पूरा अनुभव करते हैं।" (कीर्तिलता और अवहट्ट भाषा—शिवप्रसाद सिंह, पृ. सं. 209)

कीर्तिलता : भाषा (अपभ्रंश या अवहट्ट)

भाषिक स्तर पर भी कीर्तिलता अपना महत्त्वपूर्ण स्थान रखती है। कहने को तो कीर्तिलता की रचना अवहट्ट में हुई है। परन्तु विद्यापति की अपनी भाषा मैथिल थी। इसलिए मैथिली का भी समावेश कीर्तिलता में अवहट्ट के साथ हुआ है। विद्यापति ने स्वयं ही स्वीकार किया है कि रचना लोक-भाषा में होनी चाहिए और उस समय की लोक-भाषा, देश-भाषा अवहट्ट थी इसलिए भाषिक स्तर पर इसका मूल्यांकन अवहट्ट भाषा के परिप्रेक्ष्य में ही होना चाहिए। क्योंकि अवहट्ट की प्रवृत्ति कीर्तिलता में पूर्णतः मिलती है। कुछ विद्वानों ने इसे मैथिल अपभ्रंश माना है तो कुछ ने पश्चिमी अपभ्रंश से जोड़ा है पर मूल्यांकन के पश्चात् इसकी भाषा अवहट्ट ही साबित हुई। स्वयं विद्यापति का कथन भी इस बात का साक्षी है–

सक्कय वाणी बुहअन भावइ। पाइँअ रस को मम्म न पावइ ॥

ध्वनि विचार की दृष्टि से इसमें अवहट्ट में प्रयुक्त स्वरों का प्रयोग पर्याप्त रूप में मिलता है। जैसे–अ, आ, इ, ई, उ, ऊ, आदि। इसके अतिरिक्त अपभ्रंश काल में प्रयुक्त ह्रस्व एँ और ओं के रूप भी सुरक्षित हैं। जैसे–

अइसओ जासु परताप रह (2/113)
एकक धम्मे अओका उपहास (2/193)

कीर्तिलता में प्राचीन आर्यभाषा के संयुक्त स्वरों का प्रयोग भी कवि ने खुलकर किया है। इसके पूर्व केवल ए और ओ शब्दों में प्रयुक्त होते थे। परन्तु कालान्तर में इसे य, व के साथ प्रयोग कर संयुक्त रूप में प्रयोग किया जाने लगा जिसका प्रयोग कीर्तिलता में भी प्रचुरता से हुआ। इसके साथ-साथ ऐ और औ का प्रयोग भी संयुक्त स्वरों के रूप में हुआ, कुछ उदाहरण द्रष्टव्य हैं–

करौ (1/77 = करउ<करोतु)
चउहट्ट = < चतुः हाटक)
भौ (2/185) जउ।

संयुक्त स्वर का प्रयोग भी यत्र-तन्त्र मिलता है जिसका तात्पर्य है एक

साथ प्रयुक्त स्वर। जैसे–

अइ = पसंसइ (1/4)

लग्गई (2/53)

अओ = करओ (3/25)

दासओ (3/104)

कीर्तिलता में कुछ स्थलों पर य के स्थान पर ए का प्रयोग भी द्रष्टव्य है। जैसे–वलिराए (बलिराय<बलिराज 1/38)। स्वरों की सानुनासिकता में अनुस्वार का प्रयोग कीर्तिलता में द्रष्टव्य है। साथ ही अनुनासिक ञ का प्रयोग भी मिलता है। जैसे–जानिञ (= जानिउ–2/236), उपसञो (उपसओं–4/103)।

अवहट्ट अपभ्रंश के बाद की भाषा मानी जाती है। और अपभ्रंश की प्रमुख विशेषता उसकी उकार बहुलता है इसलिए अवहट्ट में भी उ की प्रधानता दिखाई देती है। विद्यापति ने भी कीर्तिलता में उ का प्रयोग सर्वाधिक रूप में किया है। जैसे–उद्धरिअउँ (2/2), करिअऊँ (1/4), वनिअऊँ (2/51) आदि।

कीर्तिलता में यथास्थान ह्रस्व अनुस्वार का प्रयोग चन्द्रबिन्दु के रूप में किया गया है। जैसे–

चाँद (= चंद < चन्द्र, 2/130)

भाँग (= भग्न, 2/147)

काँड (कण्ण < कर्ण, 4/163)

कीर्तिलता में सभी प्रकार के व्यंजनों का प्रयोग हुआ है। जैसे–'क' से लेकर 'ह' तक के प्रयोगों को इसमें देखा जा सकता है। 'ण' और 'न' एक दूसरे के स्थान पर भी प्रयुक्त हुए हैं।

'श' और 'स' के प्रयोग में भी विशेषता है। 'श' तत्सम शब्दों के साथ प्रयुक्त हुआ है और 'स' तद्भव के साथ। और 'ष' और 'क्ष' का प्रयोग क्रमशः 'ख' और 'क्ष' के लिए हुआ है।

संज्ञा रूपों के अन्तर्गत कीर्तिलता में उकारान्त की अपेक्षा अकारान्त का प्रयोग अधिक हुआ है। कीर्तिलता में प्रायः सभी स्वरों से अन्त होने वाले प्रतिपादिक संज्ञा शब्द मिलते हैं जैसे–चूअ, काअ, कुंजर, कण्व, महुअर, कसेरा, पसरा, घोरा, अधओगति, आगरि, राए, दियओ, गुलामों, गावों आदि ओकारान्त के शब्द भी द्रष्टव्य हैं।

लिंग और वचन के अन्तर्गत लिंग की अव्यवस्था दिखाई देती है। दोखे हीनि, माझ खीनि, रसिके आनलि (2/146)। जहाँ तक वचन के प्रयोग की बात है कीर्तिलता में कर्त्ता से भिन्न कारकों में बहुवचन के लिए संज्ञा और सर्वनाम दोनों में 'न्हि' या 'न्ह' का प्रयोग हुआ है। जैसे–तान्हि, वेश्यान्हि, महाजन्हि करो, नगरहिन्ह करो।

कारक प्रयोग की दृष्टि से कीर्तिलता में सभी कारकों का निर्विभक्तिक प्रयोग मिलता है। यह प्रयोग कर्ता, कर्म और सम्बोधन के लिए प्रायः होता था। तृतीया तथा सप्तमी के लिए तीन विभक्तियों का प्रयोग हुआ है। जैसे–ए, ए, हि। जैसे–दाने दलिय दारिद्द, जइ उच्छहि, वित्ते वतोरइ किचि, तिहुअन खेत्तहिं, सथ्थ सथ्थेहिं (हि)।

चतुर्थी अर्थात् सम्प्रदान और पंचमी अपादान तथा षष्ठी सम्बन्ध के लिए ह, हं, हुं विभक्ति का प्रयोग कीर्तिलता में हुआ है। जैसे–रज्जह, नन्दहं, मेरहुँ, विश्वकर्महुँ।

कारक के अतिरिक्त कीर्तिलता में विद्यापति ने परसर्गों का भी प्रयोग किया है। जैसे–कर्ता कारक का परसर्ग चिह्न ने के सञो, सन, सम, पमान आदि रूप दिखाई देते हैं। सम्प्रदान के लिए तीन परसर्ग प्रयुक्त हुए हैं–लागि, काज और कारण। अपादान और सम्बन्ध के लिए हुन्ते और हुँत तथा केर, कइ, क, कों का प्रयोग द्रष्टव्य है–

अपादान–दुरू हुन्ते आआ, यात्रा हुँतह।

सम्बन्ध–लोअन केरा वल्लहा, मध्यान्हे करी, जती के हृदय चूर।

अधिकरण के लिए–माँझ, उप्परि और भीतर परसर्गों का प्रयोग हुआ है। जैसे–जाई मुँह **भीतर**, तसु **उप्परि** करतार।

सर्वनाम का प्रयोग कीर्तिलता में प्रचुरता से हुआ है जिसमें पुरुषवाचक सर्वनाम के अन्तर्गत मध्यम पुरुष के लिए एकवचन के रूप कर्ताकारक में तोञे, तुम्हें, तोहे, कर्म के लिए तुम्हें, तोहिं, तोके, सम्प्रदान के लिए हञो या हौं, अहकम् का रूप मिलता है। प्रथम पुरुष में कर्ता एकवचन के लिए सो, बहुवचन के लिए ते, तन्हि, तान्हि, कर्म के एकवचन में ताहि, से, करण में एकवचन के लिए तेनु, और बहुवचन के लिए तेन्हे; जबकि सम्बन्ध में एकवचन के लिए तिसु, तसु, ता और बहुवचन के लिए तेन्हि का प्रयोग किया गया है।

निश्चयवाचक सर्वनाम में निकट के लिए ई, एहि, एहु, और दूर के लिए ओ, ओहु रूप प्रयुक्त हुआ है।

सम्बन्धवाचक सर्वनाम में कर्ता के लिए जे, जो, जओन; कर्म के लिए जेन, जेन्त्रे, जेइ; करण के लिए जस्स, जसु जासु आदि का प्रयोग मिलता है।

प्रश्नवाचक सर्वनाम के अन्तर्गत कर्ता के लिए कमन, कवणे, कवन, किं, कमोण; करण के लिए केण, केन रूप का प्रयोग हुआ है। अनिश्चय वाचक सर्वनाम में काए, कोइ काहु और कहु का प्रयोग भी वर्णनीय है।

निजवाचक सर्वनाम अपन, अपने, अपनेहु, अप्पा, णिद्य के रूप में प्रयुक्त हुआ है।

विशेषण के लिए विद्यापति ने संस्कृत-प्राकृत-अपभ्रंश तीनों भाषाओं से

चुनकर विशेषण का प्रयोग किया है। जैसे—चारु, नवयौवना, प्रचुर, पवित्र आदि संस्कृत के हैं। अग्गिम, कित्तिय, गाढ़िम आदि प्राकृत के हैं और आड़ी, चांगु, जूठ, झूठ, नीक, रूसलि आदि देशी भाषा के रूपों से लिये गये हैं।

इसके अतिरिक्त सार्वनामिक विशेषण और संख्यावाचक तथा क्रम संख्या वाचक के उदाहरण भी मिलते हैं। जैसे—

सार्वनामिक—अइस, अस, ऐसो, कइसे आदि।

संख्यावाचक—एक्क, दो के लिए वे, वेवि, तीन, तीनू।

सौ के लिए शतु, सहस्र आदि।

क्रम संख्यावाचक—प्रथम>पढ़म, पहिले, दोसरी, पंचम।

क्रिया रूपों में भी कवि ने अपने परवर्ती साहित्य का सहारा लिया है। वर्तमान काल में उत्तम पुरुष के लिए करञो, करउँ, किक्करउँ; मध्यम पुरुष के एकवचन के लिए—करहि, करसि और अन्य पुरुष के लिए करइ, करए, कर, करथि आदि रूप मिलते हैं।

भूतकाल में कीर्तिलता में 'इअ' अन्तवाले कृदन्त रूपों का अधिक प्रयोग हुआ है। जैसे—पेक्खिअ, विरामिअ, मारिअ, धवलिय। कहीं-कहीं उ या उँ और ओ का प्रयोग भी द्रष्टव्य है। जैसे—दिअउ, तिलअउ, करेओ, पूरेओ।

भविष्यत् काल में स-प्रकार वाले शब्द और ह-प्रकार वाले शब्दों का प्रयोग दिखाई देता है। जैसे—होसइ और होअउँ, और बुज्जिह, करिह आदि।

क्रियार्थक संज्ञाएँ ना, ब या बा और ए रूप में भी प्राप्त होती हैं। इसके साथ ही सहायक क्रियाओं का प्रयोग भी इसमें मिलता है। जैसे—अछ, अछए, अछै (अच्छ)। और संयुक्त क्रियाओं के प्रयोग में भागए चाह, चढ़ावए चाह, सहहि न पारइ आदि।

कीर्तिलता में कालवाचक अव्यय के रूप में—अज्ज, जबे, जबहीं, ततो, तबहीं, स्थानवाचक रूप में—इअ, अरिय, उपर, ओर, जहाँ, तहाँ, बाजू, रहसें तथा रीतिवाचक में एम, एव, काग्नि, किमि, झारे, णिच्चइ, समाण आदि। विविध के लिए अवरू, अवस, कलु आवि, और विस्मय के लिए, अहो-अहो, अहह आदि अव्यय कीर्तिलता में विद्यमान हैं।

इसके साथ-साथ कीर्तिलता में अरबी-फारसी शब्दों का प्रयोग भी बेधड़क रूप में मिलता है। विद्यापति शाही दरबार से जुड़े थे। फलस्वरूप मुस्लिम फौजियों के रहन-सहन आदि के वर्णन में अरबी-फारसी शब्दों के प्रयोग में विविधता दिखाई देती है। और कहीं-कहीं कवि ने इसे अपभ्रंश के रूप में प्रयोग किया है। जैसे—अदप (अदब), खाण (खान), कादी (काजी) आदि। इसके सन्दर्भ में डॉ. वासुदेव शरण अग्रवाल की टिप्पणी है कि—"इनसे यह सूचित होता है कि इस प्रकार प्राचीन हिन्दी भाषा अपने पेट में फारसी-अरबी के शब्दों को निधड़क पचाने लगी

थी। न केवल हिन्दी में, वरन् प्राचीन बांग्ला और गुजराती में भी ऐसे शब्द घर करने लगे थे।" (कीर्तिलता, डॉ. वासुदेव शरण अग्रवाल, पृ. 58)

किसी भी रचनाकार की भाषा को विशिष्ट बनाते हैं—चित्रात्मक प्रयोग। विद्यापति ने नगर, हाट के वर्णनों में इस शैली का प्रयोग किया है।

विद्यापति की भाषा की सबसे बड़ी विशेषता उसकी सहजता और सरलता है। इसमें यदि लोक-जीवन की शब्दावली की प्रचुरता है—चाहे वह मैथिली की हो या अरबी-फारसी की—तो वहीं इसके बिम्ब, रूपक भी लोक के बिम्ब और रूपक हैं। वाक्यात्मक संरचना तथा शैली-शिल्प के धरातल पर विद्यापति लोक के निकट खड़े दिखाई देते हैं। उनका मंजुल गद्य प्रयोग मेरे कथन का साक्षी है। इनके शब्दों में अर्थ की विविध विच्छित्तियाँ उजागर होती हैं। आवश्यकता है—सहृदय की। और इनकी भाषा हिन्दी भाषा की पूर्वपीठिका भी सिद्ध होती है।

इस प्रकार स्पष्ट है कि कीर्तिलता में अवहट्ट भाषा की सभी विशेषताएँ विद्यमान हैं। और मूल्यांकन के बाद अवहट्ट ही कीर्तिलता की भाषा साबित होती है।

हिन्दी के विकास में अपभ्रंश का अवदान

भारतीय आर्यभाषा परिवार की मध्यकालीन अन्तिम भाषा के रूप में अपभ्रंश भाषा, भाषिक विकास की वह अवस्था है, जहाँ से आधुनिक भारतीय आर्य भाषाएँ अपने-अपने अस्तित्व का अलग उद्घोष करती नजर आती हैं। और अपभ्रंश इन सभी भाषाओं के विकास में समभाव से अपना अवदान प्रदान करती है। अपेक्षाकृत हिन्दी को यह अवदान कुछ अधिक ही प्राप्त होता है। इसके कई कारण हैं एक तो अपभ्रंश भाषा का क्षेत्र हिन्दी भाषा का ही क्षेत्र है, दूसरा यह कि अपभ्रंश के प्रमुख भाषिक तत्त्व हिन्दी क्षेत्र से ही गृहीत हुए। तीसरे अपभ्रंश भाषा में गृहीत लोक-भाषा के तत्त्वों में इसी क्षेत्र की प्रधानता रही है। फलस्वरूप अपभ्रंश का परवर्ती रूप अवहट्ठ पुरानी हिन्दी के नाम से अभिहित हुआ। हिन्दी के बीज अपभ्रंश से भी पहले से भारतीय आर्य भाषाओं की विभिन्न अवस्थाओं में दृष्टिगत होते हैं। पालि, प्राकृत में भी विद्वान् इन तत्त्वों को खोज निकालते हैं। पालि, अपभ्रंश की भाँति हिन्दी भी जन-बोली का आधार पाकर विकसित होती है। और पालि, प्राकृत, अपभ्रंश की ही तरह हिन्दी भी अपनी तात्कालिक परम्परा की भाषा के कुछ तत्त्वों को छोड़ती, ग्रहण करती दिखाई देती है। वस्तुतः अपना नवरूप निर्मित करने, अपभ्रंश से अलग-थलग दिखाने के उद्देश्य से, जहाँ संस्कृत, पालि, प्राकृत के कतिपय तत्त्वों को वह ग्रहण करती है वहीं वह चारों भाषाओं से विकसित सरलीकरण की प्रक्रिया में आगे बढ़ी नजर आती है। वस्तुतः ये प्रवृत्तियाँ पालि में भी थीं, प्राकृत में भी और अपभ्रंश में भी।

तेरहवीं शती के आस-पास विकसित हिन्दी ने अपने भाषिक तत्त्व और साहित्यिक स्वरूप एकाएक विकसित नहीं कर लिए होंगे? निश्चय ही ये तत्त्व पहले से विद्यमान रहे होंगे। पर किस रूप में और कहाँ? लिखित प्रमाणों के अभाव में यह बता पाना या दिखा पाना सम्भव नहीं। खासकर लोक जीवन के क्रोड़ से विकसित भाषा के सन्दर्भ में यह और भी एक बड़ी कठिनाई होती है। पर यह सत्य है कि हिन्दी ने अपनी परम्परा की भाषाओं के तत्त्वों को भी ग्रहण किया, इसलिए उसमें संस्कृत, पालि, प्राकृत और अपभ्रंश के तत्त्व आसानी से खोजे जा सकते हैं। केवल अपभ्रंश के योगदान को महत्त्व इसलिए अधिक दिया जाता है क्योंकि हिन्दी अपभ्रंश के तत्काल बाद की भाषा है।

किसी साहित्यिक भाषा के विकास में अवदान दो दिशाओं में एक साथ क्रियाशील होता है—क. भाषिक तत्त्वों की निर्मिति में और ख. साहित्यिक-स्वरूप की निर्मिति में। अतः हम यहाँ पर इन्हीं दो स्वरूपों के परिप्रेक्ष्य में हिन्दी के विकास में अपभ्रंश के अवदान की चर्चा करेंगे।

क. भाषिक एवं संरचनात्मक योगदान

1. मध्यकालीन भाषाओं में घटित ध्वन्यात्मक परिवर्तन अपभ्रंश में लगभग अपनी पूर्णता पर थे। ह्रस्व ए, ओ तथा मूर्धन्य ड़, ढ़ अपभ्रंश में नयी ध्वनियों के रूप में आ चुकी थीं। और अपभ्रंश की सभी ध्वनियाँ हिन्दी में स्वीकृत हुईं। 2. ऋ तथा विसर्ग के लोप की अपभ्रंश की प्रवृत्ति हिन्दी में वर्तमान है। यथा—घृत>घी। 3. औ>ओ तथा ऐ>ए का विकास भी अपभ्रंश से हिन्दी में आया। यथा—चौर>चोर, गौर>गोर। 4. अपभ्रंश में प्रारम्भ नासिक्य व्यंजनों के संयोग के लिए अनुस्वार का प्रयोग हिन्दी में मान्य हुआ। यथा—पञ्च>पाँच, अङ्ग>अंग, हिन्दी, पम्पा>पंपा। 5. संयुक्त व्यंजनों के स्थान पर द्वित्व का प्रयोग अपभ्रंश का वैशिष्ट्य है। द्वित्व शब्दावली वीर रस प्रधान काव्य-सृजन के लिए अत्यधिक उपयुक्त थी। आदिकालीन तथा मध्यकालीन हिन्दी काव्य में इस शब्दावली का प्रयोग हुआ है। परवर्ती अपभ्रंश में द्वित्व का लोप और क्षतिपूरक दीर्घीकरण तथा आनुनासिकीकरण के द्वारा द्वित्व व्यंजन का समीकरण हुआ। यथा—अर्द्ध>आधा, कर्म>काम, हत्थ>हथ्थ>हाथ, स्वर्णकार>सुण्णार>सुनार, कुक्षि>काँख, कर्ण>कण्ण>कान, वक्र>वक्क>बाँक। हिन्दी की अधिकांश तद्भव शब्दावली इसी नियम के अनुसार निर्मित हुई। 6. मध्यग क्, ग्, च्, ज्, त्, द्, प् के लोप के कारण प्राकृत तक अवशिष्ट स्वरों की सन्धि नहीं की जाती थी, पर अपभ्रंश में सन्धि प्रक्रिया प्रारम्भ हुई है। और हिन्दी में भी यह प्रक्रिया यथावत् प्रचलित है। यथा—अंधकार>अंधआर>अंधार, सहकार>सहआर> सहार। 7. अपभ्रंश में संयुक्त स्वरों का स्थान 'य' श्रुति ने लिया। हिन्दी की निर्मिति में यह प्रक्रिया क्रियाशील है। राजन्>राअअ>राय। 8. ध्वनियों के उच्चारण स्थान में परिवर्तन की प्रक्रिया अपभ्रंश में दिखाई देती है, हिन्दी में भी यह प्रक्रिया आगे बढ़ती नजर आती है। क—वर्गीय कंठ्य अपभ्रंश में कोमल तालव्य हुईं। 9. मध्यकालीन भाषाओं में व्याकरणिक रूपों के सरलीकरण की प्रक्रिया प्रारम्भ हो चुकी थी, अपभ्रंश में यह और आगे बढ़ी और हिन्दी में और भी आगे। इस प्रक्रिया के तहत अपभ्रंश में विभक्ति रूप केवल तीन वर्ग तक सीमित रह गए, हिन्दी ने भी विभक्तिक प्रयोगों के सीमित रूपों को अपनाया। प्रथमा एकवचन में 'उ' का प्रयोग परवर्ती हिन्दी की प्रमुख बोलियों—ब्रज, अवधी में बहुत दिनों तक प्रचलित रहा। यथा—रामु, कामु, काजु, आजु आदि। तृतीय-सप्तमी—इ, ई, ए, ऐ तथा 'हि' प्रारम्भिक हिन्दी में प्रयुक्त हैं। अपभ्रंश में एक विभक्ति चिह्न दो विभक्तियों के

लिए प्रयुक्त होता था जबकि हिन्दी में इनका प्रयोग कई विभक्तियों के लिए होने लगा। 'हि' ऐसी ही विभक्ति है, जिसका प्रयोग प्रायः सभी कारकों के लिए होता है। 10. वाक्य संरचना में निर्विभक्तिकता अत्यन्त महत्त्वपूर्ण घटना है। इस धरातल पर आधुनिक भारतीय आर्य भाषाएँ प्रचीन भाषाओं से अलग खड़ी हैं। इसके कारण अर्थ प्रतीति में अस्पष्टता आ जाना स्वाभाविक था, फलस्वरूप परसर्गों का प्रयोग प्रारम्भ हुआ। अपभ्रंश में परसर्गों की संख्या सीमित थी, किन्तु अवहट्ठ तक इनमें काफी वृद्धि हुई। कर्ता—ने, करण—सम, सन्न, सउँ, सऊँ, से, तण; सम्प्रदान—केहि, रेसि, लागि। अपादान—हुंतउ, हुंते, सउँ; सम्बन्ध—केरए, केरा, केर-कर, क, का; अधिकरण—महि, माँझ, उप्परि, ऊपर, अपभ्रंश के प्रमुख परसर्ग हैं। इनमें अधिकांश हिन्दी में यथावत् व्यवहृत हैं। इनमें से हिन्दी की कुछ लोक बोलियों के अंग बने, और कुछ ध्वन्यात्मक परिवर्तन के साथ हिन्दी में उपस्थित हैं। यथा—न्ने>ने; सम, से सउँ, सई>से; केरअ>का, के, की, महि, मांह>में; उप्परि>पर। 11. अधिकांश हिन्दी सर्वनाम रूपों की निर्मिति अपभ्रंश में ही पूरी हो चुकी थी। अपभ्रंश—हउँ>ब्रज—हौं। अपभ्रंश मइं >खड़ी, अवधी—मैं। तुहुँ, तुम्हें, तुज्झ, सो, से, ते आदि पुरुषवाची अपभ्रंश सर्वनाम पूर्ववर्ती हिन्दी सर्वनाम रूपों के सूचक हैं। दूरत्व बोधक अपभ्रंश—ओ, ओहु, ओई अवधी में ओ, वह, तवहु तथा ओइ रूप में आज भी प्राप्य हैं। सम्बन्धसूचक जो, जे; प्रश्नवाचक को के, कवन (कौन) हिन्दी में यथावत हैं। निजवाचक अप्प, अप्पणय हिन्दी में आप, अपना तथा समूहवाचक—सब्ब हिन्दी में सब रूप में वर्तमान हैं। 12. अपभ्रंश के सार्वनामिक विशेषण अवधी में यथावत हैं। यथा—जइस, कइस, तइस, अइस। किन्तु परिनिष्ठित हिन्दी में अइ>ऐ हो गया। फलस्वरूप ये सार्वनामिक विशेषण हिन्दी में जैसा, कैसा, तैसा, ऐसा हो गए। अपभ्रंश के एत्तिउ, केत्तिउ, जेत्तिउ, तेत्तिउ रूप परिनिष्ठित हिन्दी में इतना, कितना, जितना, तितना रूप में विकसित हुए। अंतिम रूप का प्रयोग बहुत कम मिलता है। 13. अपभ्रंश और हिन्दी के संख्यावाचक विशेषण में केवल सामान्य ध्वन्यात्मक विभेद मात्र है। यथा—एक्क>एक, दु>दो आदि। 14. शब्द निर्मिति प्रक्रिया की भाँति अपभ्रंश के क्रिया रूपों की निर्मिति प्रक्रिया भी सरलीकरण की प्रवृत्ति से प्रभावित है। और हिन्दी भी सरलीकरण की ओर उन्मुख है। फलस्वरूप अपभ्रंश और हिन्दी क्रिया रूपों में पर्याप्त समानता है। यथा—

काल	अपभ्रंश	हिन्दी
वर्तमान	करइ, करहु, करउँ	> करैं, करहु, करौं
भविष्यकाल	हसिहइ, हसिहिंहि, हसिहिउँ	> हसिहै, हसिहैं, हसिहौं
आज्ञार्थ	करु, मारहु, करहु	> करु, मारहु, करहु
प्रेरणार्थक	करावइ, बैठाव, पढाव	> करावो, बैठाओ, पढ़ाओ

इसके अतिरिक्त अपभ्रंश के विंध्यर्थ-ज्जई प्रत्ययान्त रूप हिन्दी में जै बन गया। यथा—करिज्जइ> करीजै। अपभ्रंश में अनुकरण के आधार पर निर्मित तथा देशी धातुओं के पुनःप्रयोग के फलस्वरूप अपभ्रंश में प्रचलित चख, कढ़, लुक्क, बोल्ल जैसी धातुएँ हिन्दी की भी सम्पत्ति बन गईं। अपभ्रंश में क्रिया तिङ्न्तीय रूपों की अपेक्षा कृदन्तीय रूपों का प्रयोग अधिक हुआ। तिङ्तीय का प्रयोग केवल भूतकाल तक ही सीमित रहा। ठीक यही स्थिति हिन्दी की भी है। परवर्ती अपभ्रंश में संयुक्त क्रिया प्रयोग को मान्यता मिली, यह हिन्दी में भी प्रचलित है।

ख. साहित्यिक योगदान

मैं यह पहले ही स्पष्ट कर चुका हूँ कि हिन्दी भाषा और साहित्य का विकास एकाएक नहीं हुआ अपितु यह भारतीय आर्यभाषा के विकास की निरन्तर प्रवहमान परम्परा की फलश्रुति है। पंजाब से बिहार और हिमालय की तराइयों से लेकर मध्य प्रदेश तक फैली भाषा, हिन्दी और उसके साहित्य का स्वर्ण युग भक्तिकाल तक चली आती हुई परम्परा की परिणति है। इस तरफ आचार्य हजारीप्रसाद द्विवेदी (हिन्दी साहित्य की भूमिका, पृ. 215), आचार्य रामचन्द्र शुक्ल (कृष्ण काव्य परम्परा के सन्दर्भ में—हिन्दी साहित्य का इतिहास, पृ. 165) डॉ. रामसिंह तोमर (प्राकृत और अपभ्रंश साहित्य तथा उनका हिन्दी साहित्य पर प्रभाव), डॉ. नामवर सिंह (हिन्दी के विकास में अपभ्रंश का योगदान, पृ. 346), पं. राहुल सांकृत्यायन (हिन्दी काव्यधारा), डॉ. शिव प्रसाद सिंह (सूर पूर्व ब्रजभाषा और उसका साहित्य, पृ. 346) ने स्पष्ट संकेत किया है। आचार्य द्विवेदी ने स्पष्ट इंगित किया है कि "साहित्यिक परम्परा की दृष्टि से विचार किया जाए तो अपभ्रंश के सभी काव्य रूपों की परम्परा प्रायः हिन्दी में सुरक्षित है।" (हिन्दी साहित्य : उद्भव और विकास, पृ. 10-16) इतना ही नहीं शायद ही किसी अन्य आधुनिक भारतीय आर्य भाषा में अपभ्रंश की ये सारी विशेषताएँ इतनी मात्रा में और इस रूप में सुरक्षित हैं। और अपभ्रंश "साहित्य की प्राणधारा निरवच्छिन्न रूप से परवर्ती हिन्दी साहित्य में प्रवाहित होती रही है...इन साम्यों को देखकर यदि हिन्दी साहित्य के इतिहास लेखकों ने अपभ्रंश साहित्य को हिन्दी साहित्य का ही मूल रूप समझा तो ठीक ही किया।" (वही)। इस सन्दर्भ में डॉ. नामवर सिंह का यह मत नजरअन्दाज नहीं किया जा सकता कि "सन्धि-पुलक, चउपई, रास, चाँचर, फाग, स्तुति, स्तोत्र, कथा, चरित आदि अपभ्रंश काव्यों में मानव जीवन और जगत् की विविध भावनाओं और विचारों को वाणी मिली है। यदि अपभ्रंश जैनों के चिन्तन की चिन्तामणि है तो बौद्धों की सहज साधना की सिद्धि भी है। धार्मिक आदर्शों के आख्यान के साथ-साथ लोक-जीवन की ऐहिकता का रसात्मक वर्णन है। शलाकापुरुषों के उदात्त जीवन चरित के साथ-साथ सामान्य

वणिकपुत्रों के सुख-दुःख की कहानी भी है। तीर्थंकरों की भावोच्छ्वसित स्तुतियों, अनुभवकारी सूक्तियों, रहस्यमयी अनुभूतियों, वैभव विलास की झाँकियों आदि के साथ ही उन्मुक्त वन्य जीवन की शौर्य स्नेहसिक्त गाथाओं के विविध चित्रों से अपभ्रंश साहित्य की विशाल चित्रशाला सुशोभित है। स्वयम्भू जैसे महाकवि के हाथों इसका बीजारोपण हुआ, पुष्पदन्त, धनपाल, जोइन्दु, रामसिंह, देवसेन, कनकामर, हेमचन्द्र, सोमप्रभ सूरि, जिनप्रभ, जिनदत्त, राजशेखर, शालिभद्र, अब्दुल रहमान, सरहपाद जैसी प्रतिभाओं ने इसे प्रतिष्ठित किया और अन्तिम दिनों में इस साहित्य को दशः कीर्ति और रइघू जैसे सर्वतोन्मुखी प्रतिभावाले महाकवियों का संबल प्राप्त हुआ। ऐसे महाकवियों और इतने महाकाव्यों तथा गीत काव्यों के इस साहित्य का, जो आठवीं शताब्दी से चौदहवीं शताब्दी तक सुदूर दक्षिण को छोड़कर शेष सम्पूर्ण भारतवर्ष के सामान्य लोक तथा शिक्षित मण्डली के हृदय की वाणी था, भारतीय साहित्य में कितना महत्त्वपूर्ण स्थान हो सकता है—यह सहज ही अनुमेय है।" (हिन्दी के विकास में अपभ्रंश का योगदान, पृ. 186)
वस्तुतः उपर्युक्त मत इस बात का प्रमाण है कि हिन्दी साहित्य, केवल हिन्दी साहित्य के विकास में अपभ्रंश का योगदान सर्वाधिक है। सत्य तो यह है कि आर्य संस्कृति सभ्यता, चेतना और बोध तथा रामायाण, महाभारत की परम्परा, लोक-जीवन की चेतना का चित्र यदि संस्कृत, पालि प्राकृत से होते हुए अपभ्रंश तक पहुँचा तो वह वहाँ से सीधे हिन्दी में आया। अतः हिन्दी काव्य संवेदना के धरातल पर यदि अपभ्रंश की ऋणी है तो शिष्य के स्तर पर भी वह समान भाव से अपभ्रंश की ऋणी है। और केवल प्रारम्भिक हिन्दी या परिनिष्ठित हिन्दी ही नहीं अपितु आज तक की हिन्दी की सृजन परम्परा में अपभ्रंश के प्रभाव को लक्ष्य किया जा सकता है। विस्तार के अवकाश-अभाव के कारण यह प्रभाव मैं कतिपय प्रमुख बिन्दुओं तक ही सीमित कर रहा हूँ।

1. काव्य-प्रवृति

अपभ्रंश की अनेक काव्य प्रवृत्तियों का क्रमिक विकास हिन्दी में हुआ है। इनमें से निम्नलिखित प्रमुख हैं :

(क) प्रेम और शृंगार की प्रवृत्ति : अपभ्रंश काल की हर धाराओं में प्रेम और शृंगार की प्रवृत्ति का वर्णन है। यह अलग बात है कि विभिन्न काव्य धाराओं में इनके अलग रूप मिलते हैं। प्रेम का क्षेत्र व्यापक होता है। मानव सत्ता के साथ प्रेम का सम्बन्ध तो है ही पर समस्त सृष्टि से प्रेम-तत्व जुड़ा हुआ है। शृंगार प्रेम का प्रगाढ़ और अधिक आकर्षण जन्य बनानेवाली प्रवृत्ति है। यद्यपि जैन कवियों का लक्ष्य श्रेय और प्रेय का मिश्रण था, जिसमें वे अद्भुत रूप में सफल हैं, पर इनके ग्रन्थों में प्रेमपरक शृंगारिक प्रवृत्तियों का अभाव नहीं है।

पुष्पदन्त ने अपनी रचना 'पद्मपुराण' में कृष्ण के प्रति प्रेम और शृंगार से ओत-प्रोत जड़ता, मूढ़ता, प्रगल्भता और भोलेपन का जो सुन्दर चित्र प्रस्तुत किया है, वह सीधे सूरदास, नन्ददास, रत्नाकर आदि कृष्ण भक्ति परम्परा के कवियों में तो मिलता ही है, रीतिकालीन और आधुनिक कालीन कविता भी इससे अछूती नहीं है। 'स्वयम्भू' के 'पउमचरिउ' में सीता के सौन्दर्य के वर्णन में शृंगार भावना और राम-सीता के प्रेम की झाँकी है। धनपाल के 'भविष्यत्त कहा' में नारी के शृंगार, नख-शिख तथा प्रेम का वर्णन अत्यन्त मादक है। हेमचन्द्र के दोहे तो प्रेम शृंगार की भावनाओं के संचित भण्डार हैं। 'प्रबन्ध चिन्तामणि' में संगृहीत मुञ्ज मृणालवती के दोहे प्रेम, शृंगार की भावनाओं का अद्‌भुत उदाहरण प्रस्तुत करते हैं। इसी प्रकार संदेशरासक प्रेम, सौन्दर्य, शृंगार और विरह की प्रवृत्तियों से भरा हुआ एक अद्‌भुत काव्य है। सिद्ध भी सहज जीवन जीने के पक्षपाती थे। फलस्वरूप जीवन का सहज रूप प्रेम का समुच्चय सिद्धों, नाथों और योगियों की रचनाओं में प्रस्फुटित हुआ। इसके अतिरिक्त धूलिभद्दफागु का प्रेम विवाह, रसों का प्रेम और शृंगार, सौन्दर्य, कीर्तिलता में विषयों का शृंगार-प्रसाधन आदि हिन्दी में यथावत् गृहीत हैं। उदाहरण के लिए भक्तिकालीन तुलसी का मानस और स्वयम्भू का पउमचरिउ रामकथा पर आधारित है। दोनों में प्रेम और शृंगार के चित्रण के साथ-साथ एक और समानता नजर आती है। वह है—तुलसी के मान सरोदक की कल्पना और स्वयम्भू के राम कथा सरोवर का रूपक। यह अलग बात है कि दोनों ग्रन्थ अपनी युगीन चेतना ओर सामाजिक बोध से एक-दूसरे से अलग हैं किन्तु कथा एक ही है। मानस में ऐहिकता का अभाव है जबकि 'पउमचरिउ' में ऐहिकता प्रधान गुण बनकर आई है।

वस्तुतः संस्कृत से अपभ्रंश तक पहुँचा पौराणिक, ऐतिहासिक और मिथकीय प्रेम और सौन्दर्य के चित्रण की परम्परा आधुनिक साहित्य तक हू-ब-हू कायम है, केवल युगीन सन्दर्भों के अनुरूप, उपमानों, रूपकों, आलम्बनों और उद्दीपनों में बदलाव है। पर ध्यान से देखा जाए तो भक्ति रीति या आधुनिक काल में हुए या आए बदलाव के बीज अपभ्रंश में मिल जाएँगे। इस सन्दर्भ में संदेश रासक और बिहारी की विरह विदग्ध नायिका की समानता द्रष्टव्य है—

"सन्देसडउ सवित्थरउ, पर मइ कहण न जाइ।
जो काणंगुलि मूँदडउ, सो वाहडी समाइ"—संदेश रासक

"कागद पर न लिखत बनत, कहत संदेश लजात।
कहिहै सब तेरो हियो, मेरे हिय की बात" —बिहारी

बिहारी पर यद्यपि संस्कृत का अधिक प्रभाव है पर वह अपभ्रंश से कम

प्रभावित नहीं है। धनपाल ने भविसयत्त कहा में नारी के शृंगार, नख शिख तथा प्रेम का वर्णन करते हुए कामिनियों को युवकों के हृदय को बीधने के लिए कामदेव के भाले के समान बताया। हेमचन्द्र में भी इस प्रकार के वर्णन हैं। उनकी नायिका बिना सौन्दर्य प्रसाधन के ही मुग्धों की उठक-बैठक कर देती है।

"सिरि जर खंडी लोअडी गलि मणियडा न बीस।
तो वि गोट्ठडा कराविआ मुद्दए उट्ठ-बईठ ॥"

यही स्थिति बिहारी की नायिकाओं की भी है।

(ख) वीरता एवं शौर्य–स्वयम्भू, पुष्पदन्त धनपाल, हेमचन्द्र तथा रासो ग्रन्थों, प्राकृत पैंगलम्, कीर्तिलता में वीरता और शौर्य के चित्रण की भरमार है। जायसी, तुलसी, केशव, भूषण, पद्माकर, निराला, दिनकर, मैथिलीशरण गुप्त आदि रचनाकारों ने वीरता तथा शौर्य चित्रण में लगभग अपभ्रंश की पद्धति को ही अपनाया। अपभ्रंश के प्रख्यात कवि विद्याधर और रीतिकालीन कवि भूषण का एक-एक पद कथन-संगति के उद्देश्य से यहाँ प्रस्तुत है :

राअह भग्गंता दिगलग्गंता, परिहर अअ-गअ-धर धरिणी।
लोरहिं भर सखरू पअं अरू परिकरू लोहइ पिह इतणु धरणी
पुणु उट्ठइ संभालिकर दंतंगुलि, बाल तनअ कर जमल करे।
कासी सरू राआ गेहलु काआ, करु माआ पुणु थप्पि धरे ॥
—विद्याधर

बाने फहराने घहराने घण्टा गजन के नाहीं छहराने रावराने देस-देस के
नग भहराने ग्राम नगर पराने सुनि बाजत निसाने सितराजजू नरेस के।
हथिन के हौदा उकसाने कुम्भ कुंजर के भौन को भजाने अलि छूटे लटकेस के
दल के दरारन में कमठ करारे फूटे केरा के से पात बिहराने फन सेस के॥
—भूषण

(ग) धर्म, नीति, उपदेश मूलक : धर्म, नीति, उपदेश समाज के अनिवार्य तत्त्व हैं, कोई भी रचनाकार इनकी उपेक्षा नहीं कर सकता। बौद्ध, जैन, हिन्दू, शैव, भागवत आदि की धार्मिक चेतना अपभ्रंश के अन्तस्तल की स्रोतस्विनी है। स्वयम्भू के पउमचरिउ में वर्णित राम का चरित्र जैन धर्म से ओत-प्रोत होते हुए भी संकीर्ण धार्मिकता का परिचय नहीं देता। कबीर आदि संतों की वाणियों का सीधा सम्बन्ध बौद्ध धर्म के अपभ्रंश रचनाकार-सिद्धों से है। "वे ही पद, वे ही राग-रागिनियाँ, वे ही दोहे, वे ही चौपाइयाँ कबीर आदि ने व्यवहृत की हैं जो उक्त मत के मानने वाले उनके पूर्ववर्ती सन्तों ने की थीं। क्या भाव, क्या भाषा, क्या अलंकार, क्या छन्द, क्या पारिभाषिक शब्द सर्वत्र वे ही कबीरदास (सन्तों)

के मार्गदर्शक हैं। कबीर की ही भाँति ये साधक नाना मतों का खण्डन करते थे, सहज और शून्य में समाधि लगाने को कहते थे; दोहों में गुरु के ऊपर भक्ति करने का उपदेश देते थे।" (हिन्दी साहित्य की भूमिका, पृ.31)

स्वयम्भू ने अपने रामायण में धर्म के आधार पर राज्य का उपदेश दिया, तुलसी भी राज्य की नींव धर्म केन्द्रित ही मानते हैं। देवसेन, सरहपाद, पुष्पदन्त, योगिन्द्र, मुञ्ज, हेमचन्द्र, प्राकृत पैंगलम्, रासो ग्रन्थों, कीर्तिलता आदि में धर्म, नीति और उपदेश की भरमार है। गोरखनाथ की सवदी में, कबीर की साखियों, नानक, दादू, रैदास, तुलसी, जायसी, सूर, रहीम, आलम, बोधा, ठाकुर, गिरिधर कविराय, वृन्द, विहारी, भारतेन्दु, मैथिलीशरण गुप्त, देवीप्रसाद पूर्ण, प्रसाद, पन्त, दिनकर, अज्ञेय, नागार्जुन, धूमिल आदि सभी कवियों में युगीन चेतना के अनुरूप उनके चित्रण बिखरे पड़े हैं।

वस्तुतः हिन्दी साहित्य का भक्तिकाल, जिसे ईसाइयत की देन या विदेशी प्रभाव कहा जाता है, वह किसी प्रभाव से एकाएक इतने सशक्त रूप में सामने नहीं आया। यह सम्भव भी नहीं था, यह तो वैदिक काल से चली आती एक सशक्त परम्परा थी जो अपभ्रंश काल में समस्त भारत में फैली धार्मिक चेतना की युगीन परिणति के रूप में हिन्दी साहित्य में प्रस्फुटित हुई; जिसकी परम्परा अत्यन्त सशक्त तो थी ही, जिसमें लोक जीवन के सभी वर्ग रूपायित थे, कोई भी इससे वंचित नहीं था। प्रगतिशीलता की प्रवृत्ति भी अपभ्रंश काल की रचनाओं में लक्षित होती है। यद्यपि इसका संकेत संस्कृत ग्रंथ मृच्छकटिक में मिल जाता है, पर प्राकृत की 'गाथा सतसई', स्वयम्भू, पुष्पदन्त के नारी चित्रण में, सिद्धों और नाथों के पाखंड विखंडन, जाँति-पाँति की निरर्थकता, मन्दिर मठ, तीर्थ व्रत आदि की अनुपयोगिता, राजन्य वर्ग के नग्न चित्रण आदि ने हिन्दी साहित्य को प्रगतिशीलता के पथ पर बढ़ने का पाथेय प्रदान किया।

2. काव्यरूप

वाणी जब शब्द और अर्थ, विचार और भाव से युक्त होकर सामाजिक मंगल से स्वतः स्फूर्त होकर प्रकट होती है तो साहित्य कहलाती है। रसमय अभिव्यक्ति के कारण यही अभिव्यक्ति काव्य का पर्याय बन जाती है। संवेदनशीलता के कारण कवि के पास अनुभूति-कल्पना, विषय-ग्रहण और उसके प्रतिपादन की विशेष क्षमता होती है। नाना रूपात्मक जगत् की परिस्थितियाँ, घटनाएँ, उत्थान-पतन की प्रतिक्रियाएँ भी बहुरूपात्मक होती हैं। अपनी क्षमता, शक्ति प्रतिभा तथा विधायिका शक्ति से काव्यरूपों में सुन्दर चित्रण कर कवि समाज को प्रभावित करता है। ये चित्रण भाषा के विकास के साथ-साथ बहुविध होते गये। इस प्रकार विषयवस्तुओं, भावों और विचारों ने काव्य में आकर जो स्वरूप धारण किया उसे काव्य-रूप का नाम दिया गया। साथ ही, भाषा की तरह

सामाजिक, सांस्कृतिक और ऐतिहासिक परिवर्तन के कारण काव्यरूपों में भी परिवर्तन आता है। आचार्य हजारीप्रसाद द्विवेदी भी स्वीकार करते हैं कि ''जब-जब कोई जाति नवीन जातियों के सम्पर्क में आती है तब-तब उसमें नयी प्रवृत्तियाँ आती हैं, नयी आचार परम्परा का प्रचलन होता है, नये काव्यरूपों की उद्‌भावना होती है और नये छन्दों में जनचित्त मुखर हो उठता है।'' (हिन्दी साहित्य का आदिकाल, पृ. 97) दोहा या छन्द की यही स्थिति है। यदि अपभ्रंश और हिन्दी के लिए यह उपुयक्त है तो बांग्ला के लिए निरर्थक। रूप की विशेषता से कथावस्तु में विशेषता आ जाती है। ''साहित्य के रूप केवल रूप नहीं हैं बल्कि जीवन को समझने के भिन्न-भिन्न माध्यम हैं।'' (वही, पृ. 97)। अपभ्रंश साहित्य के प्रमुख काव्य रूप निम्नलिखित हैं :

(क) पुराण और महापुराण अथवा प्रबन्धकाव्य : पुराण और महापुराण की परम्परा संस्कृत से ही दिखाई देती है। ब्रह्म, विष्णु, पद्म, शिव, श्रीमद्‌भागवत, अठारह पुराणों और कई उपपुराणों की रचना संस्कृत में हुई है। पुराणों और महापुराणों की रचना करने में बौद्ध और विशेषकर जैन कवि आगे रहे। जैनों के अनुसार, जिनमें तिरसठ शलाकापुरुषों के जन्म-जन्मान्तर की जीवन-गाथाओं का वर्णन होता है उसे महापुराण कहते हैं। धार्मिक विभेद के कारण कथा-रूपों में कुछ परिवर्तन के अतिरिक्त सभी पुराणों में एकरूपता मिलती है। इस काव्य रूप में सर्वाधिक महत्त्वपूर्ण रचना है—पुष्पदन्त का 'महापुराण' अथवा 'तिसट्ठि महापुरिस गुणालंकार'। यह आदि और उत्तर, दो भागों में विभक्त है। उत्तरपुराण के ही भीतर हरिवंशपुराण है जिसमें कृष्ण की लीला कथा और रामकथा मिलती है। ये दोनों कथाएँ परवर्ती हिन्दी साहित्य की प्रेरणा-स्रोत हैं। इसके अतिरिक्त धवल कवि का 'हरिवंशपुराण', रइधू का 'पद्मपुराण' तथा 'बलभद्रपुराण', यशः कीर्ति का 'पाण्डवपुराण' तथा 'हरिवंश-पुराण' उल्लेख्य हैं। जाखू मरिगयार रचित 'हरिवंशपुराण' में हरिश्चन्द्र की पौराणिक कथा है, जो आगे भारतेन्दु के नाटक 'सत्य हरिश्चन्द्र' का आधार बनती है। मैथिलीशरण गुप्त के द्वापर का आधार श्रीमद्‌भागवत ही है। तुलसी का 'मानस', प्रसाद की 'कामायनी', दिनकर की 'उर्वशी', रत्नाकर का 'गंगावतरण' तथा सूरदास, नन्ददास का 'भ्रमरगीत', निराला की 'राम की शक्तिपूजा', रामकुमार वर्मा का 'एकलव्य', धर्मवीर भरती का 'अन्धायुग', 'कनुप्रिया', नरेश मेहता का 'प्रवाद पर्व' और 'महाप्रस्थान' आदि रचनाओं का आधार पौराणिक काव्य-रूप परम्परा ही है।

(ख) चरितकाव्य : चरितकाव्य अपभ्रंश का सर्वाधिक प्रचलित और लोकप्रिय काव्य-रूप है। संस्कृत साहित्य की यह परम्परा अपभ्रंश से होते हुए हिन्दी में आयी। स्वयम्भू का 'पउमचरिउ', 'रिट्ठणेमिचरिउ', पुष्पदन्त का 'णायकुमारचरिउ', 'जसहरचरिउ' का सीधा प्रभाव राम, कृष्ण के चरित-गान से

सम्बद्ध हिन्दी काव्यों में देखा जा सकता है। तुलसीदास का 'रामचरित मानस', निराला की 'राम की शक्तिपूजा', मैथिलीशरण गुप्त द्वारा 'यशोधरा', 'उर्मिला', 'विधृता', 'कुब्जा' का चरित-गान, प्रसाद की 'कामायनी', 'स्कन्दगुप्त', 'चन्द्रगुप्त', 'ध्रुवस्वामिनी', लक्ष्मीनारायण मिश्र की 'सिन्दूर की होली' आदि उलेख्य हैं। इनमें चरित्रों के बहुविध पक्ष, उनकी मनोवैज्ञानिक स्थिति आदि का युगीन चेतना और बोध के परिप्रेक्ष्य में व्यापक फलक पर चित्रण इसी परम्परा की परिणति है।

(ग) कथा/कहानी/वार्ता/आख्यायिका : यद्यपि यह काव्यरूप संस्कृत साहित्य में उपलब्ध है पर इन्हें प्राकृत और अपभ्रंश कवियों ने नव-शिल्प-रूप प्रदान किया। गुणाढ्य की 'वड्ड कहा', धनपाल की 'भविसयत्त कहा', विद्यापति की 'कीर्तिलता' अथवा अपभ्रंश कवियों की वार्ताएँ, आख्यायिकाएँ, मौलाना दाऊद के 'चन्दायन', कुतुबन की 'मृगावती', मंझन की 'मधुमालती', जायसी के 'पद्मावत', उस्मान की 'चित्रावली' पर अपभ्रंश रचनाएँ विशेष प्रभाव छोड़ती हैं। आगे चलकर आधुनिक कथा-साहित्य पर भी इनका प्रभाव देखा जा सकता है।

इसके अतिरिक्त रासक और लीला काव्य, बेलि और लता-काव्य, फागु काव्य, चर्चरी, मंगल, विवाहोपलक्ष्य काव्य, षड्ऋतु, बारहमासा आदि ऐसे अपभ्रंश काव्यरूप हैं, जिनका यथावसर हिन्दी रचनाकारों ने उपयोग किया है।

(घ) दोहा, पद्धड़िया बन्ध या कड़वक बन्ध : ये बन्धात्मक काव्यरूप हैं। दोहा अर्द्धसम चुतष्पदी तथा दो पंक्तियों वाला मात्रिक छन्द है, जिसमें 13, 11 के सम पर एक चरण में 24 मात्राएँ होती हैं। मूलतः यह मुक्तक काव्य प्रकृति का काव्य-रूप है। दोहा बन्ध या दूहा अपभ्रंश का पर्याय और अत्यन्त लाडला छन्द है, यह हिन्दी में अपने महत्त्वपूर्ण रूप में गृहीत हुआ। कबीर आदि सन्तों, जायसी, तुलसी, रहीम, वृन्द, बिहारी, वियोगी हरि ने इसका पर्याप्त प्रयोग किया है।

पद्धरी या पद्धड़िया अपभ्रंश का षोडश मात्रिक सम चतुष्पदी मात्रिक छन्द है। इसमें चौपाई के अन्त में दो गुरु हो सकते हैं। चौपाई में 16 मात्राएँ होती हैं तो चउपई में 15। चौपाइयों के बाद दोहे का धत्ता देकर कड़वक-बद्ध काव्य पद्धति का प्राचीन प्रयोग सिद्ध कवि सरहपाद की रचनाओं में मिलता है। अपभ्रंश के अधिसंख्य चरितकाव्य इसी पद्धति में बँधे हैं। इस पद्धति का विकास चन्दायन, सत्यवती कथा, सूफियों के प्रेमाख्यान, रामचरित मानस, कृष्णायन में मिलता है।

संस्कृत में वर्णिक छन्दों की प्रधानता रही, पर अपभ्रंश में मात्रिक छन्द ही चल निकले। 'प्रियप्रवास' जैसे कुछ ग्रन्थों को छोड़कर हिन्दी में मात्रिक छन्दों की प्रवृत्ति को ही प्रधानता मिली। तुकदार छन्दों के निर्माण या तुक मिलान की प्रवृत्ति अपभ्रंश कवियों के छन्दों की दूसरी विशेषता है। संस्कृत और प्राकृत में यह प्रवृत्ति नहीं है। हिन्दी के कवियों ने अपभ्रंश से ही इस प्रवृत्ति को

अपनाया। कहीं-कहीं तो लय के आधार पर तुक मिलाने की प्रवृत्ति दिखाई देती है। दो छन्दों को मिलाकर भावानुकूल नए छन्दों के रचने की प्रवृत्ति से भी अपभ्रंश की छन्द विशेषता का परिचय मिलता है। कुंडलिया, रड्डा, छप्पय ऐसे ही छन्द हैं जो आधुनिक हिन्दी कवियों में भी लोकप्रिय हुए। छायावाद के कवियों ने लावनी, आल्हा कहरवा के सहारे नये छन्दों का निर्माण किया। दो छन्दों को मिलाने से एक नये काव्यरूप के निर्माण की अपभ्रंश प्रवृत्ति (यथा–कड़वक), हिन्दी के कवियों में विशेषकर अवधी काव्य में दोहा-चौपाई वाली पद्धति के रूप में बहु-प्रचलित है। लोक जीवन के साथ तादात्म्य रखने के कारण अपभ्रंश कवियों के छन्द प्रायः गेय हैं। हरिगीतिका, पज्झटिका, दोहा आदि ऐसे ही छन्द हैं जो राग और ताल गणना पर खरे सिद्ध हुए। यह गेयता छायावादी कवियों में ही नहीं सन् साठ के बाद के कवियों–शमशेर, नागार्जुन, रघुवीर सहाय, धूमिल में भी दर्शनीय है।

3. काव्य एवं कथानक रूढ़ियाँ

कथानक रूढ़ियों का आधार मान्यताएँ, विश्वास और कल्पना होती है। इनका साहित्य में प्रचार-प्रसार काव्य के अर्थ को अधिक सन्दर्भ-सम्पृक्त बनाने, अर्थ के स्पष्टीकरण और रचना को रोचक बनाने के उद्देश्य से किया जाता है। परवर्ती काव्यों के अर्थ के स्पष्टीकरण, सन्दर्भ-गाम्भीर्य प्रदान करने में अपभ्रंश की काव्य एवं कथानक रूढ़ियाँ पर्याप्त सहायक हैं।

(क) काव्य-रूढ़ियाँ : मंगलाचरण, आत्म-परिचय, दुर्जन-निन्दा, सज्जन-प्रशंसा, ग्रन्थ एवं रचना का उद्देश्य, विषय-प्रतिपादन, ग्रन्थ के अन्त में आशीर्वादात्मक कामना, मुक्तक-रचना में कवि का नाम रखना अपभ्रंश की काव्य रूढ़ियाँ हैं, जो हिन्दी में युगीन चेतना के अनुरूप यथावत् आवश्यकतानुसार परिवर्तित होकर प्रयुक्त हैं।

(ख) कथानक रूढ़ियाँ : अपभ्रंश की कुछ महत्त्वपूर्ण कथानक रूढ़ियाँ निम्नलिखित हैं–

1. कहानी कहनेवाला।
2. स्वप्न या चित्र में प्रिय का दर्शन कर या भिक्षुकों, बंदियों के मुख से यश वर्णन सुनकर मोहित और प्रेमासक्त होना।
3. रूप-परिवर्तन।
4. लिंग-परिवर्तन।
5. परकाय-प्रवेश।
6. आकाशवाणी।
7. अभिज्ञान, पहचान, आश्रय पाना।

8. बीहड़ वन में मार्ग भूलना, सुन्दरियों से प्रत्यक्षीकरण।
9. विषम परिस्थितियों में स्त्री का उद्धार और प्रेम।
10. उजाड़ शहर का मिलना।
11. प्रिया की कामना पूर्ति के लिए प्रिय का दुष्कर संकल्प।
12. शरणागत की रक्षा हेतु युद्ध मोल लेना।
13. कापालिक योगी आदि का आकाशमार्ग से उड़ना।
14. विविध प्रकार की सिद्धियाँ।
15. विवाह के लिए कठिन या असामान्य शर्त रखना।
16. मुनि देवताओं, मान्यताओं की अवहेलना, फलस्वरूप कष्ट झेलना।
17. कुलटा स्त्रियों की रहस्यमय सूचना।
18. पशु-पक्षियों से बातचीत।
19. मृत्यु-हरण।
20. समुद्र-यात्रा में जलपोत का नष्ट होना।
21. दिव्य विद्या या दिव्य वस्तु की प्राप्ति।
22. मृत व्यक्ति का जी जाना।
23. अज्ञान में अपराध कर देने से शापित होकर कष्टमय जीवन बिताना।

(अपभ्रंश और अवहट्ट : एक अन्तर्यात्रा से उद्धृत, पृ. 345)

उपर्युक्त कथानक रूढ़ियों में अधिसंख्य मध्यकालीन हिन्दी में प्रयुक्त हैं। अनेक आधुनिक हिन्दी साहित्य में भी समाविष्ट हैं। इनमें आवश्यकतानुसार परिवर्तन भी परिलक्षित होता है। प्रेमाख्यानक काव्यों, 'रामचरितमानस', रीतिकालीन काव्यों, 'राम की शक्ति पूजा', 'बाणभट्ट की आत्मकथा', 'चारुचंद्रलेख', 'पुनर्नवा', 'अनामदास का पोथा', 'अंधायुग', 'कनुप्रिया', 'अँधेरे में', 'चाँद का मुह टेढ़ा है' आदि अनगिनत रचनाओं में इनके प्रयोग मिलते हैं। जरूरी नहीं कि कवि-समय या काल्पनिक रूढ़ियाँ वास्तविक दुनिया हों, पर कवियों की दुनिया में ये सत्य-रूप में मान्य हैं। काव्य में उनका धड़ल्ले से प्रयोग होता है। जैसे—सुन्दरियों के नूपुर शिंजित चरणों के आघात से अशोक का खिलना, नृत्य से कर्णिकार का फूलना, हंस का नीर-छीर विवेकी होना, कोयल का केवल बसन्त में कूकना, चकोर का केवल चन्द्रिका का ही पान करना तथा अंगार भक्षण, चकवा-चकई का जोड़ों में ही पाया जाना, रात्रि में इनका वियोग, दिन में मिलन। चातक का स्वाति नक्षत्र का पानी पीना, स्वाति के बूँदों से सीप में मोती का पैदा होना, गर्भवती स्त्रियों की दोहद कामना आदि ऐसे कवि-समय या काल्पनिक रूढ़ियाँ हैं, जिनका प्रयोग अपभ्रंश में तो हुआ ही है, मध्यकालीन और आधुनिक हिन्दी में भी इनका प्रयोग हुआ है। (वही, पृ. 346-347)।

□□□